XIAOXUE JIAOYU

高等学校教育类专业精品系列教材

YANJIU

小学教育研究方法

FANGFA

齐　梅◎主编

广东高等教育出版社
Guangdong Higher Education Press
·广州·

图书在版编目（CIP）数据

小学教育研究方法/齐梅主编 . —广州：广东高等教育出版社，2023. 5
（高等学校教育类专业精品系列教材）
ISBN 978 – 7 – 5361 – 7336 – 1

Ⅰ. ①小…　Ⅱ. ①齐…　Ⅲ. ①小学教育 – 教学研究 – 高等学校 – 教材
Ⅳ. ①G622. 0

中国版本图书馆 CIP 数据核字（2022）第 202347 号

出版发行	广东高等教育出版社
	地址：广州市天河区林和西横路
	邮政编码：510500　电话：（020）87553335
	http://www. gdgjs. com. cn
印　　刷	东莞市翔盈印务有限公司
开　　本	787 毫米 ×1 092 毫米　1/16
印　　张	15. 25
字　　数	320 千
版　　次	2023 年 5 月第 1 版
印　　次	2023 年 5 月第 1 次印刷
定　　价	42. 00 元

前　言

“小学教育研究方法”是小学教育专业的必修课程。本课程的教学目的是向小学教育专业的学生传授研究方法的相关知识，激发学生的教育研究热情，提高学生的教育研究能力，让学生掌握基本的研究方法、策略和过程，能够独立开展教育课题研究，学会写开题报告和结题报告。在对课程学习的要求方面，本课程强调对研究范例的模仿与学习，大力倡导研究性学习。

本教材根据教师教育改革和发展的需要，内容选择贴近研究实践、面向应用，注重基础性、应用性相结合，文字通俗易懂、深入浅出，适合本科生、研究生、大中专学生、中小学教师及热心教育研究的一般读者作为研究工具书参考使用。

本书编写人员是教育部首批国家一流本科线下课程“教育研究方法”的核心团队成员，也是广东省教育研究方法团队建设项目的核心成员，均为长期从事教育研究方法教学的一线优秀教师；研究生参与了大量资料整理、案例编写与文稿校对工作。本教材是集体劳动的成果、集体智慧的结晶。本教材正文共八个专题，撰写和编辑工作具体分工如下：“专题一 如何选择教育研究课题”“专题二 如何进行科学观察”“专题三 如何做教育实验研究”由华南师范大学齐梅、肖晓丽负责；“专题四 怎样进行调查研究”由华南师范大学刘录护、肖晓丽负责；“专题五 案例研究可以进行因果解释吗”由华南师范大学刘录护、宁文源负责；“专题六 哪类问题适合做民族志研究”“专题七 扎根理论是一种理论吗”由华南师范大学钟景迅、宁文源负责；“专题八 研究成果的撰写”，第一、二、三节由马林、肖晓丽负责，第四节由马林、宁文源负责。全书由齐梅负责统稿。

在本书编写过程中，我们得到了广东高等教育出版社和华南师范大学教育科学学院各位领导、编辑、教师、朋友们的大力支持与关怀，我们广泛参阅、吸纳和借鉴了国内外有关资料，在此我谨代表团队成员向大家致以诚挚的谢意！我们编写教材的经验和能力水平有限，本书错漏和不尽如人意之处在所难免，敬请各位学术同仁、使用本教材的教师和同学，以及一般读者朋友，不吝批评指正，在此也一并先表谢忱！

华南师范大学　齐梅

2022 年 7 月 22 日

目　录

专题一　如何选择教育研究课题

专题二　如何进行科学观察

专题三 如何做教育实验研究

专题四 怎样进行调查研究

专题五 案例研究可以进行因果解释吗

专题六 哪类问题适合做民族志研究

专题七　扎根理论是一种理论吗

专题八　研究成果的撰写

专题一

如何选择教育研究课题

学习目标与要求

1. 了解如何发现研究问题、选题的依据以及使研究问题具体明确的方法。

2. 掌握文献检索以及撰写文献综述的方法。

3. 重点掌握课题论证报告撰写的一般程序与具体操作方法。

第一节

怎样找到一个合适的选题

一、如何发现研究问题

发现问题是研究的良好开端，研究问题能否得以确立是研究成败的关键环节，它决定着一项研究的研究对象、研究内容和研究方法的选择。对于初学者而言，如何寻找和确定研究问题是一个比较容易产生困惑的问题，因此它也是初学者所共同关注的问题。笔者基于多年的教学和指导学生的经验，发现刚刚涉足研究领域的学生在选题时往往仅限于关注自己学习、工作和生活经验中熟悉的现象和问题。事实上，选题还可以有很多其他来源，一般来说，主要有以下途径可供参考：

讨论

研究问题有哪些来源?

（一）从实际经验中发现问题

在学习、工作和生活过程中，尤其是在小学教育教学实际工作情景中，常常会出现一些令人困扰的问题需要去解决。例如，某位教师发现低年级小学生在完成课堂作业的过程中，刚开始大家都很安静地做作业，可过了一段时间，就有不少学生出现“溜号”现象。教师很想找出其背后的原因，于是想到：这种“溜号”现象会不会是注意力集中程度比较差的小学低年级的小朋友在行为上的体现？这位教师通过查找心理学理论肯定了这一答案。但是问题又来了——课堂作业与小学低年级小朋友注意力集中程度又有什么关系呢？由此，这位教师进一步确定了具体的研究问题，即课堂作业的时间与低年级小学生注意力集中程度有关吗？它们是怎样体现出来的？不难看出，对小学教师、教育行政人员等而言，留意观察自己身边发生的事情，从而发现研究问题，是一个比较方便的、切实可行的选题来源。

（二）从有关理论中推演出研究问题

理论的作用在于指引研究的方向，研究者可以从一个好的理论中推断出多种预测，这些新的预测则是研究问题的重要来源。理论由概括的通则和概念所构成。所谓概括的通则，就是指两个或两个以上现象间问题关系的叙述，它可用来预测现象。譬如，个别指导会增加学生的学业成就，这个叙述就是概括的通则，如果通则是正确的，则可以预测接受个别指导的学生，其学业成就将较高。由此可以推演出一个研究问题，即增加教学助理是否有利于提高小学生数学应用题学习成绩。其中，教学助理的作用就是对学生的作业和学习进行个别指导。

与教育研究相关的理论有很多，这些理论可能是教育理论，也可能是其他相关学科的理论，诸如学习理论、人格理论、社会心理学理论、行政与管理理论，社会学理论、政策学理论、行为改变理论、组织行为学理论、人力资源管理理论等。此种依据理论而做的研究，或者是为了验证理论而做的研究，往往被认为比较有深度，因此研究者可以试着在这些理论中寻找研究问题。

（三）从相关文献中寻找问题

选题的过程是一个逐渐缩小研究范围的过程，当题目尚未确定时，研究者可先寻找研究方向，决定所要研究的主题属于哪种领域，然后再去浏览最近五年内的相关文献资料，如此螺旋式地循环往复，研究的范围就会逐渐缩小，最后会形成所要研究的具体问题。凡是前人所做过的研究，所撰写的专著、论述、杂志、论文集等资料，都可以作为寻找研究题目的参考文献。从过去的研究中，研究者可以得到许多研究观念、思路的启发，进而发现或获得有价值的研究问题。翻阅文献时我们可以看到，在硕士、博士学位论文中的结语部分，探讨进一步研究的可能性是不可或缺的一部分。在此，研究者可依据论文所提到的缺失，比如没有控制到的变量、重新规划新的研究设计、增加新的变量或控制其他变量，以探讨研究结果是否相同。例如，杭州市某小学英语教师在阅读已有的有关“学生评价”的教育文献后发现，现有的主流评价制度对学生“双基”能力外的其他学习能力关注不足，教师采用的评价往往聚焦于对学生学习的评价而忽视了评价本身对学生学习的促进作用，于是她在传统评价方式的基础上提出加入“表现性评价”并探索其在小学英语教学中的作用。

（四）重做前人做过的研究

为什么要做重复研究呢？这是因为有些研究的重要发现和过去的研究或理论有冲突，重复研究这些问题有相当的研究价值，主要体现在如下几个方面：

（1）根据公开的程序，可以对已有的重要研究发现进行检验；

（2）根据研究对象不同，可以核查已有研究发现能否应用到其他群体之中；

（3）研究时间不同，可以检验过去一段时间的趋势或变迁；

（4）采用不同方法重复他人的研究，可以检验原来研究发现的效度；

（5）文献资料多，进行研究比较方便。

选择研究问题最简单的方法是把别人做过的研究题目拿来重做一次，这种方式与阅读相关文献有密切关系。换句话说，这就是旧题新作。不过，以这种方式所得到的题目，有可能会被认为缺乏创意，或涉嫌抄袭他人的研究。因此，在旧题新作之前，研究者必须考虑以下问题：重复研究该问题是否具有重要意义？重复研究该问题是否能澄清原来研究的疑惑？是否有理由怀疑原来研究的正确性或信效度？

例如，同样是做大陆与台湾小学教材中有关“分数”知识点的内容比较分析研究，张文宇等人的研究关注的是“人教版”和“康轩版”小学数学教材的“分数”知识点例题的整体结构和编写特征，而张平等人的研究则关注“苏教版”和“康轩版”小学数学教材的“分数”知识点内容的教材编排比较。二者虽都对海峡两岸小学数学教材分数的相关内容进行研究，但后者研究对象有所不同，它比较的是大陆小学数学教材的其他版本——“苏教版”，同时，所采用的比较框架是包含例题在内的更为宏观的整体比较，从考察教材中“质”的层面（教学性、适合性和结构性）和“量”的层面（整体结构、内容组织和编排顺序）两个角度来进行比较分析，后者的研究也有助于检验已有研究对台湾小学数学教材特点分析的准确性。

（五）从教育改革争议之中析出研究问题

教育改革不应是空中楼阁、空穴来风，它需要以教育理论和学术研究为先导。教育改革要想成功，还需教育研究者系统地、客观地对相关问题进行探索。当前，无论官方还是民间，无论国内还是国外，有许多关于未来教育改革趋势的热议话题，关于教育改革的建议、规划、政策等也是层出不穷。在现实中，各种教育改革实践更如雨后春笋，蓬勃发展。从对教育改革的关注、争议、批判、探讨与展望当中，我们可以获得许多研究的主题，譬如，城乡教育一体化问题、义务教育均衡发展问题、农民工随迁子女就地上学及升学问题、政府与学校关系问题、现代学校制度建设问题、精英教育与大众教育的关系问题等，这些都是相当值得研究的问题领域，由此研究者可以进一步选择出具体的研究问题。例如，在农民工随迁子女城市学校适应问题这个研究领域，可以找出如下这样一个具体的研究问题：农民工随迁子女城市小学语文课堂学习普通话适应问题研究。

又如，教育部2001年制定的《全日制义务教育语文课程标准（实验稿）》及其2011年的修订版取消了从小学到初中的语法教学内容，但有小学教师在教学实践中发现，在小学完全不教句法，学生没有句法结构的概念和知识，有些教学内容的教学很难执行。为此，他们便联合高校小学教学研究团队在所任教的小学里开展“运用科学取向教学论改革语文教学内容和方法的研究”，他们通过在小学低年级进行的句子教学实践研究发现，要解决语法教学问题，必须先放弃传统的语文教学理论，采用科学取向的教学理论，遵循知识转化成技能的规律，把语文知识真正转化为学生运用语言的技能。

（六）向专家学者讨教

专家学者经过长期的研究，对于该领域的研究走向有充分的认识和了解，可以提供一些研究中尚未解决的问题。对于研究者而言，如能向有经验的教授、专家、同行请教，将会获得相当大的帮助。向专家学者请教的目的在于让自己理清思路、掌握重点，并将一个复杂模糊的问题，发展成为可供研究处理的主题。譬如，当我们和有关课程的教授或研究机构的专家讨论自己感兴趣的问题时，往往可以发现值得研究的问题。

研究者除了可通过上述六种途径选择研究问题外，还可以通过参与学术讨论会或与同学进行讨论等方式确定研究主题。在此值得注意的是，在讨论交流前，研究者要做好功课，明确需要讨论的具体疑难问题，以免届时仅提出一些常识性问题。

二、选题主要有哪些依据

选题对于做好教育研究具有十分重要的意义，良好的选题是成功的一半。明确选题所依据的主要标准，对于确立良好的研究问题是必要的，也是重要的。在实践中，人们通常采用如下几条标准作为选题的主要依据：

（一）研究应具有意义或价值

研究问题所具有的意义或价值也被称为研究的重要性。研究意义或价值既可以体现在理论方面，也可以体现在实践方面。

理论方面的意义或价值，主要体现在研究问题能否对学科的发展、理论的形成、教育规律的认识、教育问题的解释等方面做出贡献，例如“小学教师职业幸福感影响因素研究”这一研究问题，其关注点主要在于解释哪些因素会影响到小学教师职业幸福感体验，因而主要具有理论方面的价值。

实践方面的意义或价值，则主要体现在研究能否为具体问题的解决提供进行科学决策的可能性。例如，“当前我国经济欠发达地区乡村小学教师专业发展困境及其对策研究”主要针对小学教育工作中存在的具体教育问题，因而具有明显的实践意义。

所以，在可供选择的研究问题面前，要思考或评价一项教育研究是否具有重要性，就要先问问自己：这项研究问题有没有用处？

（二）研究应体现出创造性

作为一种科学的认识活动，每一项研究必须能够在某些方面增加人们对现实世界的认识。对一项研究的创造性常有不同的表述，诸如独创性、创新性、新颖性、独特性，等等。

最具创造性的问题是那种全新的、前人从没有做过的问题，这也就是人们常说的属于“填补空白”的问题。然而，要找到一个这样的问题也最为困难。因为无论在哪个领域，完全无人涉足的现象或问题几乎不存在。因此，对于大多数研究者来说，一项研究具有创造性，指的是该项研究在研究思路、研究视角、依据的理论、研究对象、研究方法、研究内容、研究工具、研究数据、成果展示形式等某一方面或某几方面有超越他人研究之处。

例如，一位对教师绩效工资政策问题感兴趣的研究者，在看到前人做过“义务教育学校教师绩效工资政策实施问题及其对策”的研究后，选择“小学教师绩效工作政策执行困境研究”，或“小学教师绩效工资政策执行困境的成因研究”，这就在研究的对象上有了创新性。如果他选择“小学教师绩效工资政策对教师专业发展的影响研究”，或者“小学教师绩效工资政策方案的价值分析”，这就在研究内容上有了创新性。如果前人的问题研究的是某一特定时期的现象或问题，譬如“新世纪以来小学教师聘任制制度变迁研究”，那么，我们可以选择同一主题、同一内容、同一对象但不同时期的这一现象或问题进行研究，即可以选择“20 世纪 90 年代小学教师聘任制制度变迁研究”。当然，选择问题时的这种“与众不同”要有明确的目的，要根据理论上或实践上的价值和需要，而不能单纯地为不同而不同。

> **思考**
>
> 一项研究的创造性主要体现在哪些方面？

（三）研究必须是现实可行的

可行性指的是研究者是否具备进行或完成某一研究问题所需要的主观、客观条件。主观限制是指研究者自身条件的限制，它包括研究者的生活经历、知识结构、研究经验、组织能力、操作技术等方面的限制，甚至还包括研究者的性别、年龄、语言、体力等纯粹生理因素方面的限制。

例如，一个年轻的小学教育专业的男生如果选择“中年女性小学教师专业发展过程中的心理冲突与调适研究”这样的研究问题，那么，从可行性方面来考察，这一问题对于这个大学生研究者来说是不太可行的。因为无论是从他的年龄、性别、社会生活经历等个体因素来看，还是从他对这一领域的相关背景知识的熟悉程度来看，都与这一研究问题的特点和要求相差较大，往往很难完成对这一问题的研究。

客观限制是指进行一项研究时受到的外在环境或条件的限制，如研究时间不够，研究经费不足，有关文献资料的缺乏，研究涉及的对象、单位和部门不能给予必要的支持和合作等，都是导致一项研究课题无法开展的客观障碍。

例如，“火星撞地球：在日常家庭作业指导过程中，小学生家长为什么会与孩子产生冲突?”这一质性研究课题无论从重要性还是从独特性来看，都是值得去做的问题。然而，如果研究者无法取得研究对象的准许、支持和配合，无法接近研究对象，课题就难以进行。可见，一项不具备可行性的研究课题，无论其是否有价值、有新意，最多也只能是“空想”。

（四）选题应适合研究者的个人特点

所选择的研究问题最适合研究者的个人特点，这也被称为研究问题的适合性。这种个人特点主要包括研究者对该问题的兴趣、研究者对与研究问题相关领域的熟悉程度，以及研究者所具有的各种资源、条件与该问题的要求相符合的程度，等等。

对于选题而言，适合性与可行性就像一枚硬币的两面，侧重各有不同。可行性所解决的是研究的“可能性”问题，而适合性所涉及的则是研究的“最佳性”问题。换言之，可行性是关于这项研究“能不能做”的问题，而适合性则是关于这项研究对于研究者来说“是不是最好”的问题。

例如，小学教育专业的同学选择的研究课题是“30～36 个月月龄儿童母语口语表达中的语法运用状况及其影响因素分析”，显然，这一选题与研究者在专业理论基础方面是不匹配的。又如，有的同学想通过建模来研究小学生网络成瘾的问题，然而自己却没有掌握建模的相关方法，难以完成预期的研究目标。因此同学们应选择适合自己的研究问题，扬长避短，而不是以卵击石。

三、 怎样使研究问题变得具体明确

（一）研究问题：宽泛与具体

初学者最容易出现的问题，就是选题比较宽泛，不够明确、具体，有时甚至只是比较笼统的问题领域，而不是一个研究问题。我们的各种兴趣、想法、思路和问题，通常不是我们所说的研究问题。要使这种最初的、粗略的问题，转变成为焦点集中、切实可行的研究问题，就必须对研究问题进行明确清晰的界定，这是选题过程中十分重要的一个环节。

举例来说，像“小学教育管理问题研究”“农村小学教师流动现象研究”“当前我国素质教育实施的问题研究”等一类题目实际上并非研究问题，而是问题领域或研究主题。用前面所讲述的标准来衡量则不难发现，这几个问题都具有重要意义，但是欠缺可行性。而造成这种欠缺的一个重要原因，就是这些问题在内涵上过于宽泛、过于一般，研究者可以通过追问自己以下几个问题，从而进一步将问题具体化：我究竟是想了解乡村小学教师流动的规模、地区分布、形成原因、后果及影响，还是其他内容？我所感兴趣的又是哪一种类型的教师流动？或是哪一个时期的教师流动？只有明确研究问题，研究者才能清楚地认识到真正想研究的是什么。

（二）研究问题明确化的方法

1. 缩小研究问题的范围

对于初学者来说，要使研究的问题明确化，首先可以通过检索和查阅文献，将宽泛的问题转化为具体的问题，将一般性问题转化为特定的问题，通过不断缩小问题的内容范围来达到这一目标。例如，“小学生违纪问题”是一个十分宽泛的问题领域，其内涵并不是某一个具体的教育研究所能包含得下的。一项具体的教育研究，通常只能选择其中的一个方面进行深入探索，例如，“小学生故意违反课堂纪律的行为表现及其影响后果研究”。

其次，我们可以通过运用限定性的词语来陈述研究问题，以此限制和缩小问题的范围，例如“小学生故意违反课堂纪律的心理原因研究”。限定研究问题的重要作用在于，它有助于划定与研究相关的资料范围，使研究者知道哪些资料必须考察，哪些资料可以放在一边。与此同时，这种陈述还能在一定程度上帮助研究者选择和确定研究方法。

2. 清楚明确地陈述研究问题

陈述研究问题也是研究问题明确化的重要一步。陈述问题时可考虑如下几点：

第一，问题陈述必须清楚明白。陈述问题时应尽量使用学界公认的概念和研究术语，但如有必要，也应进行概念创新。例如，“项目式教学培训有助于提升小学教师专业教学能力”“低年级小学语文绘本阅读教学方法与学生阅读理解能力提高的关系”等。在学术刊物发表的研究报告中，问题的陈述有时是在研究目的的陈述中出现，有时则在文献评论的结尾处作为小结出现。

第二，问题的陈述通常至少包括两个变量。比如，前面两个问题陈述中，第一个包含了“项目式教学培训”与“专业教学能力”两个变量，而第二个则包含了“绘本阅读教学方法”与“阅读理解能力”两个变量。只包含一个变量的问题陈述通常为描述性的研究。例如，“小学三年级学生数学抽象思维能力发展状况”“小学教室环境布置适合用什么样的色彩”这两个问题，它们分别包含了“数学抽象思维能力发展状况”这一变量和“色彩类型”这一变量。

课后任务

试选择一个教育研究问题。

第三，问题陈述必须是可检验的。可检验指的是所研究的问题必须能够产生不止一种回答。只有一种答案的问题陈述是不合格的问题。前述所列举的例子之中，“项目式教学培训”可能改善了，也可能没有改善参与培训的小学教师的“专业教学能力”；“绘本阅读教学方法”与“阅读理解能力”之间可能有关系，也可能没有关系。

小资料

2021 年广东省中小学三科统编教材“铸魂工程”专项课题拟立项课题名单（节选）

表 1－1　课题名称列表

学科学段	课题名称
小学语文	基于“素养导向”的小学语文教学评一致性的实践与研究
	在小学语文课程中落实中华优秀传统文化教育的实践研究
	基于“三步五径”古诗词文赏读教学模式下诗歌意境领悟的策略研究
	核心素养视角下的小学语文单元作业设计研究
	以语用为取向的小学语文阅读教学活动设计的实践研究
	“双减”背景下运用思维工具提升小学生阅读能力的实践研究
	图示法在统编教材小学语文单元主题阅读中的实践研究
	小学语文教学中“2＋3＋3”经典诵读策略的实践研究
	小学语文中段观察类习作训练序列构建的实践研究
	“出声思维”在小学语文阅读策略学习中的应用研究

续上表

学科学段	课题名称
小学道德与法治	小学道德与法治“价值体悟”教学模式创新实践研究
	基于教育戏剧的小学道德与法治学习方式转型研究
	客家文化微课程与小学道德与法治课程融合的实践研究
中小学三科	义务教育统编教材三科协同共育教学实践研究

《基础教育课程》2022 年征稿课题指南

1. 义务教育新课程、新课标研究与实施
2. 当前教育部要求进课程教材的相关主题教育实践经验
3. “双减”背景下的教育教学创新实践与思考
4. 区域、学校教育教学管理创新实践研究
5. 地方课程、校本课程、综合课程等的建设与研究
6. 学校（区域）整体育人模式变革研究与实践
7. 学前至高中各学科课程及教学方式改革探索
8. 评价与考试命题改革研究
9. 基础教育改革相关的新思想、新观点、新理论、新方法
10. 特殊教育与中职教育课程教学改革实践研究

第二节

文献检索与文献综述

一、文献检索

（一）文献检索的作用

文献检索有助于研究者发现和提出研究课题。研究者通过检索与阅读有关文献，可以限定问题的范围，有助于厘清与界定相关概念。文献检索应关注以下几个方面的问题：

1. 已有文献中被忽略的问题

在查阅和评价已有研究文献时，应善于发现研究文献中尚未被其他研究者认识到的空缺点，并予以优先考虑，从中很有可能发现有价值的研究问题。例如前文中关于“小学生违纪问题”，经查找和评价文献后，发现已有文献中对微观层面的“故意违反课堂纪律”的行为研究较少，并且从“心理因素”入手进行解释的研究也不够深入，由此就可以提出适合自己的研究问题，即“小学生故意违反课堂纪律的心理原因研究”。

2. 已有文献中存在的相互矛盾之处

我们在检索与阅读已有文献时，经常会发现两位或更多的研究者在研究同一问题时，得出的研究结论很不一致甚至相互矛盾。这说明该研究需要进一步接受检验。我们可以弄清楚这些研究结果究竟存在哪些差异，分析原因，从中选择我们的研究问题。例如，研究视角不同，对同一现象的研究就会产生不同的研究问题和假设，研究结论自然也就不相同了。像“低年级小学生完成课堂作业过程中存在‘溜号’现象”这一问题，如果从心理学角度入手，那就与个体的注意力集中程度和水平有关，因此研究者要考虑布置作业的时间长短，使之符合低年级小学生注意力集中的程度和水平；如果从教育学角度入手，研究者则需要根据学生的学习水平差异，考虑课堂作业的难度水平和数量差异，做到因材施教。

3. 已有文献中研究方法的不足

研究方法的问题是我们在选择研究问题时应予以关注的一个重要方面。在查阅和评价已有的研究文献时，我们要注意该文献在研究方法方面是否有不足，例如，研究过程中某些变量是否得到适当的控制。若文献中的研究方法需要修正，则为研究者提供了值得进一步探讨的问题。例如，在一项关于小学三年级数学应用题教学方法是否可以提高学生解题能力的准实验研究中，研究者用应用题课外辅导书作为奖品鼓励表现好的同学，但是这却降低了实验研究的内在效度，即在研究结论中，无法确定学生解题能力的提高到底是因为教学方法在起作用，还是因为应用题课外辅导书在起作用。

4. 把握研究问题的本质与联系

我们不能随意把两个变量凑在一起就提出一个研究假设。例如，民间老百姓常常通过观察燕子飞的高度来判断是否会下雨，但我们做研究时却不能提出“燕子低飞是下雨的原因”这样的研究假设，因为在“燕子低飞”和“下雨”之间不存在本质的必然的联系，这只是一个根据日常经验所做的总结和判断。研究文献从不同的领域、不同的视角阐释了研究问题。阅读研究文献，不仅是选择研究问题的参考，而且有助于研究者从多方面获取信息，形成对研究问题本质的理解和把握。依据已有的理论研究成果，研究者可以深入地思考研究问题的原因所在，这有助于研究者围绕研究问题形成理论解释框架。

（二）文献的类型

由于教育研究成果的记载和传播方式相当多元化，因此教育文献的种类也是相当多元，依据不同的观点可区分几种不同的类别。

1. 依文献的公开性来划分

依文献的公开性，可将文献分为正式文献和非正式文献。

正式文献指正式出版的专著、论文、期刊、集刊、教科书、学报、专刊等。一般而言，正式文献是由政府或出版社遵循出版物的管理程序，向国家新闻出版管理机构登记并取得许可的文献。研究者在从事资料的查阅和引用时，应该以正式出版的文献为主，因为这些资料较容易获得，较符合科学的可验证性。

非正式文献指未正式出版的各种论著、研究报告、技术报告、统计资料，以及私人的通信、日记、笔记、手稿等。一般被引用最广泛的文献之一是各研究机构的硕士、博士论文，因其未正式出版，所以属于此类。值得注意的是，非正式文献未在市面上流通，因此取得不易，有时难以判断资料的真伪，除非是在正式文献中找不到相关的资料，否则尽量少引用非正式文献。

2. 依据文献的加工、整理程度划分

依据文献的加工、整理程度，可将资料来源分为以下三种类型：

（1）初级文献。初级文献指研究者将他们的研究结果提出发表的出版物，作者将他们的研究发现直接告诉读者。教育方面大部分的初级文献来源是期刊或集刊，诸如《教育研究》《清华大学教育研究》《北京大学教育评论》等，这些期刊通常是月刊、双月刊或季刊，刊登的论文多半是理论性较强的论文或研究报告。学报及各种专题研究报告和学位论文也属于此类资料。

（2）次级文献。次级文献属于一般性参考资料，被用作检索工具。研究者应首先参考次级文献，从次级文献中了解与研究问题相关的资料来源，例如论文、书籍和其他文件等。最常用的次级文献，一种是索引，它列有论文的作者、题目、出版地点和其他资料；另一种是摘要，它列有各种出版物的简要摘述，当然也有作者、题目和出版地点。

（3）三级文献。三级文献是对初级文献加以分析、比较和整理后所提出的综合资料，它可提供某一学术领域的综合情况。在教育方面最普遍的三级文献资料来源是教材。例如，教育概论的教科书，可能会描述某些心理学所做的研究，借以阐明观念和概念。其他常用的三级文献来源包括教育大辞典、研究述评和教育年鉴等。

在进行文献检索时，最好直接参考初级文献。可以通过次级文献、三级文献找出初级文献。如果想迅速了解问题研究的大致状况，三级文献可能是最佳的选择；但若要详细了解其他人已经做过的研究资料，应该参考初级文献。

（三）文献资料的来源

1. 专著

专著是作者对自己在某一研究领域多年研究结果系统全面的梳理和总结，一般代表自己在该领域的最高学术水平。论文集一般是指众多专家关于同一主题的学术论文的汇编，往往观点各异，信息量大。除非是个人论文集，一般论文集都有一位权威性的主编，也可能还有副主编，系列丛书还可能有编委会。此外，还有一种特殊的书籍，即以专著形式出现的以一位或几位作者署名、多位作者分工负责各章写作的主编式专著。而教科书则是系统阐述某一个学科的研究对象、基本理论和基本问题的入门读本。教科书内容相对稳定，表述规范，但同时也指出了本学科最新科研成果和有待讨论的问题。相对而言，工具书内容广泛、形式多样，方便读者查阅普通文献。工具书可以从时间维度上记载某学科或领域的历史发展过程，如《中国教育统计年鉴》《高等教育年鉴》；也可以从空间维度上记载某学科或领域的发展状况，如《国际教育大辞典》；还可以是专业词典的形式，如《教育大辞典》《简明特殊教育百科全书》。

2. 期刊

期刊是定期或不定期的连续出版物，有周刊、旬刊、月刊、双月刊、季刊等，其性质可分为学术性理论性期刊、情报性期刊和普及性期刊。

（1）学术性期刊。学术性期刊反映教育研究的研究动态和成果，国际期刊鼓励原创性研究。我国有《教育研究》《高等教育研究》《教育发展研究》《北京大学教育评论》《课程·教材·教法》及著名高校学报的哲学社会科学学报，等等。期刊学术性水平最高的是国际通用的 SSCI 论文（即发表于被 SSCI 工具书——*Social Sciences Citation Index* 收录的期刊上的论文）。我国的中文核心刊物论文被称为 CSSCI 论文、中文核心期刊论文、一般性期刊论文。一个期刊的重要性是根据其“影响因子”大小来评价判定的。所谓“影响因子”，是指某刊物近两年刊出的论文被 SSCI 或 CSSCI 论文引用的总次数与刊出论文总数之比。

（2）情报性期刊。情报性期刊包括文摘及复印论文集，如《新华文摘》《中国社会科学文摘》《人大复印报刊资料》等。它们可以帮助读者快速了解某一特定主题的文献概况。

（3）普及性期刊。普及性期刊主要介绍各级各类或各地区教育的发展情况和改革业绩，常见政府领导文章和报告，如《中国高等教育》等。

3. 未正式出版的文献

未正式出版的文献，包括一些学术会议论文集、学位论文、研究报告等。会议论文集通常能反映出一个学科领域的研究动向与成果，代表国内外该领域的前沿水平。学位论文，主要指硕士、博士论文，是硕士、博士研究生进行专题研究后为取得某种学位而撰写，并经过各级学术委员会审查的学术论文。学术论文往往具有一定的创新性，分析和论述较为系统，尤其是文献综述较为全面。研究报告则是针对一个研究项目或具体课题任务所编写的从研究设计、实施过程、研究方法到研究结果、结论再到建议等完整的文字汇报。研究报告的内容以应用研究为主，往往为政府或企业的某项决策提供建议。

（四）文献检索的方法

文献检索一般包括如下具体步骤：

首先，确定检索的关键词、主题词、作者名或题名；其次，确定检索范围，譬如语种、地理分区、时间段、文献所属学科类型、著者名、期刊名；最后，确定检索工具，如今已广泛使用互联网工具以替代印刷品工具。

文献检索的方法主要可以分为如下五类：

（1）互助法。互助法，即由同一研究领域的研究者彼此相互帮助，或由不同领域的研究者相互帮助的方法。例如，研究教育史方面的问题，可以请研究历史的同仁帮助提供有关某一领域的资料；研究教育政策学方面的题目，可以请研究公共政策学的同仁协助提供资料。

（2）追溯法。先从最新的文献开始搜集，由这些文献所附的参考文献去查找相关文献，这样一直追溯以前的文献，就可以找到许多的文献资料。

（3）绵延法。先从研究问题所属领域的重要文献下手，搜集引用此篇文献的所有文献。例如，由社会科学引注索引或其他索引，搜集引用某一文献的其他文献资料。

（4）人工检索。以人工方式，从图书、期刊、摘要、学报等方面去查询。例如，从学位论文或期刊论文的参考书目寻找初级文献，可以使用电脑来协助。

（5）网上检索。利用图书馆所购买的光碟资料库进行网上检索。使用这种方法可以迅速找到完整的文献。但目前可供全文下载的资料库仍不多，当检索到所需要的资料目录后，还是要到图书馆将所需的论文列出来。

二、 文献综述

（一）文献综述含义及作用

文献综述（literature review）指的是对与研究问题相关的文献进行系统梳理，并对主要代表性文献进行述评的过程，其中，“述”要求研究者用自己的语言对主要代表性文献的观点、方法、结论等进行陈述；“评”要求研究者分析评价已有代表性文献解决了哪些问题，还留下哪些问题未解决，这些对自己选择研究问题起到什么样的支持作用。研究者通过文献综述，可以了解该领域研究进展状况，在此基础上，提出并确立自己研究问题的拟创新之处。在教育研究报告中的文献回顾，实际上是对选题阶段所做的大量文献查阅和分析工作的总结。

文献综述是教育研究过程前期的重要工作之一。文献综述对于一项具体的教育研究所具有的作用主要体现在以下几个方面：

首先，有助于研究者了解本领域已有的研究成果。通过系统的文献综述，研究者能够比较全面地了解本领域中的研究进展状况，并由此确立自己的研究在该领域的位置，认识到自己的研究工作所具有的理论意义和现实价值。

其次，为研究者提供研究思路和研究方法。通过文献综述，研究者可以了解到以往研究在探索该问题时的不同的角度、策略及方法。这有助于研究者从新的方面去探讨问题。

最后，为解释研究结果提供背景资料。文献综述提供的背景资料既是研究者在选择研究问题时的参考框架，也是研究者解释研究结果的依据。任何一项社会研究都可能会产生一些研究者未曾预料的结果，或者是与研究者所期望的相反的结果，而文献综述提供的背景资料能够合理地解释这些结果。

（二）文献阅读与整理

1. 对文献的浏览、泛读与精读

文献阅读方法有许多种，包括浏览、泛读与精读等，不同的阅读方法具有不同的作用。浏览旨在抓住要点，用以初步判断文献的价值，掌握文献的大致内容；泛读旨在了解文献的基本思想与结论，用以判断文献的利用价值，大概了解研究的焦点、动向与新进展，从文献中获得启发；精读旨在全面、具体掌握文献的实质内容，在理解的基础上进行评价、质疑，甚至挑出文章中的错误之处，这种读法又称为批判性阅读。在实际的文献阅读过程中，浏览、泛读、精读总是结合使用。

2. 通过摘要和札记做好文献记录

通过做文献记录，可以保留文献中有价值的信息，有助于提高文献阅读效率，以便对文献进行分析。较为系统的记录方法是做摘要和札记。摘要是对文献基本观点、论据、方法等的记录，以供自己日后写作时进行引用。摘录时不要断章取义，其内容应当与原文献保持一致，并注明参考文献，同时要留意研究中是否有因疏忽造成的错误。如果有进一步的建议也要写下来。

札记是研究者在阅读文献过程中或阅读后，将自己的认识要点、联想、疑问、评价、启示等予以记录，想到什么就记什么，可以将札记写在文献摘要同一卡片或笔记本之中，以方便对照与保存。

3. 对文献目录进行定期整理

尽管参考文献目录总出现在研究报告或论文的最后，但是准备目录的工作不能等到研究的末期才着手，平常在做文献整理时，就应该把文献的作者、名称、出处写在卡片上或在电脑上建立书目档案，才不会遗漏太多参考文献。

（三）文献综述撰写

1. 文献综述的结构

研究论文中一定要有一个章节撰写文献综述，评论某一研究领域或某一研究问题在某一时期内的研究状况。它不等同于研究结果的简单汇总或堆砌，而是要依据一定的逻辑关系与框架归纳整理已有的相关研究成果，且对当前研究中存在的不足予以剖析，指出研究的发展方向，并提出改进研究的建议。撰写文献综述，没有统一的格式要求，但其结构一般包括如下五个部分：

（1）引言。简要描述研究问题的性质，并进一步陈述研究问题。此外，研究者可以描述研究的理由以及意义。

（2）综述的主体。简要报告其他研究者在此研究问题上已有的发现和所持的观点，通常会将相关的研究放在一起讨论，并用小标题进行分类。其中，对于主要研究工作要详细介绍，相对次要的研究略微提及即可。通常情况下，可以用一句话简要概括相似研究结果的工作。

> **课后任务**
>
> 试撰写一份文献综述。

（3）小结。此部分与文献综述的主线联系紧密，要给出迄今为止有关研究问题的已有知识和观点。对此，列表格或许是一种简明扼要的陈述方法，可以一目了然地呈现既有的类似的研究结果、理论观点和主要建议。

（4）结论。在文献综述小结的基础上，研究者要呈现某些结论，例如文献已经提出理解某个研究问题的理论线索是什么，解决这个问题的最佳行动路线是什么，等等。

（5）参考文献。列明参考文献中引用的所有文献的出处和其他完整的索引。值得注意的是，在撰写文献综述时，要明确标识哪些部分是直接引用，哪些部分是自己的看法，以免被误认为是剽窃。

2. 撰写文献综述需要注意的问题

（1）文献资料尽量全面翔实。齐全的文献资料是写好文献综述的前提，否则是不可能写出好的文献综述的，它反映出研究者对已有相关研究领域的熟悉和了解程度。

（2）应对代表性文献进行分类陈述。一般来说，研究者要用自己的语言陈述最重要的代表性观点，然后以合乎逻辑的方式将这些发现与论述组织起来，并指出整个研究领域中存在的矛盾与问题。它反映出研究者对文献的理解和把握程度。

（3）尽量使用初级文献。所引用的文献尽量是初级文献的内容，少用次级（间接）文献。引用文献要忠于文献内容，不能篡改文献的内容。

（4）要对文献进行评价。文献综述要有作者的评论分析，它反映出研究者驾驭文献的程度，从而使文献为自己的研究服务。文献综述要避免成为流水账，或是研究文献的罗列堆砌，从而失去其参考价值。

（5）摘要的撰写应疏而不漏。撰写摘要时不要直接抄录报告内的摘要，因为摘要内容太短。摘要内容不必写得太过详细，尽可能压缩，但是重要的细节不能漏掉。

小资料

撰写文献综述的技巧

一、撰写文献综述的逻辑顺序

（一）可按年代顺序、发展阶段综述

（二）可按不同主题（问题）进行综述

（三）可按不同的观点进行比较综述（不同流派的比较或国内外观点比较）

二、撰写文献综述常用的连接词

在文献综述中，经常出现的错误就是先介绍一位作者的观点，然后是另外一位作者，接着又是下一位作者……为避免这类问题的发生，需要学会使用简单的连接词。

（一）串联观点相似的词语（也是，另外，再者，同样地……）

例如“区域学校自主评价的行动研究”课题中的“学校自主评价的内涵讨论”：

关于学校自主评价的内涵，学术界从不同侧面做出了阐释。国外对自主评价的表述有多种，一种较为突出的观点，即将学校自主评价与行动研究联系起来，认为学校自主评价的过程就是行动研究的过程。如卡瑞和凯米斯（Carr & Kemmis）将行动研究定义为参与者自我反馈的调查过程，目的是使自己的行为更为合理和正当，更多地了解自己的行为以及行为发生的情境，而学校自主评价就是根据这样一种理念建立起来的。戴林·哈蒙德（Darling Hammond）也有相似的观点，他将学校自主评价视为一种行动研究的过程……

分析："国外对自主评价的表述有多种，一种较为突出的观点"这是一种写作手法，有关主题研究的观点可能很多，不能把所有观点都罗列出来，把较为突出的观点写出来进行分析即可；"戴林·哈蒙德（Darling Hammond）也有相似的观点"，这是一种承上启下的连接句，可以看出文中很自然地用了连接词"也"。

（二）串联不同观点的词语（然而，相反地，从另一方面来说，虽然如此……）

例如"校外教育"研究：

"校外教育"作为一个学术课题，其内涵界定多种多样。多数学者认为："校外教育"就是在学校以外发生和进行的教育活动，是在国家的教育目标和教育方针的基础上，利用业余时间，学生在体育、艺术、自然科学、社会科学等方面所进行的有组织、有指导的教育娱乐活动。然而沈明德在他主编的《校外教育学》中却认为，"校外教育"是社会主义教育事业的重要组成部分，是基础教育的组成部分，是现代教育的一种重要形式。

分析："多数学者认为……"对多数相同观点的内容进行概括；"然而……"表示转折，突出了另一种不同的观点或声音。

（三）作者本人观点的表述

作者本人观点的表述可以贯穿在文献的主题部分，作者在叙述每个问题或观点之后，可以随时发表自己的看法。所谓本人观点，其实就是要用自己的理解和语言对文献进行总结、评述。

例如：

……综合及比较以上各种界定，笔者认为"校外教育"从以下几方面可以达成共识：(1)"校外教育"是在学校教学计划之外，在课余时间开展的教育活动。(2)"校外教育"的对象是少年儿童。(3)"校外教育"对中小学学生的成长都具有极其重要的作用与影响。

……由上所述，纵观各国环境教育的目的、目标不难看出，这些目的、目标的表述虽然差别不大，但是若从深层意义加以考虑和比较可以得出如下结果……

（四）一些常用句型

例如：

归纳了……研究中的关键问题，指出了……及其……研究的主要进展。

讨论了……的类型、影响因素、过程机理和描述方法，在此基础上，对……规律的研究前景进行了展望。

过去研究主要集中在……（深度上）……（广度上）……（有争论的问题）。

这些句型实际上是告诉你的读者你对资料是做过分析的。另外，你还可以使用“明确地”“通常地”或者“一般地”这样的字眼来表明某一学者研究的程度，或者使用“因此”“也就是说”“比如说”等字眼来举例。这样就可以保证你是在对资料进行总结，而非简单地描述在你所研究的领域中已经取得的成果。

第三节

课题论证

一、课题类型

根据不同的标准，教育研究可以划分为不同类型。

（一）基础研究、应用研究

1. 基础研究

教育学领域中的基础研究是指认识教育现象，揭示教育规律，探索新知识、新原理、新方法的研究活动，它一般不涉及对实际教育问题的解决和改善等。

思考

为什么要做基础研究？

2. 应用研究

应用研究是指对基础研究进行成果转化，并将其应用于实践。在教育学领域，应用研究指将基础研究中取得的成果用于解决实际教育问题。

例如，小学数学教学法研究，就需要把教育学的基础理论同数学学科的教学实际紧密结合起来，同时考虑各年龄阶段学生心理发展的共同特征，以获得最好的教学效果。

（二）质性研究与量化研究

1. 质性研究

质性研究是以研究者本人作为研究工具，在自然情境下，采用多种资料收集方法（访谈、观察、实物分析），对研究现象进行深入的整体性探究，从原始资料中形成结论和理论，通过与研究对象互动，对其行为和意义建构获得解释性理解的一种活动。

2. 量化研究

量化研究指将问题与现象用数量来表示，进而去分析、考验、解释，从而获得意义的研究方法和过程。量化研究强调准确的研究程序和预先的研究设计，揭示现象之间的相关性或者因果效应，一般通过数据的形式展现或说明情况。在教育研究中，最典型的量化研究是实验研究，而调查研究则往往兼具质性与量化研究的特征。在研究实践中，常见采用二者混合的研究设计。

（三）描述性研究与干预性研究

人类探索认识世界的活动中，研究所包含的是认识客观事物和改变客观事物两个方面的活动，而这二者反映到教育研究中，则可以分为描述性研究和干预性研究。

1. 描述性研究

描述性研究旨在客观地考察事物的存在状态，即描述事物“是什么”。不过作为一项研究，人们往往无法满足于仅对事件进行描述，最为关键的还在于探寻如何对其进行解释。

2. 干预性研究

干预性研究旨在通过对事物现状的改变，寻找或证明事物间的因果关系，从而把握事物的内在规律并解决问题。干预措施是通过描述性研究对事物有了深入认识之后提出来的，因此，描述性研究是干预性研究实施的前提和依据，干预性研究是描述性研究得到的结果和目标。

二、课题论证报告的撰写

（一）选题依据：国内外相关研究现状、本课题的学术价值和应用价值等

1. 国内外相关研究现状

在一份成熟的课题论证书中，这一部分是非常重要的，主要用以突出研究者对所要研究的领域的了解程度，即是否熟悉过去他人在本领域的研究及研究的主要趋

势、见解。文献探讨可以涵盖理论、直接相关的研究或能够提供理论支持的其他观点。

2．本课题的学术价值和应用价值

结合当下，对为什么开展本课题研究进行阐释。分别从学术性和应用性两方面加以诠释，重点体现本研究对现阶段呈现出的实际问题在理论方面和应用方面有何意义及价值。

研究实例举隅：教育戏剧在小学语文教学中的应用研究

1．国内外研究现状

例如俞玉苗关于《教育戏剧在小学语文教学中的应用研究》中，首先梳理了国内外对于教育戏剧的研究；其次梳理了国内外关于教育戏剧的教学方法研究、应用策略研究；再次将目光投向国内关于教育戏剧在小学语文教学中的研究情况；最后对研究现状进行述评，发现目前将教育戏剧应用于语文学科的实践以及研究比较缺乏，而应用于英语学科的较多，而且很少有学者分析教育戏剧常见的形式、分类，以及在小学语文教学中使用存在的问题与原因，我国本土化的教育戏剧理论相当缺乏，中小学教育戏剧最近几年才兴起，在教育戏剧的实践研究方面缺乏成熟理论的指导。了解这些研究现状，熟悉所要研究的领域，挖掘目前研究中存在的不足之处，可以为研究课题的提出打下了坚实的基础。

2．学术价值和应用价值

（1）学术价值：语文教育戏剧教学是一种很好的学习语言的方法和手段，对学生兴趣的培养、情感的丰富、语言的表达、成绩的提高、视野的开阔与语文教师教学的改进和完善都具有重要的作用。其一，教育戏剧在小学语文教学中的应用研究，可以为语文教学提供思想和理论上的准备；其二，可以促进教育戏剧的理论研究。

（2）应用价值：于教师而言，该研究所提出的实施匹配、实施原则和应用策略具有可操作性，可以帮助教师继续了解教育戏剧，丰富相关理论知识，提高对教育戏剧的认同感以及反思能力。于学生而言，该研究把学生的身心发展规律作为教育戏剧教学的前提，在此过程中，教师重视全人性、主体性和过程性等特点，让学生在角色扮演和角色朗读等教育戏剧形式中体验情感、学到知识、提高语文素养，同时学生也能够得到全面的发展。

该研究通过访谈和案例分析的方法，对小学语文教师应用教育戏剧的情况进行剖析，对教师常用、较难使用的教育戏剧形式进行分类和总结，即做到了基于学科教学视角，探索教师应用的情况，深入分析原因。该研究有利于教师认清目前小学语文教学中存在的问题，从而发现问题，进一步解决小学语文教学中反馈的问题，继而为小学语文教师应用教育戏剧提供指导策略。

（二）研究内容：本课题的研究内容、重点难点、主要目标和创新之处等

1. 研究内容

研究内容是课题论证最为核心的部分，需以论述性和思辨性的思维加以思考、陈述相关主要研究层面。可分为几个模块展开论述，模块结构要求层次鲜明，突出主体。

2. 重点难点

从研究内容着手，以研究主要内容的核心为重点研究部分加以分析，难点以研究中所预估的困难为主展开评述。

3. 主要目标

本研究最终要解决的主要问题即本研究的主要目标。

4. 创新之处

创新点是课题设计的亮点，如无创新之处，课题便显得毫无生机可言。一般创新会从内容、观点、评论、意义中提炼出来，从理论、材料、研究视角、对象等多方面提出本研究与以往研究的不同之处，即通过本研究的开展继而获得的新理论、新观点等。

研究实例举隅： 支架在小学英语词汇教学中的运用研究

1. 研究内容

例如林晓倩进行支架在小学英语词汇教学中的运用研究时，将研究内容主要分为支架式教学方法对小学生英语词汇学习态度的影响、支架式教学方法对小学生英语词汇学习能力的影响、支架式教学方法对小学生英语词汇学习策略的影响，且从建构主义理论和最近发展区理论出发，对上述研究结果进行分析、讨论，从而凸显出该研究课题的主要研究层面。

2. 重点难点

研究重点：探索支架运用于小学英语词汇教学中能否提升小学生英语词汇

学习的态度、探索支架运用于小学英语词汇教学中能否提升小学生英语词汇学习的能力、探索支架运用于小学英语词汇教学中能否改善小学生英语词汇学习的策略。

研究难点：开展对照班和实验班的词汇教学，设计词汇教学的具体实施步骤，进行前测和后测，并进行实验数据的收集。

3. 主要目标

本研究试图从小学英语词汇教学中的实际问题入手，通过支架在小学英语词汇教学中的运用，深入探究其方法的实效性和相关教学策略，旨在从实践中探索改进词汇教学的方法，从而提高笔者所在小学英语词汇教学的实际效率，促进学生英语词汇学习。

4. 创新之处

该研究的研究对象为三年级学生，旨在通过实证研究以分析搭建支架对小学英语词汇教学的影响。目前众多支架教学的研究大多集中于初中、高中及大学词汇课堂，小学英语词汇课堂的支架教学研究尚处于起步阶段。该研究试图将支架教学的相关理论与小学英语词汇教学中的实际问题对应起来，深入探讨小学英语词汇教学的相关策略，丰富支架应用于小学词汇教学中的实证研究，期许在一定范围内优化小学词汇教学理论体系，进一步推进小学英语词汇教学的发展。

（三）思路方法：本课题的研究思路、研究方法、研究计划及其可行性等

1. 研究思路

实际上，研究思路所反映的内容即研究的方法框架，本研究通过何种思路开展研究，实则是对研究方法框架内容的细化。书写时要注意分步骤和时段性。

2. 研究方法

研究方法指研究中使用的工具和手段，一般包括文献研究法、调查研究法、观察研究法、思辨法、行动研究法、历史研究法、概念分析法、比较研究法等。可以采用几种研究方法共同开展研究，多种研究方法并用可以规避使用单一研究方法的劣势。

3. 研究计划

研究计划要清晰地记录研究过程的每一个步骤，详细写出每个阶段的时间安排、地点、任务和目标、由谁负责。若外出调查，要列出调查者、调查对象、调查内容、交通工具、调查工具等。如果是实验研究，要写出实验内容、实验地点、器材。实施计划越具体，则越有利于研究计划的执行。

4. 可行性论证

可行性论证是指课题研究所需的条件，即研究所需的信息资料、实验器材、研究经费、学生的知识水平和技能及教师的指导能力。另外，还应提出该课题目前已做了哪些工作，已积累了哪些方面的文献或调研的相关前期材料等。

研究实例举隅：深度学习视域下翻转课堂教学理论与实践研究

1. 研究思路

围绕利用深度学习来优化翻转教学过程和教学效果这一研究总目的，结合该研究的三个核心问题，即“深度学习何以优化翻转教学、深度学习如何优化翻转教学、深度学习优化翻转课堂教学的效果如何”，将该研究主要分为四个阶段，即准备阶段、理论梳理与模型构建阶段、设计研究阶段、讨论结果与得出结论阶段。在准备阶段，充分搜集并阅读相关文献，选定研究主题，确定研究对象；在理论分析与模型建构阶段，完成深度学习理论框架的构建、宏观模型的构建、学科微观模型的构建以及研究工具的设计与开发；在设计研究阶段，进行第一轮迭代和第二轮迭代；在讨论结果与得出结论阶段，进行研究结果的讨论，得出研究结论和建议。

2. 研究方法

（1）研究工具：为了评价学生的学习效果，该研究主要从学习过程和学习结果两个维度收集和分析数据。一是学习过程维度：主要通过课堂教学视频的师生教与学的行为，学习行为投入、学生回答问题质量、教师提问质量等四个方面进行分析。二是学习结果维度：主要从学生深度学习能力、学习投入水平、语文和阅读成绩等三个方面考查学生学习结果的变化。因此对应的研究工具主要包括课堂教学视频师生互动分析编码系统、学习行为投入分析编码系统、SOLO 学习结果分析框架、深度学习能力量表、学习认知和情感投入量表等。

（2）研究方法：该研究运用了观察法、问卷调查法、访谈调查法等研究方法。

①观察法：本研究中的定量观察来自对课堂教学实录的视频观察，通过对视频的反复观察和分析以获取课堂教学中教师教学过程和学生学习过程的信息，以评价学生的学习投入水平和问题解决过程中的思维水平，为评价学生深度学习过程的发生提供依据。本研究中的定性观察来自研究者肉眼的直接观察。定性观察的目的是随时发现教学过程中教师的一些好的做法，以及发现教学过程中存在的问题，下课和任课教师及时沟通和探讨，以达到随时发现问题和随时解决问题的目的，从而为发现问题和修正模型提供保证。

②问卷调查法：本研究主要采用量表的形式进行问卷设计，问卷主要围绕以下六个维度进行调查：合作能力、有效沟通和表达、元认知能力、自我效能感和学习毅力、学习投入和学习动机等。本研究实施两次调查，分别在每次迭代后进行。

③访谈调查法：研究过程中分别对教师和学生进行了两次深度访谈，分别在第一轮和第二轮研究结束后。教师对象是参与实验的杨老师，参与访谈的学生按照学习成绩，从优等生、中等生、学困生三类学生中分别抽取2名学生，共6名学生参与访谈。为了保持评价的一致性，第一轮和第二轮参与访谈的学生保持一致。本研究中访谈的主要目的是从教师角度了解教学实践中学生的变化以及翻转教学中的经验、困惑与挑战，了解学生在学习过程中的体验、对翻转课堂的态度和建议，从而为下一阶段修改迭代提供依据。

3. 研究计划

（1）准备阶段是本研究的基础。该阶段的主要任务之一是通过全面的文献搜集与阅读分析，在确定研究主题的基础上，明确研究目的和研究要解决的问题。第二个任务是和指导教师讨论研究思路与研究框架。在此基础上，该阶段的另外一个重要任务是联系实验学校，确定研究对象。在准备阶段，主要完成对实验学校参与翻转课堂教学的教师的理论和技术培训工作。理论培训主要包括翻转课堂、深度学习、基于深度学习的翻转课堂教学设计、学习任务单等相关理论内容，技术培训包括微课设计与制作以及网络教学资源的获取与处理两个方面。在该阶段同时确定了实验教师和实验班级，以及使参与实验的教师和学生有所沟通与熟悉，从而为后续研究的顺利进行提供保证。

（2）理论分析与模型建构阶段。正式研究阶段主要包括四个部分：深度学习理论框架梳理、宏观模型构建、学科微观模型建构、研究工具编制等。

（3）设计研究阶段。设计研究阶段也是本研究的教学实践阶段，研究共包括两轮迭代，每轮迭代的时间周期都是一学期。本研究对象是H省××市一所重点小学四年级一个班的学生，实验学科为语文。在正式研究之前，研究者利用近一个学期的时间进行了预研究，完成了教师与学生熟悉翻转教学模式教与学的过程。第一轮设计研究开始之前，研究者先对学生实施了深度学习能力及学习投入水平的问卷前测。研究过程中，研究者参与听课，并进行课堂观察，课后与教师进行深入探讨，反思和改进教学中的问题。结合研究目的和研究问题，研究者在第一轮的前期、中期和后期进行课堂教学录像，在第一轮教学实践结束后对问卷、课堂教学视频、学生成绩、访谈以及课堂观察结果综合分析并对干预原型进行修改再设计，为第二轮教学实践提供干预原型。第二轮教学研究过程设计、数据来源、数据分析方法都与第一轮保持一致。

（4）讨论结果与得出结论阶段。这个阶段是在研究完成两轮教学实践迭代之后，对整个研究过程与研究结果的回顾与讨论，并根据对研究结果的讨论得出研究结论、研究建议、研究中存在的不足与局限以及对未来要解决问题的展望。

4. 可行性论证

（1）该研究由教育技术学的一位博士生所执行，该博士生具备深度学习的相关理论知识和实践操作能力，且指导教师具备一定的指导能力。

（2）研究环境和条件完备：通过调查，参与研究的学生全都来自于××市，且全部为走读生。尽管学生家庭经济情况各有不同，但是大多数学生来自于中产家庭。学生家里都有电脑或手机，能连上因特网，但是家长一般不允许他们长时间上网。在本研究中，学生可以通过在家使用手机、平板或者笔记本电脑学习微课等学习资源。T小学是××市唯一一所教育信息化试点单位。学校领导非常重视教学过程信息化和教学管理信息化。学校在翻转教学实践前已经进行了为期两年的“生本教育”教学改革，生本教育的核心理念就是以学生为中心，课前学生通过前置作业完成自学，课堂中教师将教师讲解变成小组合作、班级交流，教师点拨。由于“生本教育”的核心理念和价值观与“翻转课堂”教学模式基本一致，因此不管是学生还是任课教师，对翻转课堂这种形式都不陌生。学校信息化条件较好，每位教师都有办公电脑和个人笔记本，教师具备较高的信息素养，同时Wi-Fi覆盖全校园，每个教室都有电子白板，因此具备进行翻转教学的实验条件。

（四）预期成果：成果形式、完成时间及使用去向等

1. 成果形式

一般是著作、研究论文或调查（实验）报告等形式。成果可通过文字、图片、实物和多媒体等形式来体现。

2. 完成时间

可根据研究计划的安排来确定完成时间。

3. 使用去向

最终去向一般为著作出版、论文发表等。

研究实例举隅：小学数学“问题解决教学”的校本研究

邓启会“小学数学‘问题解决教学’的校本研究”这一课题的预期成果形式为研究论文，研究计划从 2015 年 9 月开始，2017 年 3 月结束并完成论文撰写，使用去向是论文发表。

具体而言，根据研究的内容，邓启会提出如下的预期研究成果：

（1）通过纸笔测试，能准确地了解 JKY 小学学生的数学问题解决能力水平；通过对教师的访谈，能分析出 JKY 小学“问题解决教学”的实施现状和教师对“问题解决教学”的认识程度。

（2）在 JKY 小学进行“问题解决教学”的校本研究能提升学生问题解决能力水平，同时能提高学生的学习兴趣，增强学生学习的自信心，促进学生创造力的发展。

（3）校本研究的开展能促进小学教师自主进行教学研究，提高教师的教研水平，从而促进教师的专业化发展。

扫码可查看完整的课题论证报告

思考与练习

一、名词解释

1. 文献综述。
2. 质性研究。
3. 量化研究。

二、简答题

1. 简述研究思路和研究计划的内容，以及制订研究计划时需要注意哪些问题。
2. 简述研究者可以通过哪些途径选择研究的课题。
3. 简述撰写文献综述时需要注意哪些问题。

三、实践操作题

1. 搜索一份教育课题论证报告，试着分析这份论证报告是如何界定核心概念的？研究目标、研究内容、研究假设是什么？研究对象的取样方法和研究方法是什么？研究过程的设计是否合理，作者能否按期完成任务？

2. 结合第三节课题论证学习的内容，选取一个课题，拟定一份课题论证报告。

推荐书目

[1] 马景娣. 实用信息检索教程 [M]. 杭州：浙江教育出版社，2004.

[2] 高尔 J P，高尔 M P，博格. 教育研究方法：实用指南（第5版）[M]. 屈书杰，郭书彩，胡秀国，译. 北京：北京大学出版社，2007.

[3] 侯杰泰，邱炳武，常建芳. 心理与教育论文写作 [M]. 北京：中国人民大学出版社，2013.

参考文献

[1] 陈玉云. 教育教学文献综述的撰写 [J]. 教学与管理（中学版），2009（6）：35-37.

[2] 张平，彭亮，徐文彬. 大陆与台湾小学数学教材中分数除法的编排比较 [J]. 数学教育学报，2018，27（6）：38-43.

[3] 张文宇，张守波. 海峡两岸小学数学教材分数内容例题的比较研究 [J]. 数学教育学报，2015，24（3）：68-72.

[4] 周金钟，张威. 小学低年级句子教学的实验研究 [J]. 当代教育科学，2015（8）：53-57，64.

[5] 俞玉苗. 教育戏剧在小学语文教学中的应用研究 [D]. 长沙：湖南师范大学，2021.

[6] 林晓倩. 支架在小学英语词汇教学中的运用研究 [D]. 武汉：华中师范大学，2021.

[7] 卜彩丽. 深度学习视域下翻转课堂教学理论与实践研究 [D]. 西安：陕西师范大学，2018.

[8] 邓启会. 小学数学"问题解决教学"的校本研究 [D]. 昆明：云南师范大学，2017.

[9] 广东省教育厅. 2021年广东省中小学三科统编教材"铸魂工程"专项课题拟立项名单公示 [EB/OL]. [2021-12-07]. http://edu.gd.gov.cn/zwgknew/gsgg/content/post_3700916.html.

[10] 李贤艳. 小学英语教学中表现性评价的设计及行动研究 [D]. 杭州：浙江大学，2011.

专题二
如何进行科学观察

学习目标与要求

1. 了解观察法的基本特点与类型。

2. 掌握常用观察法的记录手段和一般程序。

3. 重点掌握科学观察的基本要求、观察策略、观察方法与观察记录方式。

4. 能够运用观察工具进行课堂观察记录，特别是进行有效的定量观察记录。

第一节
观察法概述

一、 什么是观察研究

（一）观察法的含义

观察有广义和狭义之分。广义的观察，即一般性的日常观察，是指通过研究者的亲身感受或体验来获得有关研究对象的感性资料，带有一定的自发性和偶然性。与日常观察不同，狭义的观察是指研究过程中的观察。教育研究中的观察，要求研究者有目的、有计划地确定观察对象的范围、条件和选择观察工具与手段。

基于此，观察法可以被理解为人们根据研究的目的和任务，有计划地利用各种手段和工具，搜集获取关于研究对象的经验数据的方法。

观察法是一种基本的收集数据资料的方法，在教育研究中处于基础、核心的地位。在教育研究中，人们运用观察法对研究对象的言语、行为等外显表现，或者事物的状况、运行过程、机制等进行描述和记录，形成观察数据，在此基础上再运用各种数据分析方法，从而解释现象或者获得对事物的较为深入的理解。

按照国际常用的研究方法分类，教育研究方法主要包括两大类：科学研究方法（或实证研究方法）和解释学研究方法。其中，实验、准实验、问卷调查是三种典型的实证研究方法，其目的在于检验基于经验的判断、命题，以及包含有变量关系的研究假设，其逻辑基础是统计归纳。在实证研究中，变量必须可以被明确清晰地进行操作化界定。人类学研究方法、扎根理论是两种比较典型的、常用的解释学研究方法。人类学研究方法是基于阐释学的方法，重在解读和理解。扎根理论是基于现象学的方法，重在形成概念及揭示其相互关系，进而发展出关于现象的解释理论，其逻辑基础是分析式归纳，主要表现为基于证据的判断和理解。

需要指出的是，主要以案例研究的形式体现出来的经验研究，近些年来在社会科学研究中越来越受到重视。这种案例研究主要在于描述状态、过程、机制，解释因果关系。在收集数据之前虽然要求提出研究假设，但由于经验研究中的变量难以像实证研究中的变量那样被清晰界定和分离，因此其过程和规范偏向实证研究，但数据的来源却是多元的，逻辑过程主要表现为基于证据的判断和印证假设，不能够在实证研究的意义上严格地检验假设。

运用观察法获得的数据可以是定量的，也可以是定性的。无论是定量的数据还是定性的数据，它们均既可用于科学研究（或实证研究），也可用于经验研究和解释学研究。本专题除了介绍观察法的一般性知识外，还将侧重介绍科学研究中的观察原则及方法。

（二）观察法的作用

观察法作为一种基本的数据收集方法，贯穿在教育科学研究的整个过程中，并在研究中起着非常重要的作用。

1. 有助于了解现实教育情境中特定教育现象的发展过程和机制

观察法是有目的、有计划地对客观事物进行系统全面的观察，从而获得关于该事物是什么、怎么样，以及其运行过程和机制等方面的比较全面、客观的事实材料。

2. 有助于获得典型、真实的数据资料

观察是基于研究假设基础之上进行的，因此有利于寻找具有典型意义的数据；此外，利用各种观察手段和工具收集数据，也有利于获得较客观真实的第一手资料。

讨论

为什么要进行科学观察？

3. 有助于研究者发现教育实践中出现的新现象、新问题，或是平常容易忽略的问题

在收集数据资料的过程中，可能会出现研究假设之外的变量，这些变量可以为我们修订或提出新的研究假设提供经验依据，从而有助于我们发现教育实践中出现的新现象、新问题，或是平常容易忽略的问题。

4. 有助于检验假设

通过观察，研究者可以获得教育实践中事与事、人与事、人与人、人与环境之间的各种相互关系的信息，在此基础上，结合实证研究方法并恰当地处理数据，将有助于我们检验先前提出的研究命题或理论假设。

（三）课堂观察

1. 什么是课堂观察

课堂观察指的是观察者根据一定的研究目的，运用自身感官及有关辅助工具（观察表、录音录像设备等），直接或间接地从课堂情境中收集资料，并对资料做相应的分析与研究。课堂观察是教育观察法在课堂中的具体应用。课堂观察被运用到教育研究中，大致经历了三个阶段。

第一阶段：20 世纪 30 年代，课堂观察作为一种研究方法被引入教育研究领域。受到自然科学、心理试验室以及社会学、人类学的研究者们对特定研究对象所采取的观察法的影响，教育领域的研究者也尝试通过观察法从课堂情境中收集资料并做分析、研究。

第二阶段：20 世纪 50 年代至 70 年代，课堂观察的研究工具大量涌现。受到科学主义思潮的影响，定量化、结构化的观察方法与研究工具接连出现，研究者们发展出系统的观察记录体系，并运用到课堂情境的研究中。例如美国心理学家贝尔思（R. F. Bales）基于“互动过程分析理论”而开发的人际互动的 12 类行为编码，成为课堂中小组讨论的人际互动过程的研究工具；美国学者弗兰德斯（N. A. Flanders）提出且不断修订互动分析体系；等等。

第三阶段：20 世纪 70 年代中后期至今，定性与定量相结合来研究教学的有效性。尽管量化的观察工具可以帮助研究者记录课堂情境，但是工具的“科学性”却难以验证，因此人们开始质疑纯量化的课堂观察研究结果的可信度，定性方法重新回归到研究者们的视野中，越来越多的研究者在课堂观察研究中同时运用定性与定量方法来探讨教学的有效性。

2. 课堂观察框架及维度

要对课堂进行观察，解构课堂是一个帮助研究者寻找研究着力点的有效方式。解构课堂首先可从确定观察框架入手，将研究问题在课堂上的表现划分为具体的维

度，从而使得课堂观察更有方向感。其次，确定维度下的观察点，尽量使得各个观察维度下的观察点之间不产生交叉或重叠，且能较为全面地体现该观察维度所涉及的要点，避免研究者遗漏重要信息。最后，观察点的呈现形式尽量采用问题的形式进行表述，有助于引导教师或研究者去思考课堂教学的有效性而不是一味沉浸在评价课堂的氛围中。此外，关于课堂观察的框架，根据研究的目的和对课堂的不同认识，可有不同的设计（如表 2 - 1 所示）。

表 2 - 1　课堂观察框架与维度

<table>
<tr><th>研究者</th><th>课堂观察框架</th><th colspan="2">观察维度</th></tr>
<tr><td>古德
（Thomas L. Good）、
布罗菲
（Jere E. Brophy）</td><td>四维课堂观察结构框架</td><td colspan="2">动机
管理
教学
期望</td></tr>
<tr><td>顾泠沅、周卫</td><td>四维课堂观察结构框架</td><td colspan="2">内容设计
教学表述
进度安排
资源运用
激发动机
师生互动
自主学习
鼓励创新</td></tr>
<tr><td>李忠洲</td><td>“2 × 5” 的课堂观察
结构框架</td><td>1. 学生的学习状态
（1）参与状态
（2）交往状态
（3）思维状态
（4）情绪状态
（5）生成状态</td><td>2. 教师的教学行为
（1）组织能力
（2）注意中心
（3）教学机制
（4）教学态度
（5）教学境界</td></tr>
</table>

2010 年，崔允漷等设计了课堂观察框架的 LICC 模式。课堂观察 LICC 模式将课堂分解为四个要素：学生学习（learning）、教师教学（instruction）、课程性质（curriculum）与课堂文化（culture）。其中，学生学习占据中心地位，其他三个要素是影响学生学习的因素。LICC 课堂观察的框架具体确定为“4 个要素，20 个维度，68 个观察点”（如表 2 - 2 所示）。

表2－2 课堂观察框架的LICC模式

要素	维度	观察点举例
学生学习	（1）准备 （2）倾听 （3）互动 （4）自主 （5）达成	以“准备”维度为例，有三个观察点： ①学生课前准备了什么？是怎样准备的？ ②学生准备得怎么样？有多少学生做了准备？ ③学优生、学困生的准备习惯怎么样？
教师教学	（1）环节 （2）呈示 （3）对话 （4）指导 （5）机智	以“对话”维度为例，有三个观察点： ①提问的对象、次数、类型、结构、认知维度、候答时间怎样？是否有效？ ②教师的理答方式和内容如何？有哪些辅助方式？是否有效？ ③有哪些话题？话题与学习目标的关系如何？
课程性质	（1）目标 （2）内容 （3）实施 （4）评价 （5）资源	以“评价”维度为例，有三个观察点： ①检测学习目标所采用的主要评价方式是什么？是否有效？ ②是否关注在教学过程中获取相关的评价信息（回答/作业/表情）？ ③如何利用所获得的评价信息（解释/反馈/改进建议）？
课堂文化	（1）思考 （2）民主 （3）创新 （4）关爱 （5）特质	以“创新”维度为例，有三个观察点： ①教学设计、情境创设与资源利用有何新意？ ②教学设计、课堂气氛是否有助于学生表达自己的奇思妙想？如何处理？ ③课堂生成了哪些目标/资源？教师是如何处理的？

课堂观察框架使得研究问题转化为教师或研究者们可观察的具体行为，为教师理解、反思、改进课堂教学提供了帮助。在当今倡导定性与定量研究相结合的时代，课堂观察框架成为定量研究强有力的工具，结合自然主义、解释主义所倡导的定性研究，可以共同促进课堂教学研究的发展。

二、观察法的基本特点及要求

（一）观察法的特点

在教育研究中，人们运用观察法对研究对象的言语、行为等外显表现，或事物的状况、运行过程、机制等进行描述和记录，形成观察数据，在此基础上，运用各种数据分析方法，从而解释现象或获得对事物较为深入的理解。总的来说，观察法具有以下三个特点：

1. 科学观察具有目的性、计划性

之所以说科学观察具有目的性、计划性，是因为科学观察基于研究假设。研究假设中变量的操作化界定及变量之间的关系，决定了观察的目的、对象、范围和内容。变量的层次及预期使用的分析方法和工具等条件决定了观察工具和手段的选择。

2. 科学观察具有客观性和真实性

首先，观察的内容大多为客观现象、言语或外显行为。其次，教育观察过程中研究者对研究对象往往不加任何控制和干预。此外，在观察过程中研究者会尽量避免主观偏见，以此保证数据的客观性和真实性。

3. 研究者可以在观察过程中获得第一手的研究资料

在观察过程中，观察者的观察记录，可以构成大量生动的细节性原始资料，这有助于为我们检验假设提供经验支持。

（二）影响观察效果的原因

研究者在研究过程中，有时会发现结果与假设大相径庭。此时，先不要急着推翻原来的假设，而是要认真检查数据收集过程是否出错了。在下列情况下，观察非常容易出错：

1. 人们对所观察事物的有关科学知识严重匮乏

当人们严重缺乏所观察事物的有关科学知识时，很难做出具有说服力的解释性假设，对教育教学现象产生的原因、教学事件间相互关系的解释往往会流于有感而发，缺乏经验证据的检验和支持。例如，对小学低年级学生上课时好动、多动现象的解释，当研究者没有意识到这可能是一种病症时，仅从教学内容缺乏吸引力、教学方法不恰当等教育教学方面进行归因，往往难以得出令人信服的解释。

思考

为什么观察容易出错？

2. 观察者的教育科学理论和研究方法训练不足

观察对象的范围、条件，观察内容、观察工具和手段的选择等都会影响到观察结果。观察对象的范围、条件是根据研究目的、研究假设及变量而确定的。例如，要研究社会地位和青少年犯罪率的关系，我们首先要对社会地位和犯罪进行操作化界定。在此，用家庭收入水平来界定社会地位，用被法律宣判为有罪来界定犯罪，可以确定观察对象、观察内容等。再如，对课堂社会网和班级关系网的研究，可以利用班级社会网技术，构建一种分析合作学习、班级小团体以及学习共同体中各类问题的框架。

此外，观察工具的信度、效度，观察记录的方式和手段等也会令观察结果产生巨大差异。例如，课堂观察中观察者如果能够熟练地利用座位表技术（seating chart observation records，SCORE），即可基于班级座位表对全班情况和具体的学生进行观察。

3. 对假设先入为主、盲目自信，或者学术诚信不足

在这类情况下，往往会出现对不利数据视而不见、忽略不计，或因急功近利而恶意篡改数据等问题。科学研究的过程是排除相反的假设、竞争性假设和谬误的过程，这样研究中提出的假设才能被认为是暂时可靠的。当有新的反面或不利证据出现时，研究者应该考虑修订或抛弃原来的假设。

4. 观察工具的可靠性和有效性较差，观察技术手段的发展水平较低

科学观察的内容往往是结构化的，即用可观察到的现象、言语和外显行为作为观测指标来反映变量的内涵，这就需要运用观察工具。因此，观察工具的可靠性和有效性会影响到观察结果。此外，观察技术手段的发展水平也会影响到观察结果。例如，高速摄影成像技术能够让我们清晰地观察儿童动作技能的发展状况。计算机模拟技术的发展有可能让我们进行仿真课堂教学，以此来让教师充分观察来自学生的多种可能反应。电子成像虚拟置入技术的发展有可能让虚拟变成现实的感觉，也可以用于开发关于自闭症儿童社会交往行为研究方面的应用软件，由此可以让我们更为直观简洁地面对这一领域的问题，且这样做不存在损害儿童自身利益的问题。这些技术目前在教育研究领域中的应用寥寥无几，甚至完全没有触及，关于这方面的应用技术的研究还有待进一步开发和拓展。

（三）科学观察的基本要求

1. 必须有明确清晰的理论假设作为指导

科学观察与人类学观察的不同之处在于科学观察基于清晰的理论假设，包含操作化界定假设中的变量及其关系，使变量具体化为可观测到的外显现象、言语或行为，决定了观察的对象、范围、条件及观察工具和手段的选择。以文化阐释为基础的人类学观察开始时，问题和变量往往不能够被清晰地进行操作化界定，甚至没有形成问题轮廓。在观察的过程中，对事物的整体轮廓和过程进行描述，之后逐渐形成对事物或现象的作用与意义的解读。值得注意的是，以现象学解释学为基础的扎根理论研究方法，往往进一步强调要对数据资料编码分析形成核心概念，并通过在核心概念之间形成判断或命题，进一步形成定性的、理解性的关于变量之间相关关系或因果关系的解释理论。

讨论

科学观察与日常观察、人类学观察有哪些不同？

2. 有明确的目的，做结构性观察，观察必须依据研究设计

科学观察不同于日常观察，科学观察基于研究的目的和任务，并以研究设计为依据。对同一现象的观察，研究的目的、任务以及具体的研究设计不同，观察的对象、范围、条件及内容则不同，因此所收集的数据也不同。例如，对儿童注意力分配状况的研究，如果研究目的是了解儿童注意力分配状况与学业成绩的关系，一般在自然状态下对儿童进行课堂观察；但如果研究目的是了解某一年龄阶段儿童注意力分配的品质，则要在严格控制无关变量条件下进行实验观察。

3. 应当了解观察对象的基本情况，尽量保持价值中立，不带偏见

在观察之前应当对观察对象的基本情况有所了解。观察对象的年龄、性别、智力发展水平、受教育程度、宗教信仰、政治信仰等人口统计学特征可能会对观察结果产生影响。例如我们要观察学生上课发言的情况，如果研究者本身对学生上课不愿意举手发言持批评态度，则容易影响到研究结论。因为学生上课是否愿意积极发言可能与不同类型的文化背景有关，有些文化会把隐忍、谦卑、低调甚至沉默当作美德。这种情况下，研究者如果不加区分地对待，就会导致研究结论出现偏差。

4. 有计划地进行，事先要拟订观察提纲或观察量表

事先拟订观察提纲，确定观察维度和具体的观察指标，有助于保证在有限的时间内进行有效的观察。对于旨在检验因果关系的实验观察来说，除了观察内容结构化之外，观察程序的标准化也是必需的。解释学研究方法中的观察往往是开放性的，无法预先确定观察维度和指标，因此不需要事先制定严密的观察计划、观察提纲、观察表等，数据资料的收集是随着观察过程的进行而调整的。即便使用观察提纲，由于没有变量甚至没有明确的核心概念，这种观察提纲仅大致反映了研究者对某种现象或事物的思考方向，无法形成严密的逻辑框架。

5. 注意观察的时间、场合和观察顺序的选择

首先，选择合适的观察时间和场合。对于同一种现象，在不同的时间或场合观察的结论可能不同。因此，要根据观察目的选择观察时间和场合。例如对一年级小学生自制力的观察，在有教师在场和无教师在场的情况下，儿童的表现不同，获得的观察结果自然也不同。因此，在单向玻璃观察室观察无教师在场的自然状态下的儿童，这种观察才是恰当的、有效的。

其次，要安排好观察顺序。观察时，可以按照一定的主次顺序进行，可以按照时间顺序进行，也可以按照空间方位顺序进行。

6. 选择有效的观察策略、记录手段和方法

常用的观察策略有描述观察、取样观察、行为检核等。针对这些策略可以采用不同的观察方法，诸如日记描述、轶事记录、连续记录、时间取样、活动取样、事件取样、行为检核表法等。

相应地，针对这些具体的观察方法，还有一些比较方便有效的观察记录方式。常见的定量的观察记录方式主要有三种形式：编码体系、记号体系或项目清单、等级量表。这一类记录方式收集的数据资料形式体现为百分数、频数、百分比、等级量表的分数等数字形式，这些数据便于进行量化处理与分析。此外，还有描述、叙事、图式符号等定性的观察记录方式，数据主要表现为除数字之外的所有可能的形式，诸如文字、图形、记号、符号、录音与录像等。这些数据难以进行量化分析，只能进行定性分析。

常用的记录手段有三种：（1）尽可能使用多种观察仪器和记录设备；（2）使用预先制作好的观察量表进行记录，该方法适合内容较简单的调查，如观察某种现象出现的频率、对观察对象的某项指标评定等级；（3）做观察笔记，在观察笔记中，既要有对关键内容的详细记录，又要在记录旁边写下此时的想法和思考的问题。

需要强调的是，进行重复观察，包括多人同步观察和反复观察是必要的。需指出，在这种情况下，需要在观察之前进行培训，以便观察小组成员对观察指标的理解能够达成共识。

关于常用的观察策略和记录方式，将在本专题第二节、第三节分别加以详细介绍。

三、 观察法的类型

依据不同的分类标准，观察法可以分为不同的类型。

（一）自然观察和实验观察

这是按照观察的情境条件划分的。自然观察就是在自然条件下，直接观察某教育现象发生发展的过程，通过研究者自身的感受和体验来获得有关的材料，这种观察方式一般不会干预或干涉观察对象。例如，在进行小学口语交际教学中存在的问题及对策研究时，需深入小学语文口语交际课堂进行现场观摩，从而在自然条件下了解口语交际课堂的真实情况。

而实验观察由实验的特点决定，具有严格周密的计划，通过合理地创设和控制一定的条件，人为改变研究对象，从而可以在最有利的条件下进行观察。这种观察有利于探讨事物的内在因果关系，研究者可以从中获得更全面、更精确、更深入的事实和资料。例如，班杜拉的社会学习理论实验把儿童随机分为三组并在实验情境中观察这些儿童的榜样学习行为。

> **温馨提示**
>
> 在直接观察中，变量可以被清晰地加以操作化界定，因而变量可以被直接观测。

（二）直接观察和间接观察

这是按照研究假设或研究问题中的变量及其关系能否被直接观测到来划分的。

比如学生对教学的满意度、教师职业倦怠、教师职业压力、教师课堂提问状况与学生回答问题状况的关系等，对这一类能够被直接观测到的、能够反映研究假设中的变量内涵及其关系的现象或人的行为的记录与测量，叫作直接观察。在实验、调查这类实证研究中，我们往往采用这种直接观察的方法去收集数据。

研究实例举隅：小学音乐创造教学的现状及对策研究

观察对象：C 市的三所小学，在每所小学的二年级和五年级中各选取一个班级，共 6 个班级，由 6 位教师授课，共听取 12 节课。

表 2－3　观察对象列表

市区	学校	年级	班级	教师
朝阳区	H	二年级	(1) 班	T1、T2
		五年级	(1) 班	
南关区	D	二年级	(1) 班	T3、T4
		五年级	(1) 班	
宽城区	T	二年级	(1) 班	T5、T6
		五年级	(1) 班	

课堂观察的目的：了解小学音乐创造教学的实施情况，包括创造教学在小学音乐教学中的比例，创造教学教授的内容、教学方法和评价，以及实施中存在的问题和亮点等。

观察工具：小学音乐创造教学课堂观察表。

在 H 小学的课堂观察——五年级的唱歌课《赶圩归来啊哩哩》（第 2 课时）中教师教学的基本环节为：(1) 导入，唱歌表演《赶圩归来啊哩哩》。(2) 运用节奏创作歌曲，采用分组教学的形式（分三组）。学习节奏：第 1 组拍桌子，第 2 组左右交替拍桌子，第 3 组拍手；集体齐奏、层层递进。(3) 选用轮回乐队演奏的《赶圩归来啊哩哩》，提问：这首乐曲分为几段，表达的感情有什么不同，风格怎样？(4) 用肢体语言表现音乐，如“舞起来”“动起来”“陶醉”（评析：在表现音乐中，教师没有及时地强调乐曲的结构，以及要表现的音乐要素）。仍然采用分组教学的方式（评析：第 1 组有一个同伴间用拍手来表示空拍，体现创造，教师没有及时给予评价）。(5) 即兴表演，分组进行。第 1 小组是表演机械舞，第 2 小组是表演组合，第 3 小组表演中运用了沙锤（评析：这一节课中的即兴部分是学生预先准备好的，不是在课堂教学中完成的。可能是因为有人听课，所以做了一下表演）。

表2-4　小学音乐创造教学的课堂观察表（节选）

学校：H小学　　年级：五年级

教师：T1　　课时：唱歌为主的综合课《赶圩归来啊哩哩》（第2课时）

观察的维度	观察的指标	观察的情况（建议） 1＝非常不好　3＝一般　5＝非常好
学生学习	学生参与创造的态度	5
	学生参与创造的表现	5
	学生学习的效果	5
教师教学	教师的知识和技能展示	5
	教师的教态是否自然	5
	教师的语言是否流畅	5
	教师对学生的信念是否积极	3（教师应充分调动学生进行编创）
	教师对学生的学习和创造是否给予及时的指导	3（教师应及时给予指导，与学生共同创造）
课堂教学	教学目标设计是否合理，是否完成教学目标，是否具有创造性，是否生成新的目标	4（教师在教学中应关注学生，给学生更多发展的空间）
	教学内容安排是否得当，与《标准》是否契合，是否适合创造，是否生成新的内容	3（教学中教师仅是按照教学设计在进行，当有学生进行创造性的表演时，教师没有给予关注）
	教学方法选择是否合适，能否完成教学内容、达到教学目标，是否生成新的教学方法	5
	教学环节连接是否紧密	5
	板书是否正确、规范	3（应把总谱的顺序做调整，持续低音应放在最下面）
	教学知识是否正确	5
	是否体现音乐性	3（教学中教师应强调歌曲的结构，以及要表现的音乐要素）
课堂文化	教学氛围是否轻松，是否适宜创造	5
	师生关系是否民主	5
	学生能否表达自己的见解	3（应体现学生参与创造的过程）
	对学生的作品是否持尊重的态度	4（教师应鼓励学生大胆创造）
总体评价	教学的完整性	4

综合评价：本节课以表演为主，注重学生的参与体验，教学内容以教材为主，教师是变化呈现的，学生创造的氛围比较轻松，但是即兴和创造的部分体现不全面，以课前准备居多，没有看到学生创造的过程。这也是目前小学音乐创造教学存在的问题，教师过于强调教学的效果，展现热闹的学习氛围。

小资料

直接观察

根据观察者的在场与不在场来划分，直接观察表现为两种形式。一种形式是观察者通过感官直接在现场观察，如观察者直接在课堂上观察座位的布局、教室的墙壁颜色、教师的提问的次数和类型、学生回答问题的次数和类型，等等。因此，通过现场观察获得的材料是非常直接、真实和具体的，能全面描述、分析与解释细微课堂事件。但现场观察也存在一定的局限，观察者的个人态度、观念和观察环境等因素，都可能使观察结果受到影响。此外，观察者的在场也可能会对观察对象产生影响。

另一种形式是观察者不在场，但凭借一定的观察仪器或手段，如录音机、录像机、摄像仪、照相设备等，对观察对象进行记录，然后再观察这些记录。目前该技术主要应用于 TIMSS（The Trends in International Mathematics and Science Study，即国际数学和科学评测趋势）和 LPS（The Learner's Perspective Study，即基于学习者视角的研究）两类国际课堂教学录像研究项目中。这类观察可以弥补现场观察容易受人主观影响的缺陷，其资料的收集和分析比较客观，扩展了观察的深度和广度。但这种观察形式也有一定的不足，如感受不到现场氛围、需要特定的仪器设备、会增加研究的开支经费等。

这两种直接观察形式的共同点是研究假设中的变量可以被直接记录和测量，而且这些现象和行为是当前正在发生的，不是对过去发生的事件或行为的追溯，是直接收集第一手资料的方法。通过这些经验数据，研究者可以对研究假设进行检验。

与直接观察相对，间接观察所对应的研究问题或研究假设中的变量不能够被直接记录与测量，因为这样的变量无法被清晰地加以操作化界定。例如，对制度变革原因或结果的考察，更多的证据可能来自历史记录。在经验研究中，特别是因果解释性案例研究中常常采用这种间接观察的方法收集数据。还有对趋势的预测，例如对小学生阅读需求的市场预测，不一定要对小学生直接进行访谈和问卷调查，而是可以通过了解过去发生的消费事件或行为来预测未来的消费需求。也有观点认为，直接观察是凭借人的感官在现场直接对观察对象进行感知和描述，而间接观察是利用一定的仪器或其他技术手段作为中介对观察对象进行考察。这种分类的依据是观察的方式，即是否使用中介工具进行观察。

（三）参与性观察和非参与性观察

这是按照观察者是否参与其所从事的活动来划分的。参与性观察是指观察者参与到观察的情境中，与被观察者一起活动，并从被观察者的文化立场出发而进行的观察，观察者一般不暴露自己的身份，是一种隐蔽观察。如人类学家深入到偏远的山区或者少数民族聚集的部落，去了解当地的风土人情、生活习俗、文化与艺术特征等。这种观察方式的优点就是可以不破坏或影响研究对象的内部结构，能够得到比较全面、真实的研究资料，但是这种观察会受到观察者自身的主观因素的影响，从而影响研究的客观性。

非参与性观察是指观察者以一种“局外人”或“旁观者”的身份进行观察，可以公开进行也可以秘密进行。例如，陈婉宁在进行农村小学高年级英语课堂导入现状及对策研究时，以旁观者的身份对农村小学高年级英语课堂进行观察。通过这种观察所获得的资料也许会比较客观，但是比较表面化，较深层次的材料不易获得。

小资料

参与性观察

参与性观察是社会文化人类学研究所采用的一种主要的收集资料的方法，社会文化人类学研究通过使用整体性的参照框架，旨在对人类思想和行为的发展加以阐释。研究资料是在不熟悉的社会文化环境中通过长期的参与观察而被收集起来的，其目的有三个：发展直觉、收集可靠的资料、形成一个整体主义的观点。第一个目标就是直觉的理解，这个目标只有通过研究者自己的经验整合起来，才能缓慢地得到实现。人类学家越是直接地介入该群落的生活，直觉就会越可靠，其意义就越深远。收集精确且可靠的资料，是参与观察的第二个目标。人类学家在小群落层次上做平凡的工作，这与其他社会科学家有所不同。在这里，人们彼此都十分了解。参与观察的第三个目标是发展整体性的描述。整体主义意味着把那些已成为独立学科（诸如生物学、心理学、经济学、政治学以及历史）的观点看作是相关的观念而总合在一起。

（四）结构式观察和非结构式观察

这是按照观察实施的方法来划分的。结构式观察是指有具体的观察目标、问题和范围，有详细的观察计划和观察记录表的一种观察方式，通过这种观察方式能获得第一手资料，并能够对观察者进行定量分析和对比研究。这种观察方式一般用在对研究对象充分了解的情况下。但这种观察方式对观察工具的信度和效度要求较高，也比较耗费时间，并且实施起来不够灵活。

结构式观察研究案例：基于电子白板的小学语文互动教学设计

观察目的：了解电子白板在课堂层面的应用现状。

观察对象：以河南省某小学为实验场所，以该学校低年级的语文课堂教学中电子白板的应用情况为分析样本，通过多次的课堂观察，记录教师实时授课的情况，对电子白板在识字教学过程中的运用现状予以探讨分析（见表2-5）。

表2-5 课堂观察量表

学校	年级	课程名称	教师	
观察人	观察日期			
观察中心				
	小学生表现		评分	备注
观察记录	1. 学习中，兴趣是否浓厚			
	2. 学习情绪是否高涨			
	3. 学习中，师生之间的互动如何			
	4. 是否倾听老师的讲课，有回应吗			
	5. 参与提问、回答的人数、时间、过程、质量如何			
	6. 学习中，是否积极参与教学活动			
	7. 学习中，自主学习的质量如何			
	8. 学习中，能否应用已经掌握的知识解决问题			
	9. 学习中，能否反思自己的学习行为，调整学习策略			
	10. 教学目标达成情况如何，有什么证据（观点、作用、展示等）			

注：评分为5分制，优—5分，良—4分，好—3分，一般—2分，尚可—1分。
总计：优41~50分，良31~40分，中等25~30分。

观察结果：通过观察发现，教师普遍将电子白板作为教学课件的放映工具进行教学。虽然有部分教师会运用电子白板特有的功能进行教学，但由于教师并没有真正把电子白板融入识字教学中，导致电子白板使用率虽高却没有让课堂的综合效果变好。具体表现为：小学生在课堂当中对识字的兴趣不大，课堂参与度较低，师生互动、学生之间的互动的效果并不是很好，在互动方式上比较单一。教师和学生在课程结束之后，对于教学效果的评价也是参差不齐，有好有坏。例如，有一部分教师认为电子白板这种多媒体的设置是多余的，因为当教师的课件内容过于杂乱时，电子白板反而转移了学生的学习注意力。

结果分析：根据观察结果，可将电子白板在小学语文识字教学中出现运用问题，归纳为三个主要原因：(1) 教师在教学过程中，未能将电子白板与识字课程深入融合；(2) 教师运用电子白板的互动教学理念仍然需要深化；(3) 教师在教学过程中主要利用电子白板进行抄写、组词等比较枯燥的活动，导致识字课堂单调乏味，学生学习兴趣不大。

非结构式观察是指没有具体的观察目标，观察内容与步骤没有事先确定的一种观察方式。这种方式的特点是实施起来比较有弹性和灵活，但获取的材料却不够完整，多运用于探索性研究，用于对观察对象不甚了解的情况。例如，一项研究以小学生为观察对象，没有设计具体的课堂观察表，主要采取随堂听课、亲身施教、观察学生课堂表现、查看学生课后评价、课后交流学生心得等综合了解学生对“综合与实践”课程的学习情况，是非结构式观察的典型案例。

总之，以上各种方法各有不同的适用条件和优缺点，且相互联系、相互补充。我们要注意将几种观察方法的变化有机结合。

四、 科学观察的一般程序

第一，界定研究问题，明确观察的目的和意义。

第二，根据观察目的、人力和经费确定观察对象及其范围和数量。确定观察时间、地点、内容和方法。

第三，选择观察工具。应当首选已有的成熟的观察量表，其次才是自编观察提纲或观察量表。

第四，实施观察，收集、记录资料。进入观察现场之前，必须对观察人员进行培训。观察人员首先要与有关部门和单位取得联系，获准进入观察现场；然后与观察对象接触，根据观察计划定位，与观察对象建立适当的关系；接着实施观察，并做记录。只要条件许可，最好边观察边记录。

第五，资料的分类与整理。观察结束后，要及时整理观察记录，分类登记、存放，以便查找和进行分析。

例如，对小学高年级学生在数学课堂上的学习参与情况进行观察，具体的步骤如下：

课后任务

1. 课后预习：第二节常用的观察策略与方法；

2. 结合本次课堂讨论的结果，进一步完善观察工具。

（1）观察研究的目的：了解小学高年级学生在数学课堂学习中的表现，以便为改变小学高年级学生在数学课堂中的不良行为提供依据。

（2）观察对象：四、五、六年级各选取 12 名学生，每个年级中再选取 A、B、C 等级的学生各 4 名，其中包含 6 名男生、6 名女生。

（3）观察工具的选择：观察的结构维度包括学生的课堂学习行为、非学习行为两个方面。其中，学习行为维度主要包括听讲、做笔记、回答教师提问、向教师提问题、参与讨论、课堂练习等观察类目（观察点），非学习行为维度主要包括做与课堂学习无关的事（具体的指标包括与同学说话、睡觉、吃东西、喝水、东张西望、做其他事情等）和学生在课堂上的情绪状态等观察点。

（4）观察的取样：时间取样，观察两周，每周每个年级的数学课听 3 节，总共 18 节。

（5）对资料进行整理与分析，描述和揭示存在的问题。

说明

如果能够在不同地区、不同层次的学校抽取具有代表性的、足够大的样本，就可以对数据进行统计检验和推断。

课堂研究学习

要求：各小组针对本组的研究问题，拟订一份课堂观察草案，重点说明如下问题：

1. 观察研究的目的
2. 观察对象
3. 观察工具（初步形成观察提纲）
4. 观察的取样
5. 数据分析的方法与工具

◇第二节◇

常用的观察策略与方法

一、 描述观察

描述观察是目前常用的一种课堂观察策略。通过描述观察方法获得的数据资料的形式是多种多样的，诸如文字、图形、记号、符号、录音、录像等，这些数据往往难以进行量化分析，主要是进行定性分析。

（一）日记描述法

日记描述法主要用于长期记录有关儿童个体成长发展的变化过程和原因，是研究儿童的一种常用方法。儿童教育专家陈鹤琴就采用了日记描述法来研究儿童的成长与发展，他对自己的长子陈一鸣进行了长达八百天的连续观察，并根据观察结果发表了研究专著《儿童心理之研究》。在这份图文并茂的记录中，他对儿童的身体发育、动作发展、情绪和言语学习等各方面进行了细致的记录与分析，并从中总结出儿童心理的特点。

（二）轶事记录法

轶事记录法着重记录某种有价值的行为，可以是有主题的，也可以是没有主题的，随时记录感兴趣的问题，不受任何时间条件限制，事先也不需要做特别的编码分类。

（三）连续记录法

连续记录法多用于对学生行为做更详细、更完善的记录，要求在较长时间内进行持续不断的记录。

连续记录法研究案例： 小学英语学习困难学生教育干预研究

研究者在对该小学英语学习困难学生进行教育干预研究时，对每次干预后的过程、效果都做了详细记录，以监测自己的干预方式及观测学生的学习反馈和效果，这就是采用了连续记录法。记录的具体内容如下（节选）。

第一周记录与反思：第一周学生甲能够按时到英语办公室，带好我提前让他买的英汉小词典和英语笔记本，学习态度端正，学习过程中能够做到专心、认真，能够准确发好元音。通过第一周的5次音标学习，我发现每天下午的30分钟学习是远远不够的，所以会给他安排课后独立完成的作业——找字母组合的单词，以巩固当天学过的音标。例如：[iː]是字母ea、ee、ey、ie或ei在单词中的发音，含元音[iː]的字母组合有three、tree、green、sheep、meet、beef、see、seek、eat、tea，首先会给出包含元音字母组合的单词，其次让学生甲学会这种学习方法，能够做到举一反三，融会贯通，结合课本里的单词去发现语音规律。

第二周记录与反思：通过两周的学习，学生甲已经适应并掌握了语音学习的方法，能够快速学习不同音素的发音技巧，能够在我不提示的情况下，主动在字典中或课本中发现含有学过字母组合的单词，并尝试拼读，尽管不能完全准确用音标拼读出生单词，但这种尝试练习就是进步。语音的学习需要不断巩固和运用，单词从简到繁，在单词中发现规律。第二周的中间，学生甲出现了学习倦怠期，学习积极性没有之前那么高，我想这是一个学习的正常状态。

第三周记录与反思：经过三周的学习，学生甲能够在小游戏中找到乐趣，并能够把“吊小人”的游戏带到班里和他的同学玩。在这段时间的相互了解中，学生甲对我产生了信赖感，会把他每天在学校发生的趣事与我分享，会在学习之前和我聊上几句，几乎每次都能在一种轻松愉快的氛围下开始学习。

第四周记录与反思：在这四周里，学生甲学了将近两个单元的课文，英语教师进行了3次听写，每次都选取20个单词进行听写。学生甲第一次准确写出8个单词，第二次准确写出12个单词，第三次准确写出15个单词，对听写逐渐充满信心，学习劲头很足。

日记描述法、轶事记录法、连续记录法等主要以叙述性的语言作为工具来记录观察到的现象或行为，能够收集到全面、丰富、具体的资料，但使用起来比较费时、费力，因此用此类方法收集资料难以分析和量化。在对某种活动或事件进行连续观察记录时，由于涉及的对象或内容比较多，这时除了用语言文字作为记录工具外，往往也用符号或代码来进行记录。

二、取样观察

取样观察是一种以行为为样本进行记录的策略，这种记录策略通常被称为取样记录。取样观察于20世纪20年代后随着行为心理学对行为的研究而兴起。较之描述观察，取样观察具有更好的客观性、可控性和有效性。取样既有助于获得可靠的观察资料，又节省了人力、物力，减少记录所需的时间。取样记录可分为时间取样法、活动取样法、事件取样法。

（一）时间取样法

时间取样法以时间为标准，专门观察和记录在特定时间内所发生的行为，主要记录行为呈现与否，呈现频率及其持续时间。观察者得到的是行为出现时段与总时段的百分比。

时间取样法的实施步骤如下：

第一，确定观察时间的总长度与每一观察单位时段的长度。时间的安排应该根据一定教育教学环境的具体情况而定。例如，我国中小学大多为 40 分钟一节课，那么观察时间的总长度可以为 40 分钟。相应地，每一时段的长度可以定为 5 分钟，一次观察有 8 个时段。有时除了一定的观察时间以外，还要留有一定的记录时间。

第二，准备必要的工具和仪器，如设计、制作观察量表。为了能够把握时间，观察者事先要准备好计时器等。

第三，按照时间取样法的要求进行现场观察和记录。时间取样法仅仅记录在一定时间阶段中某些行为是否发生，而不记录某种具体行为发生的次数和持续的长度。即使在某一时段中某种行为发生多次，也只记录一次。

以下是一项对小学低年级学生上课时注意力集中时间和程度的观察研究记录（见表 2－6）。

时间取样法应用案例：记一次 20 分钟的语文字词抄写作业

表 2－6　小学低年级学生注意力集中时间和程度观察表

时间	行为	百分比/%
0～5 分钟	全班学生认真书写，没有任何声音、动作	100
5 分钟后	5 分钟后 3 人开始看别人的作业，并指出别人的书写毛病	7.8
6～10 分钟	7 人开始有动作，或开始发愣，或玩铅笔、橡皮等学习用具	18.4
10 分钟后	20 人开始有动作、发愣，有的开始发出声音	52.3
13 分钟后	6 人完成作业	15.79
20 分钟后	14 人完成作业（24 人未完成作业）	36.84
延长 5 分钟	又有 30 人完成作业（4 人未完成）	52.65

初步分析：一年级学生在完成一些重复性记忆作业（如字词抄写、生字书写等）时，最佳时间段为10～15分钟。这段时间内，学生的注意力比较集中，能以认真的态度完成作业，结合这一特点布置作业，能达到较理想的效果。

（二）活动取样法

活动取样法可以以个人为观察单位，也可以以群体为观察单位，以活动作为选择标准。无论是以个体还是群体的活动为观察对象，都要事先对活动进行分类，然后再对活动中行为是否出现以及行为发生的次数进行记录。如对上课过程中教师讲述行为的观察，对班级群体结构的观察，对课外活动小组、学习兴趣班的学生学习活动的观察。

活动取样观察法的基本要求如下：

（1）观察者在观察开始前先要根据研究目的和研究任务确定观察目的。

（2）根据观察目的确定观察的对象、范围、数量以及观察的时间。

（3）对观察的行为进行分类。分类的逻辑和清晰程度取决于观察者对该问题的文献综述和对概念的操作化界定的清晰程度。分类的概念不统一将会影响到观察的效度。

（4）实施观察，并依据上述行为分类的结果对相应类别的行为发生的次数、时间进行记录。

记录的形式有两种：第一种只记录行为的出现与否；第二种记录次数，即限定时间段内行为出现的次数。

活动取样观察量表示例

表2－7是观察者参照柳夕浪《课堂教学临床指导》中的小组讨论测评表改编成的课堂讨论行为编码表。该观察量表旨在进一步了解目前小学数学初入职教师与优秀教师在课堂教学中的课堂讨论行为。它包含了教师辅导行为和学生个体行为。观察者将教师辅导行为分为设定讨论主题的类型、观察、独自行动、参与和评价5个观察维度，每一个观察维度又划分具体的观察指标。

表 2－7　课堂讨论行为编码表

项目	维度	主要特征	编码
A 教师辅导行为	设定讨论主题的类型	开放性问题（需要通过互相启发来拓展思路的问题）	1（1）
		聚焦性问题（需要反复推敲才能准确把握的问题）	1（2）
		集体性作业（需要通过共同协作来提高课堂教学效率的问题）	1（3）
		其他	1（4）
	观察	教师观察全班讨论动态，或观察某一讨论小组情况	2
	独自行动	看笔记，准备后续教学活动，或者看窗外、天	3
	参与	参与某一小组讨论，做个别咨询、疏导等	4
	评价	简单评价（是非判断，将答案写在黑板上，表扬或批评）	5（1）
		延伸评价（补充解释，说明为什么，进行信息重组）	5（2）
		重复学生回答的观点	5（3）
B 学生个体行为	—	独立思考、作业、自言自语	1
		有中心地表达，围绕小组学习任务说出自己的看法，说明理由，做出解释，进行辩解	2
		专心听他人发言、做笔记等	3
		说闲话、吵闹、干扰他人	4

（三）事件取样法

选取行为或事件作为观察样本，对某些特定行为或事件的完整过程进行观察的方法，被称为事件取样法。它的测量单位是行为事件本身，记录的内容以事件为主，把所要观察的事件发生过程记录下来，在此要重点记录事件本身的特征，而不是记录行为或事件出现与否，以及所发生的时间和频次。

温馨提示

事件取样法对所要观察的行为要进行清晰的操作化界定。

事件取样法对所要观察的行为要进行清晰的操作化界定。例如，如果要观察小学生的合作行为，首先就要对什么是“合作”进行操作化界定。这样，在进行观察时，操作化界定概念时所提到的行为或事件一旦出现，便及时、详细、忠实地记录该行为或事件的特征，一直到行为结束为止。

运用事件取样法记录数据的方式，一般属于描述性的定性数据，有时也结合行为检核表来计算行为的数量。

事件取样案例：采用事件取样法观察儿童社会退缩行为表现

社会退缩行为界定：社会退缩是指儿童在陌生或熟悉的社会环境中表现出的独自游戏、消磨时光的孤独行为。一般分为三种类型：焦虑退缩型（想参与同伴交往又不敢交往，常处于动机的冲突之中）、主动退缩型（对物的兴趣超过对人的兴趣，主动离开同伴自己单独游戏）和被动退缩型（社会技能较差，常常不受同伴欢迎而被孤立）。

观察时间：2015 年 5 月 20 日上午 8：20 – 11：40。

观察目的：了解小迪社会退缩行为的具体表现。

观察对象：小迪。

表 2 – 8　小迪社会退缩行为观察记录

时间	地点	事件背景	事件	事件性质	教师处理方式
8:40 户外锻炼时间	操场	孩子们在进行早间的锻炼活动	在实习老师带孩子们玩老鹰抓小鸡的游戏时，孩子们都围着老师激动地跑、跳，只有小迪站在一边看，似乎想参与，又不知怎么参与。老师说："小迪，快来当小鸡呀，就站在小朋友的后面。"小迪赶快跟了过去，可一会儿又站在一边不动了	独自活动，不敢参加集体活动	老师邀请她加入，但没成功
9:30 集中教学活动	活动室	"小鱼挂饰"手工活动中，在老师集中启发、讲解了活动的要求后，儿童开始分组制作自己喜欢的小鱼挂饰	小迪慢慢走回了自己的小组，拿出纸、笔和剪刀开始制作起来，做一会停一会。过了一会儿，她还没有画好鱼的轮廓。看到其他小朋友都已经开始剪贴了，她脸上显出焦急的神色，看着老师想向老师求助却始终没有说话，最终也没有完成手工作品	遇到困难不敢求助	小迪未能完成作品，老师让她先收材料，等其他时间再继续做

续上表

时间	地点	事件背景	事件	事件性质	教师处理方式
10:00 休息、 自由活动时间	活动室	孩子喝水和自由活动	小迪坐在自己的椅子上，低着头，面无表情。有孩子经过和她说话，她也没有回应。她把眼睛转向厕所看了看，又看看其他孩子。老师让她去喝水，但她还是没有离开座位	不敢离开座位，既不敢和老师交流，也不和其他儿童交流	老师提出要求，但小迪没有回应

分析与评价：

小迪不与人交往也不参加游戏活动，遇到困难不敢求助。她的典型行为是旁观和无所事事，属于社会退缩中的焦虑退缩型（沉默寡言型）。这类儿童因为害怕社会互动，尽量避免与同伴接触和交往，他们想和小朋友玩，但同时又经常压抑自己的想法。

建议：

（1）对这类有特殊需要的儿童给予特殊关注，要多关注其情绪。要仔细观察孩子的细微变化，抓住其身上的闪光点并及时给予表扬和鼓励。

（2）发挥儿童同伴的作用，带动小迪自然而然地参与到同伴活动中去。

三、 行为检核法

行为检核法是观察者依据事先编制的行为核对观察量表来核对儿童重要行为呈现与否的一种观察方法。观察者将规定观察项目预先列出表格，当出现预设行为时，就在表格中相应位置注明。此法只判断行为出现与否，不提供关于行为性质的材料。当观察的对象属于不同群体时，还可以通过记录重要行为出现的频次来进行组间差异比较。

心理学家帕顿在对儿童游戏的社会化发展问题进行研究时，根据儿童在游戏中的社会性参与程度，将儿童参与游戏的行为表现分为六种类型：

（1）不参与行为。儿童几乎不加入游戏，碰上有吸引力的玩具或事情才偶尔玩一下。

（2）独角戏。儿童不关心他人的行为，只是独自一人玩玩具。

（3）旁观。儿童在绝大部分时间中不参加游戏，只是观看他人游戏，并常常向游戏者提出问题或建议。

（4）平行游戏。在这种状态下，儿童虽然与同伴一起游戏，但常常是各玩各的，互不干扰，很少交流。

（5）协助性游戏。儿童与同伴一起游戏，有交谈，有时还会相互借玩具，但不会围绕同一个目标分工或组织游戏。

（6）合作或有组织地游戏。儿童与同伴表现为围绕着某些共同的游戏目标，彼此分工合作，有一定的组织性。

帕顿对游戏的六种分类，从第一种到第六种，依次体现出儿童游戏的社会性水平由低到高的发展过程。

根据以上帕顿关于儿童参与游戏的行为表现分类理论，我们可以编制如下行为检核表（如表 2－9 所示）。

表 2－9　儿童社会参与性活动观察记录表

游戏参与行为类型	儿童代码	次数/日期
不参与行为		
独角戏		
旁观		
平行游戏		
协助性游戏		
合作或有组织地游戏		

具体做法：必须事先编制观察工具，列出所需观察的项目，然后才能进行观察。另外，必须在观察表上列出一些具体要求，而且应有一定的顺序性，按确定的观察项目，根据从易到难、从低到高的程度或水平依次排列。

小资料

观察工具的开发与设计

选用合适的观察工具时首先要让观察者知道从何处能搜集到已有的系统、科学的观察工具。华东师范大学课程与教学研究所同浙江省杭州市余杭高级中学在教育科研中心结成大学与中小学伙伴关系。余杭高级中学的一线教师自

2005 年 9 月起，在崔允漷教授的指导下，倾注大量的时间和精力，反思传统听评课，借助科学观察手段，于 2006 年 4 月成功开发《课堂观察手册》，设计《课堂观察框架》，从 4 个维度、20 个视角、68 个观察点对课堂进行全面的观察。经过一年多来的持续研究，他们提出了课堂观察活动的基本程序与课堂观察工具开发的基本思路，不管是在理论上还是在实践上，都对课堂观察的相关问题做了探讨。后来，在 2008 年公开发表的论文中，崔允漷教授明确将课堂解构为学生学习、教师教学、课程性质、课堂文化 4 个维度，并在此基础上将每个维度开发出 5 个视角，每个视角都由 3 至 5 个观察点构成。

第三节

常用的定量观察记录方式

上文提到过，常用的定量观察记录方式主要有编码体系、记号体系或项目清单、等级量表。这一类记录方式收集的数据资料以百分数、频数、百分比、等级量表的分数等数字形式体现，这些数据便于进行量化处理与分析。下面分别加以简要介绍。

一、编码体系观察记录方式

观察者在观察过程中以既定观察分类项目为依据，采用时间取样的观察方法，用事先编制的这些观察分类项目的代码来记录预期的行为是否出现，这种观察记录方式被称为编码体系观察记录方式。

目前使用的最为典型的编码体系是弗兰德斯语言互动分析分类体系（Flanders' Interaction Analysis Categories，FIAC）。该表把课堂的言语活动分为十类，每个分类用一个代码（即数字）表示。在观察过程中，观察者依照既定分类，采用 3 秒时间抽样的方式，记录最能描述教师和学生言语行为种类的相应编码。编码体系的观察记录方式主要适用于时间取样观察方法。

温馨提示

编码体系主要适用于时间取样观察方法。

表 2－10　弗兰德斯语言互动分析编码表

教师的语言	间接影响	1	接纳学生表达的情感：以平和的方式接纳与理清学生的积极或消极的态度、语气。包括预期并唤起学生的情感
		2	表扬或鼓励学生：如说“嗯”或者是“继续”，或开开玩笑以消除紧张状态，但不损害学生的自尊心
		3	接受或采纳学生的意见：肯定学生的意见，并进一步阐明问题，扩展问题或者是向学生提出问题
		4	提出问题：根据教学计划，提出关于教学内容和程序方面的问题，引起学生思考
	直接影响	5	课程讲授：提供与课程内容和教学程序有关的事实和意见，说出自己的想法并解释，引用权威的说法而非学生的意见
		6	给予指导：指导学生，提出要求和希望学生照办的意见
		7	批评学生，或为权威辩护：为了纠正或改进学生的行为模式而进行陈述，指出或纠正学生的答案，批评责备学生，解释教师自己的行为目的，维护自己的尊严
学生的语言		8	应答反应：学生在与教师的某一次接触或联系中做出应答。学生只能在一定情景范围内表达自己的思想
		9	主动发言：学生主动发言，表达自己的想法，可以是自发的，也可以是对教师的应答，主要是学生可以自由地提出自己的意见和想法
安静或混乱		10	停顿，短时期的安静沉默，或一段时间的混乱。混乱期间观察者无法明确课堂上的语言联系和交往的情况

使用 FIAC 进行课堂观察，一节 40～50 分钟的课有 800～1 000 个编码，这些编码反映了课堂中按时间顺序发生的一系列事件，而这些事件按时间顺序连接成一个序列，又能呈现出课堂教学的结构、模式和风格。

拓展阅读

FIAC 应用案例

一、编码

弗兰德斯师生相互作用分析理论的应用与一般的观察法不同，它不要求观察者直接描述在课堂观察到的情境或事项，而是要求观察者将观察到的师生言语行为转化为编码，每一种言语行为都要记作一个数字，即前面所述 10 个项目中的某项。

表 2－11 弗兰德斯师生相互作用分析理论编码记录表

时间	编码																			
每隔 3 秒钟	3	6	9	12	15	18	21	24	27	30	33	36	39	42	45	48	51	54	57	60
第 1 分钟	1	1	1	1	1	1	4	4	4	8	8	8	8	8	8	8	8	8	8	2
第 2 分钟	4	4	4	8	8	8	8	8	8	8	8	8	8	3	3	3	3	3	5	5
第 3 分钟	5	5	5	5	5	5	5	5	5	5	5	5	5	5	5	5	5	5	5	5
第 4 分钟	5	5	5	5	5	5	5	5	5	5	5	5	5	5	5					
第 5 分钟																				

我们进行观察时，会在记录纸上记下一列数字，每个数字都代表一种相互作用的类型（类目 1 ~7 与教师有关，类目 8 ~9 与学生有关）。每逢语言相互作用的类别发生变化，观察者就应该记下一个新的数字。如果同一种语言相互作用的活动持续时间超过 3 秒钟，那么，每隔 3 秒钟就要记下一个同样的数字。比如，一个教师持续讲了一分钟，就要记下 20 个 5 。

二、图示

将编码资料标记在图形表上。

如果我们完成了 5 分钟的语言相互作用分析，并进行了编码，那么我们会拥有 100 个数字（每分钟 20 个数字乘以 5 分钟）。我们可以把这 100 个数字转化到下面的图表上。

如果我们完成了 10 分钟的语言相互作用分析并进行了编码，那么我们会拥有 200 个数字。我们可以把这 200 个数字转化到下面的图表上。

30 分钟、40 分钟都可以如此处理。

表 2－12　弗兰德斯师生相互作用分析理论编码分析表

类目			标记	总和
教师言语	直接影响	1	正	5
		2	正 正 丅	12
		3	下	3
		4	正 正 正 一	16
	间接影响	5	正 正 正	15
		6	正 正 正 止	19
		7	正 正 正 正 正 正 正 正 正 正	50
学生言语	做出反应	8	正 正 正 正 正 正 正 正 正	45
	主动发起	9	正 正 正 正 正 正	30
停顿		10	正	5
合计				200

二、记号体系观察记录方式

记号体系观察记录方式就是事先对所有可能发生的行为进行预期，并列出清单，观察者进行观察时将根据这份清单对被观察者行为的呈现与否做出相应的记录。

记号体系观察记录方式与编码体系观察记录方式经常结合起来一起使用，这样有助于观察者进一步了解行为的类别。记号体系观察记录方式既适用于时间取样观察方法，也适用于事件取样观察方法。

在本专题第二节的活动取样观察量表示例中所给出的课堂提问行为编码表，就是将这种记号体系与编码体系结合起来使用的。

温馨提示

记号体系既适用于时间取样观察方法，也适用于事件取样观察方法。

拓展阅读

记号体系观察记录方式应用案例

表 2-13 教师课堂表扬行为编码表

项目	类型	主要特征	编码
A. 表扬方式	口头表扬	采取口头的方式进行表扬	1
	肢体语言和微表情	采用大拇指或微笑等方式表扬	2
	书面表扬	写名字或分数等书面方式表扬	3
B. 表扬类型	中立肯定	只是用“对”或“正确”等词语对学习者进行表扬（如：你回答得对）	1
	语气惊喜	使用“你太棒了”“你真了不起”等词语来进行表扬	2
	价值判断	在中立肯定的基础上对学习者进行性格品质的表扬（如：聪明、优秀等）	3
	延伸挖掘	在中立肯定学习者及对其进行性格品质表扬的基础上进一步追问答案的产生过程，了解学习者思维过程的表扬（如：你是怎么思考出来的）	4

根据以上表格中的分类，再结合课堂文字实录，对教师的课堂表扬行为进行编码，按照以下表格进行统计。

表 2-14 教师课堂表扬行为观察记录样表

序号	项目 A			项目 B			
	1	2	3	1	2	3	4
1							
2							
…							

根据以上关于表扬行为观察表的数据汇总，对所听的 16 节数学课的课堂表扬行为做如下统计和编码分析。

表 2-15 课堂表扬行为数据统计表

教师分类	听课节数/节	表扬总次数/次	每节课平均表扬次数/次
初入职教师	10	176	17.6
优秀教师	6	134	22.3

表 2-16　教师课堂表扬类型编码分析表

教师分类		项目 B			
		1	2	3	4
初入职教师	数量/次	93	69	10	4
	比例/%	53	39	6	2
优秀教师	数量/次	65	39	17	13
	比例/%	48	29	13	10

温馨提示

等级量表主要适用于事件取样观察方法。进行等级评级时主要需要观察者做出主观判断。

三、等级量表观察记录方式

预先根据观察需要对行为加以分类并形成观察量表，观察者将在该量表上对被观察对象在某时间段内发生的目标行为做出相应的等级评价，这种记录方式被称为等级量表观察记录方式。进行等级评级时主要需要观察者做出主观判断。这种记录方式主要用于事件取样观察方法。

拓展阅读

等级量表观察记录方式应用案例

讲述行为是数学课堂上最常出现的一种教师行为，它是指教师以口头语言向学生呈现、说明知识，并使学生理解知识的行为。它的传递过程具有单向性，不要求学生有对应的互动行为。根据施良方的《教学理论：课堂教学的原理、策略与研究》和陈瑶的《课堂观察指导》，观察者将课堂讲述行为改编成下表，并就这一维度对25位教师的课堂实录中的讲述行为进行分析与数据的整理。

表 2－17　教师讲述行为观察表

讲解技能	编码
讲解过程中能用生动有趣的例子对知识内容进行补充说明	A
讲述内容的难易程度能与该阶段学生的认知相适应	B
讲解语言条理清晰，逻辑性强	C
用词准确、强调重点	D
与学生交流方式多样化（提问、谈话等）	E
讲解有感染力	F
讲解速度恰当	G
数学专业术语使用的时机	H
讲述时间	I

表 2－18　讲述行为记录表

序号	项目								
	A	B	C	D	E	F	G	H	I
1									
2									
3									
…									

记录说明：采用 5 分制记录（优：5 分；好：4 分；良：3 分；一般：2 分；有待改进：1 分。讲述时间以“分”作单位）

表 2－19　课堂教学手段运用时间分配表

教学手段	初入职教师		优秀教师	
	时长	百分比/%	时长	百分比/%
教师讲授	31′06	74	25′27	61
学生自学	4′17	9	6′39	15
课堂讨论	4′41	11	8′26	20
其他	2′31	6	1′24	4
合计	42′35	100	41′56	100

（注：教学手段中的“其他”是指教师上课维持课堂秩序、板书、调节多媒体软件等所消耗的时间）

表 2－20　课堂讲述过程中教师停顿等待的次数统计

项目	初入职教师	优秀教师
停顿等待次数	5	12
等待总时长（s）	29	84

（注：这里统计的停顿等待时间仅包括教师单向讲述过程中出现的停顿，不包括提问后的候答时间）

观察代码系统及其常用类型

一、什么是观察代码系统

观察代码系统就是研究者将行为或事件分为有意义的、可以观察和处理的类别，将大的行为单位分为小的行为单位，并为观察、记录和随后分析处理的方便而制定出的一整套符号系统。

二、观察代码系统设计的原则

在心理和教育科学的研究中，研究者可以根据具体、特定的研究目的，设计符合自己需要的观察代码系统。设计高质量的、行之有效的观察代码系统，需要遵循以下原则。

第一，设计的观察代码系统要符合研究目的。为此，研究者需要首先根据研究目的确定具体的观察目标、项目，并以此为基础设计代码系统。

第二，设计的观察代码系统应有较高的信度和效度，这有助于研究者客观地、精确地、一致地记录所观察行为或事件的特征、背景。

第三，设计的观察代码系统应当全面，应保证在任何群体和环境中，观察者都可以用其详细记录一个人的行为表现，观察代码系统应不仅能使观察者记录所观察对象的行为，而且还能使观察者记录活动中他人的有关行为及其相互作用。

第四，设计的观察代码应保证同样的行为类别项目适用于群体的所有成员。

第五，设计的观察代码系统应保证观察者能详细、如实地记录个体及个体相互作用的行为顺序，以便分析行为的因果关系。

第六，设计的观察代码系统应当简单明了，易于记忆，易于书写，易于计算机统计分析。

三、常用的观察代码类型

一般可以将研究中经常使用的观察代码系统分为数字型代码系统和符号型代码系统。

（一）数字型代码系统

数字型代码系统是用不同的数字分别代表各行为单位，行为单位可以是被试的行为，也可以是各种环境类别，所用数字的多少取决于具体研究中行为单位的数量。

为了研究课堂中师生交往方式对学生学习态度、学习成绩的影响，研究者设计了一个记录课堂中师生交往行为的数字型观察代码系统。该系统包括六项教师行为和两项学生行为，此外还有一项表示沉默或混乱状况，具体内容见表 2－21。

表 2－21　师生课堂交往行为的数字型观察代码系统

类型	表现形式
教师行为	1. 表扬或鼓励学生 2. 接受或运用学生的观点 3. 提问 4. 讲述 5. 指导 6. 批评学生、维护权威
学生行为	1. 学生回答教师提问 2. 学生主动提问
其他情况	沉默或混乱

根据上述代码系统进行的研究结果表明，学生倾向于喜欢易接受他们的意见、多鼓励少批评他们的教师及其所教的课程；教师了解了自己与学生的不良交往情况之后，就更易于修正、改变自己的不良教学方式。

数字型代码系统的优点是结果整理工作量小，适用于计算机处理；其不足之处是不易记忆，需花较多的时间牢记数字代码，研究者要对各代码的意义达到十分熟练的掌握程度，才能进行观察编码。

（二）符号型代码系统

符号型代码系统是用一定符号分别代表各被观察单位。符号的种类很多，可以是抽象的，也可以是形象的。下面是三个不同类型符号代码系统的实例。

1. 师生交往符号代码系统

该符号系统以点、线条、圈圈和正方形为基本要素，共包括 14 种符号，分别表示不同的意义。

表 2－22　师生交往符号代码系统

代码符号	行为特征内容
•	学生举手
⊙	学生举手并被老师提问
	学生举手并被老师提问，只回答了一个字
	学生举手并被老师提问，回答一般
	学生举手并被老师提问，回答良好
	学生举手并被老师提问，回答很好
□	学生没有举手，但被提问
	学生没有举手，但被提问，只回答了一个字
	学生没有举手，但被提问，回答一般
	学生没有举手，但被提问，回答良好
	学生没有举手，但被提问，回答很好
⊠	学生没有举手，但被提问，不做回答
>	学生问一个问题
|	学生没经老师允许，自己讲话

该符号系统常被用于评价教师的教学情况，有时还与学生的座位图结合起来，分析考察学生的反应情况以及他们真正参与学习活动的程度。

2. 面部表情符号代码系统

为了观察、记录被试的面部表情，心理学研究者设计了形象生动、逼真的模拟代码图形（见表 2－23）。

表 2－23　前额表情符号代码系统

序号	符号	代表意义
		Ⅰ. 愉快的
1	——	1. 光滑的（固定的浅皱纹出现或不出现）
2	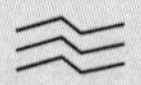	2. 平行的皱纹在整个前额出现
		Ⅱ. 不愉快的
3		3. 皱纹在前额中间出现，在两边不出现
4		4. 皱纹平行或垂直凹陷，被激怒表情

3．人际空间行为符号代码系统

该系统用于研究人际空间关系，包括八个方面的人际空间行为特征，使用了示意图形、缩写和数码三种符号。表 2－24 是该系统的实例。使用该符号代码系统，研究者可完整、准确地观察记录被观察者的人际空间行为，收集的资料易于量化处理。

表 2－24　人际空间行为符号代码系统

类型	表现形式
性别与姿势符号	
身体方向符号	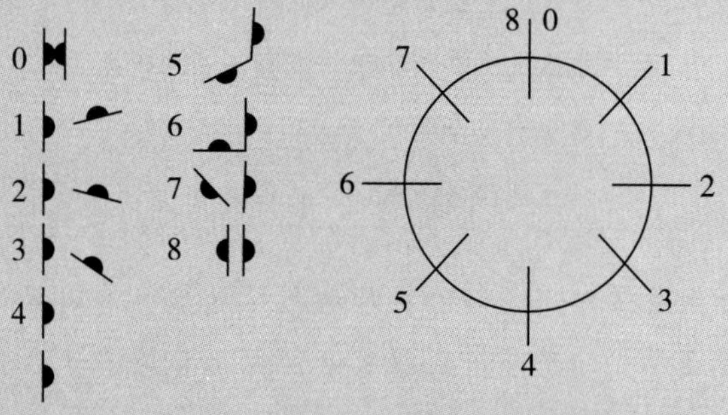

扫码可查看教育观察报告示例

思考与练习

一、名词解释

1. 观察法。

2. 课堂观察。

二、简答题

1. 教育观察研究本身有哪些基本特点?

2. 在教育观察的过程中应遵循哪些基本原则?

3. 记录课堂观察结果有哪些常用的方法?

4. 请比较时间取样的观察和事件取样的观察，并分析其优缺点。

三、实践操作题

1. 设计一个“关于教师课堂提问研究”的课堂观察方案，有条件的话在真实的课堂中实施，并分析结果。

2. 假如由你组织部分教师针对“小学生上课注意力不集中现象”开展课堂观察研究，请设计一份实施方案。

推荐书目

[1] 黄兴丰. 上海数学课堂的编码研究 [M]. 南宁：广西教育出版社，2009.

[2] 沈毅，崔允漷. 课堂观察：走向专业的听评课 [M]. 上海：华东师范大学出版社，2008.

[3] 陈大伟. 怎样观课议课 [M]. 成都：四川教育出版社，2006.

参考文献

[1] 许琼华. 幼儿行为管理 [M]. 福州：福建教育出版社，2016.

[2] FLANDERS N A. Analyzing teaching behavior [M]. Reading，MA：Addision-Wesley Publishing Company，1970.

[3] GOOD T L，BROPHY J E. 透视课堂 [M]. 陶志琼，译. 北京：中国轻工业出版社. 2009.

[4] 裴娣娜. 教育研究方法导论 [M]. 合肥：安徽教育出版社，1995.

[5] 董奇. 心理与教育研究方法：修订版 [M]. 北京：北京师范大学出版社，2004.

[6] 李文昊，祝智庭. 班级社会网分析：一种观察课堂学习的新技术 [J]. 中国电化教育，2009 (6)：11.

[7] 约翰逊，陈光金. 参与观察：人类学研究方法 [J]. 国外社会科学，1987

(5)：47 – 48.

［8］崔允漷，沈毅，周文叶，等. 课堂观察 20 问答［J］. 当代教育科学，2007（24）：10.

［9］宁虹，武金红. 建立数量结构与意义理解的联系：弗兰德互动分析技术的改进运用［J］. 教育研究，2003（5）：23 – 27.

［10］杨玉东. “课堂观察”的回顾、反思与建构［J］. 上海教育科研，2011(11)：17 – 20.

［11］沈毅，林荣凑，吴江林，等. 课堂观察框架与工具［J］. 当代教育科学，2007（24）：17 – 21，64.

［12］顾泠沅，周卫. 课堂教学的观察与研究：学会观察［J］. 上海教育，1999(5)：14 – 18.

［13］李忠洲. 课堂观察的几个维度［J］. 中小学管理，2002（6）：33.

［14］崔允漷. 论指向教学改进的课堂观察 LICC 模式［J］. 教育测量与评价(理论版)，2010（3）：4 – 8.

［15］师雪薇. 小学语文口语交际教学中存在的问题及对策研究［D］. 重庆：重庆师范大学，2016.

［16］陈婉宁. 农村小学高年级英语课堂导入现状及对策研究［D］. 延吉：延边大学，2021.

［17］马琳斐. 基于电子白板的小学语文互动教学设计［D］. 开封：河南大学，2021.

［18］李雪婷. 新课程理念下小学数学活动课的教学设计与策略研究［D］. 重庆：西南大学，2021.

［19］马倩. 小学英语学习困难学生教育干预研究［D］. 乌鲁木齐：新疆师范大学，2017.

［20］冯雅云. 初入职小学数学教师课堂教学行为调查研究［D］. 黄冈：黄冈师范学院，2017.

［21］佟贺. 小学音乐创造教学的现状及对策研究［D］. 长春：东北师范大学，2014.

专题三

如何做教育实验研究

学习目标与要求

1. 了解实验研究的基本特点与类型。
2. 掌握实验研究的一般程序。
3. 重点把握影响实验效度的主要因素。

第一节

实验研究概述

一、 什么是教育实验法

教育实验法是研究者根据某种设想，控制一些变量，施加一定的实验因素，有计划地进行教育实践活动，利用测量和统计的方法以权衡实验所得的结果，从而得出可靠结论的教育研究方法。教育实验是教育研究中不可或缺的重要研究方法。对于教师来说，通过教育实验可以帮助教师改进自己的教学方法；对于教育改革来说，通过教育实验来检验改革的适切性，可以获得进一步推广的实践依据和理论依据。

二、 实验研究的基本特点与类型

（一）实验研究的基本特点

实验研究作为一种科学实验，与其他研究方法相比，具有科学实验的基本特性，主要包括随机化、操控自变量、控制非实验变量及设置对照组等四个基本特点。

1. 随机化

为了保证实验结果的真实性，实验研究必须具有随机化特点。随机化就是在一个界定的研究群体中，每一个分子都有相同的机会被抽取作为研究的对象。一般而言，实验研究中的随机化包括两个方面的内容：一方面是随机抽样，另一方面则是随机分配。随机抽样是指要尽可能使每个被抽取的个体具有均等的机会，也就是说使被抽取的任何个体和个体之间是彼此独立的，在选择上没有联系。这里不存在任何选择的标准，不带有任何意义的成分，从而尽可能使样本保持和总体有相同的结构。随机分配是指将抽取出来的被试随机分配到实验组或对照组，让每个抽取的被试都有同等机会接受任何一种实验处理。随机化这两方面的主要目的在于控制所有可能影响实验结果的非实验变量，使两组除实验者所操纵的实验变量不同以外，其余各方面都达到几乎完全相等或相似的程度，进而提高实验的可靠性。

2. 操控自变量

实验者能够直接操控至少一个或多个自变量，这是实验研究与其他研究方法最大的不同之处。实验是人工控制的条件下复制或模拟研究对象，并在实验过程中主动干预对象的发生、发展过程。它是通过改变研究对象的性质或状态来研究事物发展的因果关系。因此，必须对研究过程中的各种变量进行分析和控制。自变量，即变化的措施、条件。操作自变量，意味着研究者人为地去干预、控制现象发生的条件和进程，有意识地变革研究对象某一方面的条件，从而得到自己所想要的结果。对于自变量直接的操控，是实验者直接控制被试在何时接受以及受到何种强度的实验处理。研究者对于自变量的操控是一种考虑周密的操作。在一个实验中，被试接受不同强度的实验处理，而这些不同强度的实验处理所造成的影响必须进行比较，以便找出因变量的改变与自变量的改变是否相关，进而找出自变量与因变量之间的因果关系。例如，想要研究影响学生数学成绩的因素，就要主动采取某种措施，或使用新的教学方法，或改变学习环境，或改变学习材料等，这些就是所操控的自变量。

3. 控制非实验变量

非实验变量，也叫无关变量，指在实验中应该保持恒定的变量。在实验研究中，为了探索因果关系，证实确实是自变量导致因变量的变化，就必须排除其他无关变量的影响，使实验的其他条件保持恒定。控制是实验者为消除实验变量之外的所有非实验变量的影响而进行的处理，这些非实验变量可能会对因变量产生影响，导致混淆实验的效果，所以研究者必须寻求保持除了自变量以外的所有被试、变量、情境、项目及程序的恒定，目的在于排除自变量之外的因素对因果关系所可能造成的影响。例如我们研究教师不同教学方法对学生的影响，在这个实验中就要控制除了教学方法以外的其他因素，如学生使用的教材、教师的教学水平、学习环境等。只有对这些因素进行严格控制，才能保证实验结果是可靠的；如果没有控制，就无法显示假设中提出的因果关系，实验也不可能有效度。

4. 设置对照组

教育实验通常是要通过两组或两组以上的对比才能发现效果的，一般情况下实验研究包含了两组的被试，其中一组是实验组，一组是对照组，有时会出现三组或三组以上的组别，有时也可能只有一组被试。实验组在实验过程中会接受一种或多种实验处理，而对照组则有可能未接受任何实验处理或是接受不同的处理。设置对照组的主要目的是要比较实验组与对照组在实验前后的因变量是否存在差异，如此，我们才可能探讨自变量与因变量之间的关系。

（二）实验研究的基本要素

实验研究作为一种特定的研究方法，为变量之间的关系提供可能性的解释。为了使解释具有说服力，要尽可能将影响实验研究的各种要素加以考虑。一般来说，一个完整的实验研究包括八个基本要素。

1. 研究假设

实验研究必须具有明晰的研究假设。研究假设阐明了各变量之间的关系，一般采用陈述句加以表述。但这个假设不是空穴来风的，而是建立在理论和实践经验的基础之上，是研究者关于某一研究问题的暂时性回答，实验结果有可能证实该假设，也有可能推翻该假设，研究者应该秉持实事求是的态度回应研究假设。

一个好的研究假设是建立在前人研究的基础之上，对已有变量做出的创意性的推断。因此，建立研究假设是实验研究的重要一环，它影响教育实验设计及结果，从而推动教育理论的发展及现实教育实践问题的解决。

2. 研究被试

研究被试，即参与教育实验的研究对象。实验研究要求研究者选取与本研究高度相关的、具有代表性的样本参与教育实验，研究结论才能更加具有可推广性。一般而言，要求研究者应先以随机抽样的方式确定样本，再将被试划分到实验组和对照组中。但实际的教育实验研究中往往受限制较多，通常以现有的教学班为研究单位。

3. 实验组与对照组

实验研究一般包括两组被试，即实验组和对照组。有时会出现三组及以上的组别或仅仅一组被试的情况。具体而言，实验组接受一种或多种实验处理，对照组不接受实验处理或接受不同的处理，由此可以比较实验组与对照组在实验处理前后因变量的变化情况，从而为自变量与因变量的关系提供可能性的解释。

4. 变量

实验研究中的变量一般包括自变量、因变量和非实验变量。自变量指研究者主动操纵而使之发生变化或取不同的值的变量。因变量是指由于自变量的变化而变化的变量。自变量与因变量是相对而言的，在一个研究问题中充当自变量角色的变量，在另一个研究问题中也可能充当因变量的角色。非实验变量指那些除了自变量以外所有可能影响研究结果的变量，分为控制变量和无关变量。控制变量又称干扰变量，指可以被控制的、除了自变量以外可能影响研究结果的因素。无关变量是指不可控的、除了自变量以外可能影响研究结果的因素。

5. 实验控制

实验控制是指对干扰变量的控制和对无关变量的排除。干扰变量和无关变量是除了自变量以外其他可能影响实验结果的因素，不是实验假设中所要研究的关键变量，与实验目的无关，如果不加以控制，就难以获得具有信度和效度的实验数据，从而难以明确验证实验假设中的因果关系。因此，实验控制是实验研究成功的关键条件。

6. 实验程序

作为一种科学研究方法，实验研究需要比较严密的程序。一般而言，在实验开始前需要写出周密的实验计划，其中便包括对实验程序的设计和详细说明。实验程序包括完成教育实验所需的条件、测量工具、确定分组方式、实验前测与后测、分配实验处理、处理实验过程的突发事件、安排实验顺序等。严密的实验程序设计和说明也有助于后来的研究者对该研究假设和结论进行验证，体现了实验研究的科学性。

7. 研究结果

研究结果是指经由研究者在实验过程中操纵自变量、控制非实验变量而形成的事实，这个事实可以通过观测因变量获得。研究结果有两种表述形式，一是通过对实验数据进行统计分析加以说明；二是通过文字加以解释说明，阐述统计分析的结果的实际意义以及对于教育教学研究的意义。

8. 研究结论

研究结论旨在阐明研究假设与研究结果的关系。例如，实验结果是证实了研究假设还是推翻了研究假设，该研究结果与前人的相关研究结果是否一致，实验结论的外在效度如何，该研究在理论意义和现实意义上的贡献有哪些，等等。

研究实例举隅：基于教学资源平台的农村小学英语作业设计与应用研究

（一）研究假设

多模态作业模式可以提高学习者的英语作业质量和英语成绩。

（二）研究被试

该实验的对象是晏阳初小学四年级两个班的学生，这两个班也正是研究者所任教的班级，研究者对研究对象比较了解，从而方便指导和帮助学习者使用作业平台。两个班中，一个班作为实验组，另一个班作为对照组。他们是从三年级开设英语课，刚学了一年英语，班级人数和班级的英语水平差异较小，适合进行实验比较。

（三）实验组与对照组

在四年级抽取的实验班和对照班，两班共计78人，两个班的人数非常均衡，男生都是19人，女生都是20人，每个班的总人数都是39人。

（四）变量

（1）自变量：该实验研究的自变量是多模态作业模式。

（2）因变量：该实验研究的因变量是学习者的平台作业和英语学科成绩。

（3）非实验变量：除了实验者操纵的自变量以外，还有引起研究对象因变量的其他影响因素，如教材内容、教师教学水平等。该实验有一个实验班和对照班，两个班学习者原有的基础、能力水平基本一致，实验期间的教学在统一的时间段、统一学校，使用统一的教材内容，由同一名教师授课。

（五）实验控制

两个班学习者原有的基础、能力水平基本一致，实验期间在统一时间段、统一学校，使用统一教材内容，由同一名教师授课，可以很好地控制无关变量。

（六）实验程序

（1）实验测量工具：该实验的实验测量工具包括学生英语能力测试题、调查问卷和教师访谈提纲。

（2）实验模式：该实验是在晏阳初小学实际的教学环境中展开，将现有的自然班级分为实验班和对照班，采用的是单因素双组前测、后测设计的实验研究模式验证，内容如表3-1所示。

表3-1 实验模式

班级类型	前测	实验处理	后测
实验班	S1	X1	S2
对照班	D1	X2	D2

表3-1呈现的是研究者设计的实验模式，S1是实验班平台应用的前测，S2是实验班平台应用的后测，X1代表的是实验班使用多模态作业模式，X2代表的是对照班使用单一作业模式，D1代表实验前对照班的前测，D2代表实验后对照班的后测。

（3）实验时间：四个月（2019年9月—2019年12月），9月初为实验发起和实验前测阶段，之后的三个月为实验实施阶段，12月份为实验后测阶段。

(4) 实验准备：实验前期各项活动准备阶段是实验发起阶段，包括了解学生的基础听力、口语、笔试成绩，调查学生家庭网络及移动学习设备拥有情况。教师先提前选定教材，组建在线作业班级，对学生以及家长进行“一起作业”平台使用的培训等，确保能够开展后续实验。

(5) 实验步骤与具体的操作

该实验一共包括五个部分：①通过听说方面的测试对实验班和对照班进行知识水平的前测；②将多模态作业模式具体应用于“一起作业”平台的作业布置上；③实验结束后，对实验班和对照班进行听说能力英语知识的后测，分析前后测的英语成绩的变化；④实验数据的统计分析，对实验班的作业和考试成绩进行对比分析，以问卷和访谈的形式对实验班的师生进行“一起作业”平台的满意度调查；⑤验证提出的假设和得出实验结论。

(七) 研究结果

选取该研究部分研究结果进行展示，如下：

1. 实验班与对照班期末听说成绩对比

实验后期通过对实验班和对照班两班期末口语成绩和最高分、最低分数值进行数据统计与分析，得到数据如表3-2所示。

表3-2 实验班与对照班口语成绩数据分布

单位：分

班级	不同分值	描述图片	单词跟读	句子朗读	对话问答	角色表演	听力选择1	听力选择2	成绩
实验班	最高分	20	10	20	20	10	10	10	100
	最低分	15	8	15	16	7	8	6	75
	平均分	19.1	9.6	19.5	19.2	9.5	9.8	9.4	96.1
对照班	最高分	18	10	17	15	9	8	8	84
	最低分	10	5	10	9	6	4	5	49
	平均分	16.2	8.5	16.8	14.4	8.5	8.7	7.8	80.9

实验班与对照班在听说测试方面，成绩差异性大。实验班的听说测试成绩由先前的75.5上升到96.1，进步了将近20分；和对照班相比，成绩高出15分之多。而且之前对照班的起点成绩比实验班还高1分，由此看得出实验班在听说认读方面进步幅度很大。

2. 实验班与对照班期末总评成绩对比

实验后期通过试卷检测的形式对实验班和对照班两班期末总评成绩和分数段人数进行了对比和数据统计分析，得到数据如表3-3所示。

表 3－3　期末总评成绩和各分数段人数对比

班级	A 90 分以上	B 80～89 分	C 70～79 分	D 60～69 分	E 60 分以下	总人数/ 人	平均成绩/ 分
实验班	32	6	1	0	0	39	96.9
对照班	20	5	5	6	3	39	89.2

从两个班的平均成绩看，通过三个月的学习，对照班的成绩与前测成绩对比进步不明显，实验班成绩与前测成绩对比进步幅度很大，平均成绩从之前的比对照班低，到后来超过了对照班，平均成绩高出了 7.7 分。而且实验班的学生优秀率和及格率都比对照班高，实现了英语及格率 100%。

（八）研究结论

该研究立足于农村小学的英语作业布置，以农村小学四年级英语作业设计为例，做了前期分析、模式创建，开展了实验研究，实施了学生、教师的调查和访谈，进行了数据（测试成绩、电子作业成绩、学生听说水平等数据）收集整理，以及学习效果统计分析。最终实验结果显示：基于教学资源平台的作业实施，不仅提升了学习者的作业质量、英语成绩，而且提升了学习者的听说读写各方面能力，提升了学生的英语素养，最终实现英语在农村小学生课堂之外作业环节的可持续学习，可见“一起作业”平台在农村小学的应用确有实效。

（三）实验研究的类型

由于研究对象性质的不同和情境的不同，实验研究具有不同的特点，因而表现出不同的类型。依据不同的标准，实验研究可以分为以下几种类型：

1. 实验室实验和自然实验

根据实验环境和控制程度的不同，可分为实验室实验和自然实验。

实验室实验是指研究者根据研究的需要，在人工高度控制的环境下，按照科学实验的标准严格控制外界条件，操作自变量，探索自变量与因变量之间的关系。一般较多为研究人的心理活动变化及其规律，且更多为生理心理学、心理物理学等研究。这类实验的优点是能把实验中的各种变量严格分离出来，并给予确切的操作与控制，提高研究结论的准确性和可靠性。

自然实验也叫现场实验，是在现实的教育环境和教育条件下，操作自变量，控制无关变量，探索自变量与因变量之间的因果关系。教育实验研究，常常采用的是自然实验法。自然实验与实验室实验相比，其特点是：一方面，立足于现实的教育，是在真实的教育环境中进行的研究，所得结论的情境与现实的教育较为接近，研究成果容易推广；另一方面，由于在真实的教育环境中控制变量相对不严格，因而易受各种无关变量的干扰而影响研究结果的有效性和精确性。所以，在进行教育自然实验研究时，既要保证现场的自然性、真实性，又要尽可能地控制各种变量，同时在下结论时要注意研究结果的客观性和科学性。

总的来说，自然实验比实验室实验更能够提高研究的外在效度。

2. 单因素实验和多因素实验

根据同一实验中自变量因素的多少，可分为单因素实验和多因素实验。

单因素实验，也叫单一变量实验，是指同一实验中研究者只控制一个自变量的实验。如在理科教学中，同一教师对于课时、教科书、教学进度等多种因素，在对照班和实验班均保持相同，仅在每节课的小结活动中将学生对知识合理性的评价活动这一因素作为自变量，看是否会影响学生对科学本质的理解，即为单因素实验。由于单因素实验的自变量单一、明确，操作起来相对比较容易，实验难度相对较小。

多因素实验是指在同一实验中需要控制两个或两个以上的自变量的实验，也叫组合变量实验。如在理科教学中，将教师教学过程中的知识产生方式教学和学生进行知识合理性评价活动作为实验自变量，看是否影响学生对科学本质的理解，即为双因素实验。如果再增加具有认识论水平的主体性教学、评价性作业等，即为多因素实验。实验变量越多，实验越接近日常教学情况，但对实验控制的要求越高，并会使实验情境及结果整理变得十分复杂，难以确定实验结果与何种实验变量存在着因果关系，因此，多因素实验的设计方案极为精细，整体上研究难度较大。

3. 确认性实验、探索性实验与验证性实验

根据实验的任务不同，可以分为确认性实验、探索性实验与验证性实验。

确认性实验，也叫试探性实验，其目标主要在于借助实验搜集事实材料，确认所研究的对象是否具有研究假说内容的基本特征，并推动教育实践的发展。研究问题来自实际，所以具有直接的实践意义。实验强调的是研究的应用价值，在事实基础上概括经验性规律，追求最大限度的有效性。这类实验在现场情境下进行，在研究方法上带有很大的试探性，操作程序不太规范，因此内在、外在效度均不高。

探索性实验包括有预测作用的超前实验。它是以认识某种教育现象或受教育者个性发展规律为目标，通过揭示与研究对象有关的因果关系及问题的解决，来尝试创建某种理论体系，所以具有较强的创新性。探索性实验主要研究教育理论体系中的根本性问题，有重要的理论意义和实践指导意义。此类实验的进行以专门研究人员为主。

验证性实验是以验证已取得的实验成果为目标，对已经取得的认识成果用再实践的经验来检验、修正和完善。这类实验具有明显的重复性，是在不同环境条件下

反复进行的，不仅对实验条件有明确分析，而且实验方案具有可操作性，关注实验结果应用的普遍性，追求实验较高的外在效度。

4. 前实验、准实验与真实验

根据实验控制的程度、实验内外效度的不同，可以分为前实验、准实验与真实验。

前实验是指一种在完全自然条件下的研究。该类型研究无法随机分配被试，不能有效地控制无关变量，误差高、效度低，往往不能说明因果关系，所得的结论具有或然性，可靠性低，是一种不规范的实验，通常被称为非实验设计，但它仍具有实验研究的一些基本要素：实验因素和策略。例如，一位物理教师研究概念图方法对提高其所带班级物理教学质量的作用，对该班级的学习成绩进行了前测，然后引入和使用了概念图方法，再做后测，用后测和前测的比较，以此来说明概念图方法对物理教学质量的影响，从而说明实验变量与因变量的关系。

准实验是指实验组与对照组不等组，又称半实验。准实验往往难以随机分组，大多运用原始群体进行实验处理，有前测和后测，有实验组和对照组，在教育研究中，一般是按现存班级进行实验，自变量有时无法有效地加以操作，能对一部分非实验变量进行控制和排除，但无法完全进行实验控制，因而实验结果不能得到有效的保证。

真实验，又称标准实验。真实验必须是等组的，即除了实验因素外，在实验组与对照组中，所有能影响实验的其他因素必须相同或相等。真实验常常通过随机分配被试到实验组或对照组进行控制，也可以对实验误差来源加以控制，能够系统操纵自变量，严格控制无关因素，能够准确地揭示自变量与因变量的因果关系，具有很好的内外部效度。实验室实验一般属于真实验，但由于控制因素过于严格，而教育科学本身又是受到多因素影响的，因此此法在教育研究的实际应用上有一定的限制。

（四）教育实验研究的局限性

尽管教育实验研究具备很多优点，例如可以使研究者控制非实验变量，将特定的因素从复杂情境中分离出来，探索变量之间的因果关系，或者有严格的实验程序和实验设计方案，可重复验证实验结果等，但是由于教育情境的特殊性，仍有其限制，具体体现在以下四方面：

1. 教育研究的对象本身太复杂

单一变量法则是实验研究法所遵从的最高法则，即要把所有无关变量和干扰变量全部予以控制，留下单独一个实验变量加以操控。教育科学研究中的许多变量是无法操控的，更不能单独分离出来操控，有许多变量彼此相互影响，单独研究一个变量很难了解复杂的教育现象。

2. 实验者与观察者之间容易交互影响

人们熟悉的霍桑效应的现象，意味着实验者本身便足以使被观察者的行为发生改变，主要原因是观察者和被观察者彼此之间容易产生交互影响。所以，用实验的方法来探讨教育现象，在下结论时必须特别小心。

3. 实验情境与现实情境有差异

人为设计的情境与现实的教育情境有距离，外在效度低，因此从实验情境中获得的结论和发现有时并不完全适用于实际的教育活动。虽然真正的实验研究设计在教育场景中较难达成，但可以利用准实验研究来推进教育场所中的实验研究，仍然具有一定的研究价值。

4. 多用于短时性问题的研究

教育实验研究多用于研究短时性问题，不适合于研究很长时间跨度的问题。这是由于时间跨度长的实验，研究过程中干扰因素进入的可能性更多，实验控制代价太大。

教育实验研究的局限性举例：小学数学教学中培养学生几何直观素养的实证研究

该研究为小学数学教学中培养学生几何直观素养的实证研究。虽然该研究设计出了几何直观能力的评价工具，用于诊断、分析教学实验效果，检验研究假设；但是由于研究时间紧迫，加之研究者精力有限，导致该研究存在以下不足：

（1）由于可供实验的班级有限，故实验班、对照班的确定尚不够严谨，仅以学生的学习成绩为依据，没有考虑学习兴趣、几何直观素养等已有差异，难以保证两个班绝对平行，且实验过程中很难全面严格控制无关变量，一定程度上会影响实验结果的准确性。

（2）本实验综合运用多元表征和联系生活策略进行课堂教学，因此难以区分两种教学策略各自对差异的贡献度。

（3）仅选取S学校六年级4个班级为研究样本，尚待进一步扩大样本容量，提高实验研究结论的外在效度。

（4）本实验为期14天，且由于教学内容的限制，仅有5个课时可严格按照多元表征和联系生活策略的操作程序进行教学，研究周期较短，一定程度上导致实验结论可靠性降低。

（5）几何直观能力评价维度是在研读文献的基础上通过梳理几何直观能力的行为表现水平确定的，各子维度间的独立性、完备性尚有待更进一步的验证。

◆第二节◆

实验研究的一般程序

目前，由于广大实践工作者积极参与，充分发挥能动性、创造性，形成了由学者型管理干部、教师和专家组成的教育实验研究队伍，充分发挥群体优势，从而促进了教育实验的蓬勃发展。实验研究是有目的、有计划地探索教育规律的过程，必须运用科学的方法，按照严格的程序进行。实验研究的一般程序可分为三个阶段，即实验的准备阶段、实验的实施阶段、实验的总结推广阶段。

一、 实验的准备阶段

实验的准备阶段，也称为实验研究的设计阶段，该阶段的工作对于实验研究起着至关重要的作用，实验是否具有科学性、可行性，在很大程度上取决于实验前的设计准备工作，包括理论上的探索和具体方案的设计。总的来说，实验前的准备阶段应该做好以下几个方面的工作：

（一）明确研究假设

教育实验研究是在一定教育理论指导下，以验证某一假设为目的的研究。具体来说，要注意以下几点：

1. 选择具有创新意义和有价值的研究课题

一般来说，教育实验研究不应该选择和重复前人的研究，应该具有创新性和可行性。为了选择具有创新意义和有价值的研究课题，研究者必须关注改革和发展中的教育实践，跟踪查阅相关领域的研究文献，把握教育研究的前沿问题，掌握前沿问题的有关资料，了解对于相关的问题前人是否已经提出过同样的假设并进行过实验，他们所做的实验是否可靠，哪些部分已经解决，哪些部分还有待扩展，等等。

2. 明确实验研究的理论框架

教育实验是在教育理论指导下，围绕研究假设进行的研究活动。缺乏教育理论指导的实验研究不能称为教育实验研究，教育实验研究离不开教育理论的指导。教育实验研究假设是教育实验验证的基本问题，研究假设的形成需要一定的教育理论框架作为指导。有了明确的理论框架，整个研究便有了明确的研究方向，研究者就可以按照既定的目标开展工作。一个有生命力的实验必然是反映时代精神，抓住了时代关注的问题，并进行了深入理论探讨的实验。

3. 确定研究假设

研究假设是实验研究进行实验的基础，实验必须要有明确的实验假设。假设是根据一定的科学知识和新的科学事实对所研究的问题的规律或原因做出的一种推测性论断和假定性解释，是在进行研究之前预先设想的、暂定的理论。实验假设包含变量之间的因果关系，要求用陈述句做出明确判断的表达。研究假设要以叙述的方式说明两个或更多量之间可期待的关系。概念要简单，表述要清晰、简明、准确，条理分明，结构完美，假设命题本身在逻辑上是无矛盾的。例如，元作业监控训练能有效提高初一学生的学业成绩，改善他们的学习态度与学习方法。这一假设就是用陈述句做出了明确判断，同时以叙述式方式表明对自变量、因变量间所期望的关系，同时能够根据这个假设进一步设计对自变量的操作、因变量的观测和无关变量的控制。实验假设不是随意提出的，假设必须要具有理论依据和经验事实基础，必须能够经受实践检验。假设只是研究进行前研究者对某一问题预先设想的、暂时性的解答。教育实验研究是以探索因果关系为目的，因此，研究者在设计研究时，必须明确实验的因素和期望的结果，对所要探索的因果关系建立基本的假设，并能够清楚地加以表述。

（二）确定实验变量

确定实验变量是对研究假设的具体化。实验研究的可行性很大程度上取决于实验变量的处理是否明确。实验变量的确定包括自变量的确定和因变量的确定。

1. 确定自变量

自变量是引起其他变量变化的变量，故也称作原因变量。自变量是由研究者主动控制而变化的变量，是能独立地变化并引起因变量变化的条件、因素或条件的组合。一般来说，自变量是我们在实验中进行操作的变量，也叫实验变量、刺激变量或干预变量。例如在教师民主的教学风格有助于提升学生的数学成绩这一假设中，教师不同的教学风格会导致学生数学成绩的变化，因此教师的教学风格就是自变量。在教育实验研究中，学习内容、教学方法、学习次数、惩罚方式、活动方式等方面都是研究者可以主动操控的。在实验研究中，自变量的选取是非常关键的。研究者必须明确所要控制的自变量，即要变革的措施，它反映的是教育研究的性质特点，同时要防止自变量的混淆及保持自变量的单纯性问题。也就是说，在研究中自变量变化时，不能改变其自身性质，如果与无关变量混淆，就会使观测的因变量变化不可靠，得不出科学的研究结论。

2. 确定因变量

因变量是实验中的反应变量。换言之，因变量是因为自变量的变化而产生的现象变化或结果，因此也被称为结果变量。因变量是研究中需要观测的指标。在教育研究中，我们需要确定因变量，因为研究中由于自变量的变化引起相应的变化因素可能是很多的，因此，在研究中要确定哪些是我们需要的因变量的变化。例如，关于教师民主的教学风格有利于提高学生数学成绩这一研究中，因变量内容可涉及学生数学成绩的提高、教师教学水平得到提升、教师教育观念的转变、优化育人环境、促进学校整体实力水平的提升等。考虑因变量时一定要尽可能全面、完整且有重点。同时还要对因变量的反应指标进行确定，如教师水平提升具体体现在哪些方面，教育观念转变体现在哪些方面，生成了什么新观念等。对反应指标进行确定，有利于提高研究的客观性，有利于提高研究结果的可比性以及保证研究的可重复性。

自变量和因变量关系紧密，二者相互依存，即没有自变量就无所谓因变量，没有因变量也无所谓自变量。

（三）确定非实验变量

实验研究主要是探索事物发展过程中各种变量间的因果关系，因此实验的结果是通过对因变量的观测和解释得到的。干扰变量和无关变量属于非实验变量，它们都不是实验假设中所提出的研究变量，都与实验目的无关，但它们可能会影响到对实验结果的解释。这种影响，通过因变量的变化被我们观测到。例如，在小组讨论法有利于提高学生的英语成绩这一研究中，如果我们不对干扰变量进行控制，例如实验组和对照组使用不同的教材，或者不排除无关变量，例如学生的智力水平和兴趣爱好等因素，那么我们就不知道究竟是小组讨论法还是其他原因促使学生的学习成绩提高。

（四）选择被试

在教育实验中，被试是接受实验处理的人。教育研究的对象是特定范围内的大、中、小学生乃至成人。由于研究取向的不同，被研究的学生范围也是不同的。为了保证研究结果具有代表性，研究者必须要选择具有代表性的样本参加实验。例如我们在某一所学校选择学生参加实验时，不能全部都是成绩优秀的学生，或全部都是成绩差的学生，必须要考虑样本的代表性，进行随机抽样，这样我们选择的样本才能在较大程度上代表总体。在实验研究中，实验者要先用随机抽样方法确定样本，然后再以随机分配方式将被试分配到实验组或对照组。总的来说，研究者要根据实验假设选择研究被试，被试应当尽可能地随机选择和分配，并尽可能地使被试具有代表性。但是在我们的实际研究中，由于各种主客观因素的影响，教育实验往往是以现有的教学班组成研究被试。

二、 实验的实施阶段

教育实验的实施是得出实验结果的关键。在实验的实施阶段，要求实验者必须严格按照实验设计进行教育实验。以下是实施阶段的具体任务：

（一）操作自变量

研究者要根据实验方案有计划地向被试呈现自变量。

（二）控制或抵消非实验变量

在实验中，研究者要采取有效方法，控制非实验变量对被试的影响，或者使非实验变量对被试的影响在各组中相同。在教育实验研究中，为了提高实验效度，必须使用实验控制的方法排除或减少非实验变量对因变量的影响。实验设计经常会采用消除、恒定、平衡、抵消、随机等方法来达到这一目的。具体来说，包括以下几个方面：

1. 排除法（消除法）

排除法，也称消除法。排除就是想办法使非实验变量特别是会影响到实验结果的变量从实验情境中消失。这些需要排除的非实验变量包括物理变量和心理变量的干扰，前者指室外噪音、空间大小、温度、光线、声音设备等物理因素，后者指被试因心理抗拒而产生的情绪性反应，或者是因参与研究而产生积极或消极的反应，这些因素的干扰是可以从实验情境中消除的。

例如，在实验室进行的教育实验研究就能够很大程度上消除这种由外部环境带来的非实验变量影响，实验室可以实现对外部环境进行严格的控制，一般用作教育实验研究的实验室通常是隔音和不透光的环境，这样就消除了光线、噪音等外部环境对实验的干扰。

此外，在教育实验的过程中，也存在着各种由实验效应带来的干扰。如霍桑效应、约翰·亨利效应和皮格马利翁效应等，这些实验效应使得实验的参与教师与学生的情感发生变化，进而展现出意料之外的行为，这些实验效应通常也是非实验变量控制中应消除的对象。为了控制实验参与者的偏差或期待，通常可以采用“盲法控制”的办法来防止这种实验效应的产生。“盲法控制”即对实验参与者隐瞒实验信息，在一般的探寻某种教育措施与某种教育效果之间因果关系的实验中，如果只让被试（学生）不知道自己在参与实验或者正在接受某种实验处理，这种“盲法控制”称为“单盲”；而如果让主试（教师）和被试（学生）都不知道哪些人正在接受实验处理，也不了解实验设计者的真实意图，这种“盲法控制”就称为“双盲”。

然而，过多使用排除法也会使实验情境失去自然性、现实性，与正常的教学活动差距太大，反而会引起被试的疑虑、期望、紧张等情绪变化，这些都会严重干扰实验的过程和结果，因此，排除法的使用有较大的局限性。

小资料

常见的实验效应

一、霍桑效应（Hawthorne effect）

霍桑效应是指革新或变革所产生的独立于这种改变的效应，1920 年由梅奥等人在美国芝加哥西部电气公司所属的霍桑钢铁厂中所做的一系列实验中首次提出。实验的目的在于考察特定的工作条件对工人产值的影响。如将灯光强度作为实验变量，当增大强度时，产值提高；但在增大值降低时，产值却仍在增长。由此现象归结出这种效应。就实验研究而言，知道自己是一项研究的参与者就会使实验组的被试表现得比平时更积极，更加努力。

这种效应被假定起因于实验组被试因参加实验而觉得自己受到关注或重视的感觉。以后的研究还发现效应可能是负的。如新的变革可能意味着解雇，实验组中的工人在生产中就会比平时缺乏热情。因此，它被修订为：当实验组的被试知道自己是一项研究或变革的参加者时，会改变日常行为，这种改变可能是正的，如比平时更卖力、更合作、更热情；亦可能是负的，如比平时更懈怠、更敌对、更冷淡。它会人为地影响因变量测量上的分数，实验结果不能直接根据自变量的操控来解释，是影响研究的内在效度的一种因素。

二、约翰·亨利效应（John Henry effect）

约翰·亨利效应是指对照组在与实验组竞争时，其表现往往会超出原有水平的现象，由海尼奇于 1970 年在评论一些比较电视教学与课堂常规教学的研究时命名。名称源自传说，一个名叫约翰·亨利的黑人筑路工为了与蒸汽打钉机抗争，拼命地以他的力量和技巧手工打道钉。在新的东西引入被看成将危及职业、工资、地位或传统工作类型时最易发生。

在教育情境中，约翰·亨利效应尤为普遍地存在于新的教学法与旧的教学法的比较过程中。对照组的教师和学生往往会把实验情境看成是一种竞争或威胁，从而加倍努力，以证明自己的能力不亚于实验组，旧的教学法也不亚于新的教学法。这种效应和霍桑效应有关，且同样是影响研究的内在效度的额外因素。

三、皮格马利翁效应（Pygmalion effect）

皮格马利翁效应亦称“教师期望效应”“罗森塔尔效应”，指教师对学生的殷切希望能戏剧性地收到预期效果的现象。皮格马利翁是希腊神话中塞浦路斯一位善于牙雕的国王，由于他把全部热情与期望倾注在自己创作的美丽少女雕像身上，竟使雕像活了过来，使他梦想成真。1968 年，心理学家罗森塔尔和雅克布森做过一个“课堂中皮格马利翁：教师期望和小学生智力的发展”的实验。他们先对小学一年级至六年级学生进行了一次预测未来发展的智力测验，而后在各班随机抽取20%的学生作为实验组，并向各班教师伪称这些学生是“未来的花朵”，有很大的学习潜力；而将各班其余80%的学生作为对照组。8个月后的重测发现一、二年级实验组学生的智力比对照组学生的智力有更大提高。

研究者认为，教师因受到实验者的暗示，不仅对实验组学生抱有高期望，而且有意无意通过态度、表情、体谅和给予更多的提问、辅导、赞许等行为方式，将暗含的期待传递给了这些学生，使他们受到鼓舞，加强了自信与自尊，从而也更加信赖老师，并给教师以积极的反馈；这种反馈又激起教师更大的教育热情，维持其原期望，并对这些学生给予更多的关照。如此循环往复，以至这些学生的智力、学业成绩以及社会行为能朝着教师期望的方向靠拢，使期望成为事实。

2. 恒定法

恒定法指保持可能影响实验结果的变量恒定不变，实验组和对照组均接受相同的无关变量影响。当研究情境过于复杂，干扰变量太多，无法使用排除法时，可以考虑使用恒定法。在时间上，实验时的前后测内容与程序、研究者的态度等皆维持一致与稳定；在空间上，实验环境的设备和条件要一致。在这种控制处理下，无关变量对每个被试的影响都是一致的，因而不会影响通过自变量不同水平对因变量所造成的变化差异。

例如在小组讨论法有利于提高学生的英语成绩的实验研究中，如果我们认为智力因素也会影响结果，那么我们就可以通过智力测试等途径选取智力水平相近的学生作为实验对象。又如在教师教学策略影响学生成绩的实验研究中，如果我们认为教师水平的高低、教学经验等方面也会对学生成绩产生影响，那么我们就可以采取让实验组和对照组两边教师水平保持恒定的方式来控制这些非实验变量，如选择基本素质、专业水平、教学经验等方面相当的教师来执教实验组班级和对照组班级，或者直接由同一名教师执教两组班级。

3. 平衡法

平衡或称为“抗衡”，是指在分组比较实验中，使各种实验处理不同，而非实验变量的作用不同。譬如，实验时设置实验组及对照组，实验组接受新的实验处理，对照组接受不同的实验处理或照平常方式进行，除自变量不同外，其他方面都是相等的，像实验的场所、环境、时间的长短与安排、被试的性别、年龄、智力、动机情绪等基本保持一致。但是要使诸多非实验变量对各组影响效果完全相同是相当困难的。

4. 配对法

配对法是为了严格控制两组被试的个别差异对实验结果的影响所用的方法。这种方法适用于既不能消除非实验变量，也不能保持非实验变量恒定的情况。通常用以分配的变量有性别、年龄、经济社会地位、智力、学业成就、人格特质和前测分数等。以性别为例，具体的操作步骤为先根据类别分层抽样，然后重组配对。例如要将50名被试学生（其中男生20人、女生30人）分为实验组和对照组来开展实验研究，如果假设性别是该实验研究的干扰变量，而性别又不能通过消除法来控制，这时我们就可以考虑通过平衡两组中“性别”变量的作用。首先从不同的性别群体中分别随机抽取实验组和对照组（RG_1、RG_2、RG_3、RG_4），然后将不同性别的实验组和对照组配对在一起（RG_5、RG_6）（如表3-4所示）。

表3-4　性别分组与配对

实验对象	实验组	对照组
男生（20人）	RG_1 男10人	RG_2 男10人
女生（30人）	RG_3 女15人	RG_4 女15人
配对	G_5 25人	G_6 25人

同样的，若为使实验组和对照组的智力相等，研究者可从智力测验分数中，选择分数相同的被试配成对，接着应用随机分派法，把其中一个分到实验组，另一个分到对照组。不过配对变量的决定，一定要以和因变量有高度相关的人为依据。

5. 随机法

随机是指在选择被试、安排实验处理顺序等许多实验环节上，不受实验人员主观意识的影响，使用的方法有随机取样、随机分派、随机指派实验处理等。要注意的是，教育实验中取样数不能太少，如果各组人数太少，那么机遇造成差异的可能性就会很大，加大样本可以相互抵消。但随机法也存在一些问题，如教育实验不能打乱正常的教学秩序，实验者往往只限于在学校内，以原班级为对象进行实验。

6. 抵消法

抵消法可在一定程度上弥补平衡法的不足，这种方法让同样的被试先后接受几种不同的实验处理，被试自身以及实验顺序所造成的练习、适应、疲劳等无关变量效应在先后轮换过程中可以相互抵消，从而提高实验精确度。

譬如，如果有甲、乙两个班，我们可以先随机选取其中一个班作为实验组，另一个班为对照组，进行第一轮实验，然后将两个班对调，原来的实验组改为对照组，原来的对照组改为实验组，进行第二轮实验，这种方法称为轮换实验设计。最后，将两次实验的实验组观测结果合并为实验组样本成绩，将两次实验的对照组观测结果合并为对照组样本成绩，再将这两个样本的成绩进行比较。我们不难看出，组成实验组样本的是甲、乙两个班的全体，组成对照组样本的也是甲、乙两个班的全体，每个班都经受了一次实验与一次对照。这样不但两个班的学生基础可以抵消，而且两个班的教师因素、家庭因素等非实验变量都可以抵消。

另一种方法是利用ABBA交互平衡法，譬如要测量听觉与视觉反应，如果听觉反应比较长，可能是由于先前的视觉反应产生的疲倦造成的，如果听觉反应较短，可能是由于对反应时间的熟悉所造成的。利用ABBA的平衡方法可以抵消练习效果跟渐进误差，方法是让被试接受不同次序的实验，譬如第一次实验时的实验顺序是AB，则下一次实验时的实验顺序为BA，如果有多个实验要进行时，采用随机的方法来安排实验顺序，以消除练习效果和渐进误差。

7. 纳入处理

当某些非实验变量无法排除时，可以把它作为一种实验变量，纳入实验之中，也就是将单变量的实验发展为多变量的实验。这样不仅使需要加以控制的干扰变量减少，而且能了解各变量的影响及因素间的交互作用。

譬如，在研究启发教学与演讲教学法的效果时，将智力因素分为高、中、低三个层级纳入设计中，使实验设计成为教学法及智力的二因子设计，此设计一方面可了解不同智力间的差别，另一方面又可了解智力和教学法之间的交互作用。

8. 统计的控制

当非实验变量的控制不适用于使用上述的控制方法时，就必须采用统一的控制。通常采用共变量分析的统计方法，将非实验变量对因变量的影响排除掉。譬如，实验新教学课程与旧课程的优劣时，研究者往往被限制采用原班级做实验，无法随机抽取两组被试。研究者如果担心智力因素会影响效果，可实验后采取共变数分析，将智力当成共变数，而去除它对因变量的影响。除了智力外，也可以将两组实验前测的分数作为共变数，再进行具有两个共变数的分析。

（三）观察、记录和测量因变量

为了获得有关因变量的数据和资料，实验过程中要及时观察、记录与因变量相关的资料，利用设计好的测量工具，收集被试和因变量的数据资料。

三、 实验的总结推广阶段

实验的总结推广阶段由统计分析、得出结论、撰写实验报告、分享报告和提出新问题五部分组成。

（一）统计分析

对于教育实验研究的结果，既可以进行定性分析，也可以进行定量分析，还可以二者互相补充，紧密结合。通过数据分析，我们可以从量上判断自变量的操控是否对因变量有显著影响。通过统计结果来验证研究者前期假设的因果关系是否成立。

如果统计检验表明，在所检验的各组之间存在统计学意义上显著的差异，且实验设计严密，则可以推断自变量的操控是导致因变量的原因。

（二）得出结论

得出统计结果后，还必须参考过去的研究和理论进一步对结果进行解释，主要说明实验结果和实验假设之间的关系，换句话说，在实验结论中，要说明如下一些问题，诸如实验结果是证明了实验假设还是否定了实验假设，这个实验结果与已有的相关研究是否一致，这些暂时性的实验结论能否进一步推论到更大的群体之中，它对于教育教学的改善和进一步的研究有什么意义等。在得出结论时，研究者一定要持有谨慎的态度。即使统计分析得出的结果并非机遇造成，也不能绝对地断言因变量的变化一定是自变量引起的，因为很可能存在某些未知的和未被控制的因素引起因变量变化。所以，客观而真实地反映实验结果是非常重要的。

（三）撰写实验报告

实验报告的撰写是教育实验研究过程重要的一步，它是教育实验成果的文字表述形式，是实验研究的总结，也是实验成果交流、评价及推广的基础。撰写实验报告要注意下面的事项：第一，要以陈述事实为主；第二，要进行定性和定量的分析；第三，应遵循撰写报告的常规，先草拟出提纲，筹划好实验报告的框架或结构，考虑每一部分陈述什么内容，穿插哪些图表和数据；第四，要持以严肃认真的态度。报告中的事实和数据要确凿无误，分析要客观公正，实验结果要真实可靠，经得起检验，要老老实实地指出这次实验的成绩是什么，哪些问题已经解决，哪些问题还尚待研究，不弄虚作假，不虚报成绩。

（四）分享报告

这一程序一般是通过学术会议或者专业期刊发表文章来实现。与他人分享实验报告时，实验报告一般呈现的构成部分包括题目、署名、前言、实验的目标和原则、实验的内容（或实验的因素）、实验的过程和方法、实验的结果与分析、讨论、参考文献及附录。

（五）提出新问题

当研究者对自己的实验结果与已有的研究和理论之间的关系进行思考的时候，与他人分享研究结果并得到别人的反馈时，新的研究想法就会不经意地呈现出来。比如，为什么研究结果不像预期那样准确？是不是有未加控制的额外变量？如果用不同的方式操纵某些变量，会有什么结果？在研究中越是投入，发现的可研究的问题就越多。一个研究过程的结束将是另一个新研究的开始。

小资料

教育实验研究与行动研究的比较

实验研究和行动研究各有自己特有的方法和规范，也有各自不同的研究功能和局限。

1. 研究方法的选择取决于研究的目的和研究问题的性质

行动研究强调：(1) 有效性。只有能产生良好效果、能解决实际问题的知识才是正确的，它们关心的是如何提高所用方法的实践效能。(2) 独特性。教学的知识来源于对独一无二的情境的直观分析，需要解决的是一个个具体的特殊问题，而不是一般的普遍性的认识。(3) 整体性。由于教育对象的复杂性、教育情景的特殊性，有效的知识必须根基于对教学的整体把握。然而我们对比一下就会发现这种从实践中产生的知识与根据假说一一实证而得来的知识是不同的。第一，前者强调整体性的观点（而不是少数几个变量），而后者是尽可能控制分离教师和学生行为之间的一致关系，寻找一定的变量，并控制其他变量，对教育活动进行人为的肢解。第二，前者强调的是具体的特殊的知识，只要对某一具体问题有效就行，而后者强调一定时间和地点形成的原则，必须在另一时间和地点也被证实，它是以研究一般的、普遍的规律为目的。第三，前者强调把教学过程看作是一个过程，后者却将之视作一种结果、一种成就。可见，从研究目的的角度看，实验研究适宜于研究事物之间的因果关系，承担验证发现的任务；行动研究适宜于具体教育问题的解决，关注的是任务及其完成任务的方法与途径，它所进行的是利用已有的知识进行任务的分析和对策思考。从研究变量的角度看，实验研究适宜于研究自变量数目较少、目标清晰、可操作的问题，并且自变量与因变量的关系要能够与其他变量与因变量的关系区分开来；而行动研究则没此限制，适宜于千变万化、纵横复杂的教育情境。

2. 研究方法的选择取决于研究的不同阶段

由于教育研究是在千变万化的教育实施中进行，对问题的诊断、方案的设计不可能一下子达到完全周密的地步，需要借助实验者和教师的主观经验进行不断的尝试和调整，以加强对问题的认识，积累解决问题的经验，提高实际工作者的研究水平，所以研究之始宜采用行动研究，以保证实验顺利进行。然而行动研究因只具备行为改善和发现事实的机制，不具备确立假说和验证假说的机制，不能揭示事物的因果关系和验证的必然性，所以行动研究有必要上升到实验研究，以达到对事物因果关系的清晰了解，取得客观可靠的普遍性结论，扩大研究成果应用的普遍性。

◇第三节◇

实验设计的基本类型

广义的实验设计是指为指导实验而预先策划的计划，狭义的实验设计是指确定、安排在实验中建立的某些变量和可能存在的其他变量，如有机变量。具体来说，教育实验设计的内容主要包括：提出研究假设，确定自变量、因变量、控制变量，确立实验处理，确定实验设计的方案等。一般来说，针对实验中的各种变量、实验程序以及被试的分配进行安排，可以形成各种实验设计模式。在正式具体介绍它们之前，首先简要介绍一下实验设计中常用的符号及其意义。

X：表示一种实验处理，即研究者操作的实验变量（自变量）；X_0，X_1，X_2等表示实验处理的不同水平。

O：表示实验处理前或处理后的一种观测或度量。

同一横行的 X 或 O：表示这些 X 或 O 作用于同一组被试。

自左至右：表示时间次序或先后。

R：表示被试已被随机选择、分配和控制。

M：表示把被试加以配对。

------：表示不等组间水平的线，由虚线所隔开的各组是非同质的，虚线表示不能随机选择和部署两组。

⊗：表示事后回溯设计中的自变量，是研究者不能操纵或改变的。

实验设计有很多模式，从不同的角度可以对实验设计模式做出不同的区分。本专题主要按照对实验控制的程度不同来划分实验设计模式，可分为前实验设计、真实验设计和准实验设计三种类型。下面我们分别来论述这三种实验设计的基本模式、主要优点和局限性。

一、 前实验设计

前实验是指一种在完全自然条件下的研究，是指一种自然描述，用来识别自然存在的临界变量及其关系。它不是严格意义上的实验，但前实验是真实实验设计的组成部分或重要元素。前实验设计是不能随机分派被试，可以进行观察和比较，但对混淆因素和无关干扰缺乏控制，且误差程度较高的一种实验。前实验一般无法对因果关系进行说明，也无法验证自变量与因变量的因果关系，很难将实验结果推论到实验以外的其他群体或情境中去，内在效度与外在效度均很低。

前实验设计虽然不能控制无关变量，但可以操纵变化自变量。前实验设计常用的主要有两种表现形式。

（一）单组后测设计

单组后测设计，也叫单一性个案研究，这种设计的基本模式如下。

1. 单组后测设计的基本模式

$$X \quad O$$

这个模式具有以下特征：第一，只有一组被试且不是随机选择，无控制对照组；第二，实验中只给予一次实验处理；第三，实验中只有一个后测，并将后测的结果作为实验处理的效应。

2. 单组后测设计的局限性

这种实验设计由于不能控制无关变量的影响，因此内外在效度都不高。

（二）单组前后测设计

1. 单组前后测设计的基本模式

$$O_1 \quad X \quad O_2$$

这个模式具有以下特征：第一，只有一个被实验组且不是随机选择，无对照组；第二，仅一次实验处理；第三，有前测和后测，用前后测的差大于零作为实验处理效应。

比如，关于启发式教学法提高学生数学成绩方面的研究。选取一个自然班并进行前测，了解学生数学成绩。然后安排两个月进行启发式教学，教学后再进行数学成绩的复测。两次测试的差异用以表明启发式教学法在提高学生数学成绩方面的效果。

2. 单组前后测设计的主要优点

第一，因为有前测，可以在处理前提供有关选择被试的某些信息。第二，通过前后测，可以提供每一被试在实验处理前后两次观测条件下行为变化的直接数据，能明显地验明实验处理的效果。第三，被试兼作对照组，便于估计被试个体态度对实验结果的影响。

3. 单组前后测设计的局限性

第一，由于没有对照组做比较，不能控制历史、成熟及统计回归。第二，前测可能影响后测（处理效果），产生实验误差。

二、 真实验设计

真实验，又称标准实验。该类型实验的设计能够随机抽取与分配被试，被试具有代表性和同质性，能够系统地操作自变量，严格地控制无关因素，能够准确地揭示自变量与因变量的因果关系，具有很好的内外部效度。其基本模式有以下几种：

（一）实验组对照组后测设计

实验组对照组后测设计也被称为随机等组后测设计，这种设计的基本模式如下：

1. 实验组对照组后测设计的基本模式

$$\begin{array}{lll} RG_1 & X & O_1 \\ RG_2 & & O_2 \end{array}$$

这种模式具有以下特点：随机化选择被试和分组，仅实验组接受实验处理，两组均只有后测，没有前测。

2. 实验组对照组后测设计的主要优点

第一，能消除前测与后测、前测与自变量的交互影响，内在效度较高。能够避免练习效应的影响，节省人力和物力。第二，由于随机取样、随机分组以及设对照组，这种设计可控制历史、成熟、测验和统计回归等无关变量的影响。

3. 实验组对照组后测设计的局限性

这种设计对所有的内在效度影响因素都具有控制作用。从非实验变量控制的角度来考虑，这种设计对教育实验来说是相当理想的设计，但也具有某些不足，如它只适用于一个实验处理的实验研究。在教育实验中要操作的自变量往往不是只有一个水平。譬如两种教学方法、两种教材的比较，等等，都是需要操作两个以上的水平。同时，这种设计不能对被试的缺失加以控制。

研究实例举隅：小学数学教学中培养学生几何直观素养的实证研究

研究样本：以S学校六年级学生前一学期数学期末考试成绩为依据，选择4个平行班（2个实验班，2个对照班）的学生作为研究样本、六年级上册第三单元“分数除法”为实验内容进行实验。

变量：本实验包括4个反应变量，分别为几何直观意识、几何直观能力、数学学习兴趣（态度）、学习成绩。其中几何直观意识和几何直观能力综合表示学生的几何直观素养。实验自变量为多元表征策略和联系生活策略的综合应用。

研究设计：在实验班使用研究者和任课教师共同设计的教学方案（即利用融入多元表征策略和联系生活策略的教学设计方案）进行教学，对照班采用常规教学方式进行教学。在教学过程中，适时收集相关数据，比较、分析实验班与对照班的后测数据，检验教学效果，检验研究假设。

（二）实验组对照组前后测设计

1. 实验组对照组前后测设计的基本模式

$$\begin{array}{llll} RG_1 & O_1 & X & O_2 \\ RG_2 & O_3 & & O_4 \end{array}$$

这是一种最基本、最典型的实验设计。其特点是：随机选择被试，并把被试随机分成实验组和对照组，实验组实施实验处理，对照组不给予实验处理，两个组都进行前后测试，比较测定的结果，如果有差异，就认为是实验处理的作用。

2. 实验组对照组前后测设计的主要优点

第一，随机取样，被试具有代表性，可以控制“选择”“被试缺失”等因素对实验结果的干扰；第二，都进行了前后测试，便于对照比较。

3. 实验组对照组前后测设计的局限性

此种设计的局限性表现为可能产生前测与实验处理的交互作用效果而影响外在效度。

研究实例举隅：技术支持下思维可视化课堂的构建研究

1. 研究样本：以小学语文阅读为例，选取了江西省赣州市某校六年级的两个班级作为被试对象，分别是实验班和对照班。选取上个学期语文成绩非常接近的两个班级，其中实验班有55名学生，男生31人、女生24人；对照班54名，男生29人、女生25人。由同一名教师对实验班和对照班进行教学，课时相同。

2. 前测（第一学期语文期末考试的阅读成绩，该项分值为30）：实验班的平均成绩为22.91，对照班的平均成绩为22.35。经独立样本T检验发现，实验班和对照班的语文阅读成绩的均值在前测不存在显著差异（P值为0.63，大于0.05），这表明两个班级的语文阅读水平总体相当。

表3－5　实验班、对照班语文阅读前测成绩得分比较

组别	人数	均值	标准差	T值	P值
实验班	55	22.91	6.0714	0.486	0.628
对照班	54	22.35	5.8926		

3. 实验过程：实验从2014年2月中旬开始，共持续四个多月时间。为避免产生霍桑效应，在实验开展的整个过程中，在教师、教材、课时、课后作业布置等方面，实验班和对照班完全一致，均没有通告学生正在进行语文阅读实验。不同的是，实验班实施思维可视化课堂教学模式，对照班继续沿用传统的教学模式，传统教学模式是以教师讲解、传授知识为主，期间不做其他无关的干预。

4. 后测：实验结束后一周实施后测，以《美丽的晚霞》和《妈妈的手》来测试两班学生的阅读理解能力，在试题编制上参考了莫雷教授的《小学六年级语文阅读水平量表编制报告》，具有良好的效度和信度。试题总分为 100 分，其中“语言知识”占 30 分，“结构把握”占 30 分，“内容理解”占 40 分。学生严格按照要求，测试的时间为 30 分钟，测试完后计算每位学生的总分，使用 SPSS 17 软件对所收集的数据进行统计处理，其结果如表 3 - 6 所示。

表 3 - 6 实验班、对照班的语文阅读后测得分比较（M ± SD）

组别	总得分（总分 100）	语言知识（30 分）	结构把握（30 分）	内容理解（40 分）
实验班	70.64 ± 9.88	20.93 ± 5.26	22.15 ± 3.69	27.51 ± 5.10
对照班	65.11 ± 11.79	20.76 ± 4.89	18.37 ± 5.61	24.39 ± 8.05
T 值	2.65**	0.17	4.16***	2.41*

注：* 表示 $p<0.05$，** 表示 $p<0.01$，*** 表示 $p<0.001$；其中“结构把握”的方差进行了齐性校正。

（三）所罗门四组设计

所罗门四组设计是所罗门（R. L. Solomon）于 1949 年提出的一种随机化设计模式，它能够处理测验与刺激交互作用的问题。

1. 所罗门四组设计的基本模式

$$
\begin{array}{llll}
RG_1 & O_1 & X & O_2 \\
RG_2 & O_3 & & O_4 \\
RG_3 & & X & O_5 \\
RG_4 & & & O_6
\end{array}
$$

在这个设计之中，有 4 组随机等组，2 个实验组，2 个对照组。2 个实验组所做的是同样的实验处理 X，不同点在于一个组有前测，另一个组没有前测。

这种实验设计的特点主要表现在以下几个方面：随机选择被试和分组；两组有前测，两组没有前测；一个前测组和一个无前测组接受实验处理；四个组都有后测。

2. 所罗门四组设计的主要优点

第一，可以将前测的反复效应分离出来，综合实验组对照组前后测和随机等组后测两种设计的优点，克服二者的缺点。第

思考

现在学了这么多实验设计类型，请你试着在教育实际情境中设计一个实验。

二，实验者等于重复做了四个实验，可以做四种比较。第三，可运用 2×2 方差分析来处理该四组实验数据。

3. 所罗门四组设计的局限性

这种设计需要四个随机等组作为实验样本，在实验中往往很难找到四组同质的被试；被试的数目多时，数据分析比较困难。因此这种设计虽然严谨，但在教育实验研究中并不能广泛使用，一般不适用于探索性实验，而适用于决断性实验。

（四）其他类型的真实验设计

真实验设计模式除了上述类型外，还有随机化区组设计以及多因素实验设计等。

1. 随机化区组设计

随机化区组设计（random block design）是指先按一定规则将试验单元划分为若干同质组，称为“区组”（block），然后再将各种处理随机地指派给各个区组的一种设计。

随机化区组设计，又叫组内设计、相关组设计，是按被试的某些特征进行分组，保持组内同质（组间是否异质视实验性质而定），使每个区组接受所有的实验处理。这样就控制了实验中的个体差异，但是无法解决处理间的污染问题，一般采用平衡法加以平衡处理间的相互影响，如 ABBA 设计、拉丁方设计等。

与随机化区组设计对应的是完全随机化设计，又叫组间设计、独立组设计。实验中每个被试只接受一次处理，不存在处理间的污染问题，但无法排除个体差异，一般采用匹配法加以控制。

2. 多因素实验设计

多因素实验设计是指一个实验中，同时观察两个以上的自变量对一个因变量的影响作用的设计。若实验设计中含有两个自变量，即称为“二因素实验设计”；若实验设计中包含三个自变量，即称为“三因素实验设计”。又由于各个自变量可以分成多个层次，因此配合自变量数量与变量层次的多寡，即有 2×2、2×3、2×2×3 等不同的设计形式。

所谓 2×2 设计是指包含两个自变量，而第一个变量包含两个层次，第二个自变量也包含两个层次。同理，2×3 设计即是第一个变量包含两个层次，第二个自变量包含三个层次。举例来说，进行个人化教学实验时，如以学习成绩为因变量，而以教学方法为第一个自变量，包含个人化教学与传统教学方法两个层次；以智商为第二自变量，包含高智商与低智商两个层次，就是一种 2×2 的设计。借此设计，即可了解教学方法的效果、智商的影响及教学方法与智商对学习成绩产生的交互作用效果。

一个 2×2 的设计，将会有四个被试组别，以上述个人化教学实验为例，该设计即包括A组（高智商×个人化教学）、B组（低智商×个人化教学）、C组（高智商×传统教学方法）、D组（低智商×传统教学方法）。

多因素实验设计不仅可以分别了解自变量的主要效果，而且可以分析自变量对因变量产生的交互效果，因此可应用“变异分析”的统计方法进行分析。

三、准实验设计

准实验设计是指在难做到等组的情况下，或者是为了提高实验情境与实验情境的相似性，运用原始群体进行实验处理的研究方法。准实验设计的关键问题是在不等组条件下保障实验的内在效度问题。准实验设计强调对自变量进行操作控制，但对非实验变量的控制较差，以致无法完全控制实验误差的来源。基于此，我们可以看到准实验的重点在数据解释，以及实验外间接数据的收集（例如被试的档案资料、访谈、调查等）上。

准实验设计有多种类型，其中主要有以下几种类型：

（一）不等组前后测设计

1．不等组前后测设计的基本模式

$$O_1 \quad X \quad O_2$$

$$O_3 \qquad\quad O_4$$

这个模式具有以下特点：第一，有两组被试，两组被试是现有的自然组，而不是随机分组，因此对照组与实验组不等，只能试图用匹配的方法，如在年龄、性别、考试平均成绩等方面使两个组尽可能保持等价。第二，皆有前后测。先对两个组进行前测验，然后，第一个组施以实验处理，第二组不给予实验处理，经过一段时间的实验后，对两个组进行后测，比较测定的结果，如果有差异，就认为是实验处理的作用。

2．不等组前后测设计的主要优点

由于有对照组、有前后测比较，因此可以控制成熟、历史、测验、工具、统计回归等因素影响，能在一定程度上对照被试的选择偏差，从而提高了研究的内在效度。

3．不等组前后测设计的局限性

第一，由于不是随机抽样，不能保障被试的代表性，会影响研究的外在效度。第二，前后测的交互作用。因此，实验结果不能直接推论到无前测的情境中，对实验结果的解释要慎重。

（二）不等组仅施后测设计

该设计适用于易引起实验敏感的实验干预。除此之外，与不等组前后测设计的基本原理相同。不同的是，该设计利用被试的原始材料作为初始数据代替了“前测”，如被试档案、入学成绩等。

（三）时间序列设计

时间序列设计是指对一个非随机取样的实验组（或对照组），在接受实验处理之前和之后，重复接受若干次的测量，而非仅在处理前后各接受一次测量，此种设计即为时间序列设计。时间序列设计基本上可分为单组及双组两种形式。

1. 单组时间序列设计

单组时间序列设计的基本模式如下：

$$O_1\ O_2\ O_3\ O_4\ X\ \ O_5\ O_6\ O_7\ O_8$$

这种模式是单组在实验处理之前要接受多次的观察或测量，处理前的观察可称为重复的前测，处理后的观察则是重复的后测。若前测每一次所得的分数大致相同，但后测平均数高于前测，则表示该实验处理产生了正向效果。譬如，某教师在采用新教学方法（X）之前连续5周，每周对该班学生实施1次数学测验，在实施新教材之后连续5周，每周对该班学生实施1次数学测验，如果后测分数高于前测，则实验结果显示新教学法有相当稳定的效果。

2. 对照组时间序列设计

对照组时间序列设计的基本模式如下：

$$O_1\ O_2\ O_3\ O_4\ X\ \ O_5\ O_6\ O_7\ O_8$$

$$O_1\ O_2\ O_3\ O_4\ \ \ \ O_5\ O_6\ O_7\ O_8$$

研究实例举隅：带有动态视觉任务的体育活动对7~8岁儿童视力的影响研究

1. 研究对象：选取苏州市东山小学一年级2018年9月至2019年12月（升至二年级）三班（43人）与四班（36人）共79名学生，其中三班为实验组，四班为对照组，平均年龄为7~8岁。所有学生在经过带有视觉任务的体育活动的实验干预与数次视力检查（动态视力与静态视力）后完成了为期15个月的实验过程。

2. 实验周期（伴有撤除处理的时间序列设计）：2018年9月—2019年1月为实验干预期一，2019年1月—2019年2月为撤除期一，2019年2月—2019年

6 月为实验干预期二，2019 年 6 月—2019 年 9 月为撤除期二，2019 年 9 月—2019 年 12 月为实验干预期三。

3. 实验干预：由苏州市东山小学在职体育老师操作并由苏州大学体育学院研究生进行学生的动态视力和静态视力的检测。在 15 个月的实验干预过程中，在实验组运用伴有撤除处理的时间序列设计对课堂体育锻炼进行实验干预。课堂体育锻炼项目根据一年级学生体育教学目标，使用使学生在体育锻炼中看清或看见视觉目标的体育锻炼活动。每周 4 次，时长为 20～30 分钟，对照组参与常规的体育教学内容，其他条件与实验组相同。实验使用标准灯箱型“E”字视力表与动态视力仪进行静态视力与动态视力测量。

4. 研究结果：（1）实验组与对照组在初始动态视力与静态视力上无显著差异（$p>0.05$）；（2）为期 15 个月的伴有撤除处理的课堂体育锻炼结束后，实验组的动态视力明显提高且优于对照组（$p<0.05$），静态视力有改善且优于对照组（$p<0.05$）。在实验过程中实验组整体视力水平优于对照组且趋势好于对照组。在实验干预阶段与实验撤除阶段儿童的视力比较中，实验干预阶段优于撤除阶段（$p<0.05$）。

5. 结论：带有视觉任务的体育锻炼可以改善儿童的静态视力水平状况，在儿童防治近视方面发挥一定的作用。儿童在参与带有视觉任务的体育锻炼活动中可以有效锻炼其睫状肌，改善睫状肌的调节功能从而提高动态视力进而影响静态视力。

这种设计适用于固定整组，常用于学校课堂教学。在统计分析上，可以将两组被试各自的一系列时间前测成绩的平均数与一系列后测成绩的平均数加以比较，以成绩的增减说明处理的效果；也可以将两组之间的一系列时间的前测和后测成绩相比较，来判断两组接受不同处理所产生的效果。

（四）对抗平衡设计

对抗平衡设计也称为轮换实验设计、拉丁方格设计，是为防范因各组接受处理的次序而造成误差所提出的设计，该设计中的各个组，均接受所有的处理，只是以不同的顺序进行。此设计的处理数与组数必须相等，例如若有三种处理，必须有三组来进行实验。

譬如，选取某小学四年级的 1 班、2 班、3 班三个班级，在同一个时间内各班分别接受讲述教学方法（X_1）、协同教学方法（X_2）、合作教学方法（X_3）三种不同的教学方法中的一种，总共进行三次实验教学，每次各班轮流采用三种不同的教学方法，并于每次实验处理教学后，各组被试均接受学习成效检验。

在这种设计中，每一组既是实验组又是对照组，通过平衡配置，许多影响实验的非实验变量因素相互抵消了，因此本设计的内在效度极佳，可控制同时事件、选样、成熟、统计回归、被试流失等影响因素；但是交互作用的影响，以及重复施测可能发生多重实验处理的干扰与引起实验的反效果，从而影响到实验的外在效度。此设计最适当的统计分析方法是采用拉丁方格实验的重复数变异分析方法。研究者若想采用此方法，则必须考虑两件事：（1）尽可能选择遗留影响程度较小的实验变量；（2）重复实验的间隔时间要够长，在后一个实验处理呈现之前，前一个实验处理的影响已经消失。

（五）单一被试实验设计

单一被试实验设计是一个以被试为研究对象，施予实验处理或介入程序，借以了解该项处理或介入某种行为的影响，此种设计常应用于临床。单一被试实验设计基本上是单组时间序列的扩充，在实验处理前后进行重复的测量，以作为比较的基准。一般而言，最简单的单一被试实验设计模式为所谓的“A—B—A”模式，A—B—A 包含了三个阶段：基线—实验处理—退隐（基线），如下所示：

基线	实验处理	基线
OOOO	XOXOXOXO	OOOO
A	B	A

基线的设计有点类似前测，是指实验操控前对被试行为的数次观察，用来决定被试在实验处理以前的行为状态，以及预测没有经过实验介入的未来行为，所以基线的观察必须够长才能决定基线的走向。如果研究目的是希望被试可以表现更多的适当行为，在实验介入前被试的目的行为发生率已经有上升的趋势，那么就无法将行为的改变完全解释为实验处理的效果。

拓展阅读

实验组对照组前后测设计中的实验控制

在控制无效度来源方面，这种模式在设计上只是增加了前测，在随机选择与分配被试、实验组对照组对照比较方面和等组后测设计是同样的。首先，我们可以认为诸如选择偏差、选择与成熟的交互作用、统计回归和流失等因素的影响，因为随机化而得到控制。其次，由于实验组对照组的对照比较，历史、成熟因素的影响得以控制。最后，由于有了前测，前测经验可以引起后测成绩的改变，前后测可能存在不一致，所以测验和工具两项因素的影响肯定是存在的。但是，由于实验组对照组的对照比较，前测的影响、前后测工具不一致的影响对两组是共同的，可以不影响对实验效果的解释，这两项因素的影响也可以认为是得到了控制。没有多重处理，所以没有多重处理的干扰，这也与等组后测设计相同。由于增加前测，引起被试对实验处理中的敏感，换句话说，前测反作用的交互影响，这一影响外在效度的因素是存在的，这一点不能用实验组对照组的对照作用来解释。实验组对照组的解释也不能解决推广的问题，即便是实验组对照组，我们也可以把前测经验看作是共同的，但前测的交互作用很难说是等同的。

第四节

影响实验效度的主要因素

实验效度是教育实验研究质量评价的主要指标。内在效度与实验结果的可靠性有关，外在效度与实验结果的有效性和推广性有关。为了提高教育实验结果的可靠性和有效性，就必须提高教育实验的内在效度和外在效度。

一、内在效度及其影响因素

（一）内在效度的含义

所谓内在效度是指实验研究者所操控的实验变量对因变量所造成的影响的真正程度，即一个实验研究能够有效地检验出所要实验的因果关系。内在效度表明的是因变量的变化在多大程度上来自自变量的影响。也就是说，因变量的变化，确实来自于自变量的操作，而非其他无关因素所致。实验研究内在效度的高低，取决于对无关变量控制的程度。实验的干扰变量愈多，正确性愈差，则该实验内在效度愈低；反之干扰变量能够完全控制，其正确性愈高，则该实验的内在效度愈高。一项实验必须要有一定程度的内在效度。

（二）影响实验内在效度的主要因素

如果一个实验研究没有内在效度，那这个研究是没有价值的，因为内在效度决定研究结果的解释。坎贝尔和斯坦利认为有十类变量与教育实验内在效度有关，或称为内在效度的影响因素，以下分别介绍。

1．历史

历史因素或称为同时事件，也叫履历效应，是指在研究进程中，出现的实验处理以外的各种事件对被试所产生的影响，这种影响往往在周期较长的自然实验中较为容易出现。例如，在一个短时间的实验过程中，一组被试因为停电或其他偶然事件可能对实验产生影响。在某历史教师进行的关于某一教学方法对学生历史观的影响的研究中，恰好电视节目中播放了有关历史观的教育讲座，学生由于观看了该节目而影响了实验处理的结果。

2．被试的成熟

被试的成熟是指在实验期间被试随着时间推移发生的生理、心理等变化对实验结果产生的影响。例如，某教师进行一项长达一个学期的阅读教学实验，学生阅读成绩的提高可能不单纯是由于新的教学方法，也可能是被试在此期间由于年龄增长、认识能力增长、词汇掌握增多等多方面因素导致的自然提高。

3．被试的经历

在实验期间，许多未控制的因素（如被试经历了实验以外的一些事等）也许会介入其中，使因变量产生了变化，结果不能把这些变化归因于实验因子。例如，拟检验某种教学法对学习成绩的影响，但在实验过程中学生参加了课外辅导班，如果我们不对辅导班的影响加以排除，就很难说学生学业成绩的提高是由于该种教学法起作用的结果。

4．测验

测验因素是指前测对后测的影响。测验本身是一个影响教育实验研究内在效度的因素。在前测和后测内容相同或相似的实验研究中，学生在前测中得到的经验可能会影响到后测的效果，进而影响实验的内在效度。

5．测量工具

测量工具的测量方式不同、评判标准不同、主试人员的明显差异等都会影响到实验的结果。例如在测量过程中，主持实验者的主观情绪状态发生变化，如变得更严格、疲倦或粗心；或测量标准不同，例如前后的难度不同、不同班级不同测验，等等。

6．被试选择

在选择被试时，实验组与对照组的等组会对实验结果产生影响。例如，被试的态度就是一个不对等因素。一般来说，参加实验组的被试往往是“自愿者”，虽然这些自愿者在知识能力等方面与对照组相同，但这种积极性态度，就会成为影响实验效果的一种因素。被试选择还包括选择偏差，例如没有做到随机抽样和随机分配，那么实验结果显示的变化，可能来自两组实验之前就存在的差异。

7．被试的流失

在一个持续时间较长的实验研究中，有些被试可能中途退出实验组或离开对照组，由于被试的更换、淘汰或中途退出，造成两组被试不等，对研究结果就会产生显著影响。其中，时间的等值也要注意，两个班学生缺席次数是否相同、两组学习时间是否相等、课外的补习时间是否相等，都要加以控制。

8. 统计回归

统计回归是指有前后测的实验研究中出现的一种趋于平均数的常态回归，所以也叫中值回归。

9. 选择和成熟的交互作用

上述因素彼此的交互作用，将构成影响内在效度的另一个因素，选择和成熟的交互作用即是其中之一。例如要观察5岁儿童的自我控制能力发展水平，可能由于儿童期女童成熟相对较快，因此假设女童自我控制力好于男童。但实验组女童年龄多在5岁初，对照组男童年龄多在5岁末，这样很可能两者之间看不出差异来。

10. 实验因子的扩散

如果实验因子（或条件）与控制条件极为相似，对照组人员就会设法去获得这种条件。如果两组师生彼此都很熟悉、亲近，实验因子的扩散就极有可能了。比如，在一项新课程的研究中，对照组的教师或许会与实验组的教师讨论新课程，或者向他们借材料。这样，用不了多久，实验因子就“扩散”到对照组去了。因此，为了提高实验的内在效度，应避免两组间的接触，要求各组成员不可互通信息。

提高内部效度是为了使实验具有科学严密性，而实验结果在具体情境中的可应用程度，与实验的外在效度有关，即指实验结果的普遍性或代表性。下面就让我们详细地探讨一下外在效度以及影响实验外部效度的因素。

思考

影响实验内在效度的因素有哪些？你还能举出更多的实例吗？

二、外在效度及其影响因素

（一）外在效度的含义

所谓外在效度就是指实验研究结果的概括性和代表性，即实验结果可以推广到其他对象或情境的程度。把实验结果从特定的研究样本推广到更大被试群体的程度，称为总体效度。把实验结果从特定的实验情境推广到其他情境的程度，称为生态效度。例如，用于初中学生的实验结果，只适用于初中学生，而不能推广到高中学生；在实验室里实验的结果，只适用于实验室环境，而不能推广到日常教学情境；在城市实验的结果，只适用于城市，而不能推广到农村。外在效度是衡量教育实验效果的标准之一。

（二）影响实验外在效度的主要因素

1. 样本的代表性

实验所选样本的代表程度，决定了实验结果的对象推广程度。实验样本所代表的总体范围越广，实验结果推广的范围就越广。比如，在重点中学实验的结果，只能适用于重点中学，而不能推广到非重点中学；在名牌学校进行实验的结果不能推论到一般或较差学校；一般学校的前段班级实验结果也不能代表普通班的学生。

2. 对实验处理的描述

实验结果的推广具有重复研究的特点，因此，要在推广过程中进行重复性研究，必须严格按照所记录描述的实验处理方法进行实验操作。如果实验处理的具体实验方法描述得比较详细、准确，在推广过程中的重复程度就高；反之，具体实验方法不清楚，就无法进行重复性研究，也就无法将实验结果进行推广。

3. 实验者主观因素和被试者主观因素

在实验研究中，实验者的主观态度和情绪会影响到实验结果的普遍意义。如果实验者对实验抱有某种希望，就会将这种态度带到实验处理过程中，使实验产生有利于研究者所希望的那种结果。如果实验者对实验的态度保持中立，实验产生的结果就比较中立，实验结果的推广就会顺利。

4. 实验安排的效应

实验安排的效应是指实验情境措施对被试的影响，这就是有名的霍桑效应。这个因素的产生，主要是由于参加实验的被试，觉察到他们正在接受一项实验研究，因此，为投实验者所好，他们可能改变自己的行为方式，努力表现实验者所期许的行为。还有一种强亨利效应（John Henry effect），是指当实验组采用新方法或步骤时，对照组的被试不甘示弱，力图与实验组一较长短，则对照组的表现常在一般的平均水准之上，此现象又称为“补偿性对抗”。

5. 多重处理干扰

如果某实验组重复接受两种或两种以上的实验处理，那么后一实验处理将受到前一实验处理的干扰，产生练习效应或疲劳效应，因此实验所得到的结论只能推论到类似的重复实验处理的实验，不能推论到非重复处理的实验上去。

研究实例举隅：作品分析法对提升小学生英语写作能力的准实验研究

一、问题提出

英语教学的最终目标体现在语言的运用上，培养学生综合运用语言的能力一直是一线教师致力奋斗的目标。而写作能力是检测学生综合运用语言的一个重要指标，笔者尝试运用作品分析法来提高学生的写作能力。作品分析法是通过对研究对象专门活动的作品的分析，来了解研究对象心理活动的一种方法，在对作品进行定量和定性分析的基础上，揭示作品背后隐藏的研究对象的行为、态度和价值观念。

二、实验设计

研究假设：作品分析法有利于培养学生的写作策略和加强学生的审题意识，从而提升小学生的英语写作能力

实验样本：被试为广东省东莞市大岭山镇第三小学六年级（2）、（3）班学生，共计80人，每个班40人，分别标记为实验组（$n=40$）、对照组（$n=40$），确定总分85以上为优生，70分以下为中下生，男女比例持平，实验班和对照班统一使用人教版教材。这两个班是平行班，按照四年级的期末考试成绩进行分班，五年级和六年级时这两个班为同一教师任教。

实验时间：六年级第一学期开始在六年级（2）班实施作品分析教学，实验一直持续到六年级第二学期的第十周，共30周。实验期间，对实验班学生实行作品分析法，对照班实行常规教学。

自变量：作品分析法，即通过对学生英语试卷的分析，判断他们对知识的理解程度。

因变量：学生英语写作能力、写作策略、审题意识。

因变量操作性定义：英语学科考试成绩比较。

控制非实验变量的方法：由同一个教师担任他们两个班的英语学科教学任务；在评阅试卷时，评分者不变，学生人数不变，评分标准不变，试题难度基本一样，都是由镇教办提供的统一试题，在检测学生写作能力时，采用的是“小作文”。

前测：六年级（2）、（3）班在五年级第二学期期末考试时成绩极为相近，因此把五年级第二学期的期末考试成绩作为前测。

三、实验操作

本研究主要是在学生学习了“read and write”部分之后，进行小练笔写作。实验班运用作品分析法对他们进行教学，在写作前，会指导实验班的学生认真审题，学会圈注技巧，抓关键词，渗透写作策略。在写作过程中指导学生联系已有知识，注重从基本句型到延展句型的转换。写作后，对学生的作品进行归类、分析，发现其中常见的语法错误，并反思自己的教学。同时对照班按照常

规方式进行教学。

后测：实验后，利用六年级第二学期的期末试卷进行后测。

实验设计：不等组前后测设计：

$$
\begin{array}{ccc}
O_1 & X & O_2 \\
\hdashline
O_3 & & O_4
\end{array}
$$

四、实验结果与分析

经过30周的教学实验，发现实验班学生的写作能力明显优于对照班，表现为写作内容充实、审题意识增强、思路清晰，平均分明显高于对照班，实验班自身相比也有很大的提高。因此，可以初步推断作品分析法，和普通的纠错法相比，作品分析法对提高学生的写作能力有很大的促进作用。

扫码可查看教育实验研究范式的演变

思考与练习

一、名词解释

1. 自变量。
2. 因变量。
3. 内在效度。
4. 外在效度。

二、简答题

1. 简述实验研究的基本特点。
2. 简述实验研究的基本类型。
3. 简述实验研究的一般程序。
4. 简述影响实验内在效度的主要因素。
5. 简述影响实验外在效度的主要因素。

三、实践操作题

1. 某乡镇中学有100名初一学生，他们先前所在小学均未开设英语。现拟对其进行一项题为“多媒体教学对初一学生英语阅读成绩影响的研究”的真实验。请问：

（1）最好选用哪种实验设计（写出其名称和格式）？为什么？

（2）如何产生实验班和对照班？

（3）这样设计有何缺点？

2. 在某小学二年级已有的五个教学班中，用抽签的方法抽取两个班，随机决定其中一个班为实验班，另一个班为对照班，在两个班使用同样的教材，以同样的进度进行数学教学，对实验班每节课进行 5 分钟的口算练习，持续两个月后，用统一测试的方法检测出实验班学生思维的敏捷性水平明显优于对照班。

（1）这项实验的自变量和因变量分别是什么？

（2）实验属于什么类型的实验？

（3）可能有哪些因素影响实验的结果？（举出三个因素即可）

推荐书目

[1] 巴比. 社会研究方法：第 10 版［M］. 邱泽奇，译. 北京：华夏出版社，2005.

[2] 张红霞. 教育科学研究方法［M］. 北京：教育科学出版社，2009.

[3] 裴娣娜. 教育研究方法导论［M］. 合肥：安徽教育出版社，1995.

[4] 齐梅. 教育研究方法［M］. 北京：高等教育出版社，2015.

参考文献

[1] 纽曼. 社会研究方法：定性和定量的取向（第五版）［M］. 郝大海，译. 北京：中国人民大学出版社，2007.

[2] 巴比. 社会研究方法：第 10 版［M］. 邱泽奇，译. 北京：华夏出版社，2005.

[3] 高尔 M D，博格，高尔 J P. 教育研究方法导论：第 6 版［M］. 许庆豫，等译. 南京：江苏教育出版社，2002.

[4] 米勒，萨尔金德. 研究设计与社会测量导引［M］. 风笑天，等译. 重庆：重庆大学出版社，2004.

[5] CAMPBELL D T，STANLEY J C. Experimental and quasi-experimental designs for research［M］. Chicago：Rand McNally，1963.

[6] 宁虹. 教育研究导论［M］. 北京：北京师范大学出版社，2010.

[7] 杨玉圣，张保生. 学术规范导论［M］. 北京：高等教育出版社，2004.

[8] 董奇，申继亮. 心理与教育研究法［M］. 杭州：浙江教育出版社，2005.

[9] 张红霞. 教育科学研究方法［M］. 北京：教育科学出版社，2009.

[10] 裴娣娜. 教育研究方法导论［M］. 合肥：安徽教育出版社，1995.

[11] 顾明远. 教育大辞典：增订合编本［M］. 上海：上海教育出版社，1998.

[12] 王汉澜. 教育实验学［M］. 开封：河南大学出版社，1992.

[13] 马云鹏. 小学数学教学使用学具的实验研究 [J]. 江西教育科研，1988 (5)：41 -44.

[14] 王琴. 作品分析法对提升小学生英语写作能力的准实验研究 [J]. 中国校外教育. 2011 (19)：75 -77.

[15] 王志军，温小勇，施鹏华. 技术支持下思维可视化课堂的构建研究：以小学语文阅读教学为例 [J]. 中国电化教育，2015 (6)：116 -121.

[16] 张耀宗. 带有动态视觉任务的体育活动对 7 ~8 岁儿童视力的影响研究：伴有撤除处理的实验设计 [D]. 苏州：苏州大学，2020.

[17] 张婷婷. 小学数学教学中培养学生几何直观素养的实证研究 [D]. 呼和浩特：内蒙古师范大学，2020.

[18] 李少红. 基于教学资源平台的农村小学英语作业设计与应用研究：以一起作业网应用为例 [D]. 济南：山东师范大学，2020.

[19] 程江平. 教育实验研究与行动研究的比较 [J]. 教育研究，1996 (6)：42 -45，53.

专题四
怎样进行调查研究

学习目标与要求

1. 了解问卷调查和访谈调查的基本概念和适用性。

2. 重点掌握问卷、访谈提纲的设计，以及问卷调查和访谈调查的事实程序。

3. 掌握量化资料的整理、统计分析和定性资料的处理。

第一节
问卷调查

一、问卷调查概述

（一）什么是问卷调查

问卷调查具有狭义和广义两种含义。从狭义上讲，问卷调查是收集量化数据的方法，通过问卷针对一定群体样本来收集量化数据。这种问卷通常是由多个标准化问题组成的结构化问卷。结构化问卷反映的是研究假设中的变量及其关系的结构。

从广义上讲，问卷调查是一种实证研究方法，通过标准化、结构化的问卷收集数据并进行量化分析，旨在对研究假设进行统计检验。问卷调查的数据分析一般采用量化的统计分析，因此有时也被称为统计调查研究方法。

（二）问卷调查的基本要素

1. 调查对象

调查对象有总体和样本之分。调查总体就是调查研究所要面对的个体的集合，而样本则是从调查总体中抽取的用于进行具体调查的部分个体。

2. 抽样

抽样即从调查总体中抽取样本。抽样分为随机抽样和非随机抽样。所谓随机抽样就是要保证每个样本在调查总体中被抽取的概率相等，可以分为简单随机抽样、等距抽样、分层抽样、整群抽样、多阶段抽样；而非随机抽样可以分为立意（或目的）抽样、方便抽样、滚雪球抽样、偶遇抽样、配额抽样等。非随机抽样一般简便易行，但不能用于统计推论。随机抽样可用于从样本至整体的统计推断。

3. 问卷

问卷一般由多个遵循研究与调查目的的具体问题组成，整个问卷具有结构化的特征，问题的答案具有可以量化处理的标准化特征。

4. 问卷的发放与回收

问卷的发放与回收是决定问卷调查成功的关键因素之一。发放问卷应考虑以下几个问题：(1) 发放问卷的方式，是纸质问卷还是网络问卷？(2) 怎样有利于保证被调查者问卷填答的质量？(3) 如何提高问卷的回收率？(4) 是否需要给组织者和被调查者一定的补偿？

5. 数据整理与统计分析

这个过程主要是对问卷数据进行整理与编码，例如无效问卷的处理，早期对于填答不完整问卷的处理是直接剔除，现在为提高问卷的使用效率，往往采用一定的基础分技术方法对填答不完整的问卷继续进行利用分析。编码是把问卷中的问题和答案编成一定的数字输入到计算机中。统计分析指按照研究要求对输入到计算机中的问卷数据进行统计分析。

（三）问卷调查的优缺点

1. 问卷调查的优点

(1) 节省时间、经费和人力；(2) 问卷调查的结果可以量化，便于统计处理与分析；(3) 问卷调查的结果客观性强，人为的主观因素少；(4) 方便快捷，适用于进行大规模的调查。

2. 问卷调查的缺点

(1) 问题设计比较复杂，需要理论依据，并结合被调查者的实际数据反复进行调整；(2) 调查结果广而不深，仅仅停留于现象表面；(3) 问卷调查较多采用自填问卷，其填答的质量常常难以保证；(4) 问卷调查的回收率往往难以保证；(5) 在社会科学研究中，随机抽样往往难以实现。

> **讨论**
>
> 问卷调查主要是用于何种类型的研究？

需指出，作为一种实证研究方法，问卷调查旨在检验研究假设，因此问卷调查方法适用于具有清晰、明确的研究假设这种类型的研究问题，例如“小学教师工作年限与职业倦怠之间的关系”，这是一个具有明确研究假设的研究问题，适合用问卷调查的方法；对于研究现象仅处于一般的探索之中而无明确假设，或是旨在建构理论或解释框架，那么问卷调查方法则是不适用的，例如“小明为什么不愿意来上学了？”这样的问题原因是复杂的和多样的，具有多种可能性，在研究之前无法提出明确的假设，因而不适合用问卷调查的方法。

二、调查问卷的基本结构

（一）调查问卷的标题

调查问卷的标题是问卷调查目的与内容的整体反映，应注意以下几个问题。

1. 简洁明了

例如：“小学生家长对小学生品德行为指导情况调查”，其中，“小学生家长”中的“小学生”就是多余的内容。

2. 明确清晰

标题要能够反映调查的意图，让被调查者对调查问卷有着直观的理解，而不至于产生误解。例如“家庭学习指导对低年级小学生学习习惯养成影响的调查问卷”。

3. 标题应涵盖问卷的所有内容

如果问卷标题范围过于狭小，无法涵盖问卷调查的所有内容，很容易让被调查者产生困惑乃至不信任，进而会中途拒绝或是不认真地填答问卷。如一份标题为“小学教师课堂教学状况的调查问卷”，其中有大量的问题涉及其家庭情况，这就会让很多被调查者对此极为不解，甚至产生反感，从而影响调查质量。

4. 题目尽量新颖有趣

新颖有趣的题目有利于吸引被调查者的好奇心，提高填答问卷的热情与积极性。如“学习用电子设备对小学生学习行为影响的调查问卷”，就很容易吸引家长的兴趣与关注，因为随着学生学习用电子设备的日益增多，其对于学生学习行为具有怎样的影响，亦是家长非常关注的问题。

（二）封面信

封面信一般包括问候语、问卷说明和填答说明。

1. 问候语和问卷说明

问候语在问卷开始的地方，体现为称呼、问候，如“尊敬的老师：您好”。问卷说明主要涉及研究目的、研究内容、研究单位与保密措施等几个方面。问卷说明的叙述一般要言简意赅，清晰明了，以节省问卷篇幅。问卷说明中的保密与保护措施尤为重要，可以消除被调查者的参与顾虑，并提高问卷填答的真实性，如写明问卷仅为研究所用，问卷无须署名，研究者负责调查问卷的保密等。

2．填答说明

填答说明又被称为问卷的指导语。指导语最主要的内容是交代清楚回答问题的要求和回答规则，以避免被调查对象误答。如“填答说明：（1）在无特殊说明的情况下，每个问题仅选一个答案；（2）具体问题后有‘可多选’说明时，可选择多个答案”等。对于邮寄问卷，还需要说明问卷寄回的时间要求。

问候语和问卷说明举例

亲爱的同学（表明访谈对象的身份）：

您好！我们是××大学的研究生（交代研究者的身份），为了进一步了解农村小学教师公费定向培养的现状，特开展此次问卷调查研究（表明开展调查的原因与目的）。此次调查仅用于学术研究，采取不记名方式并对外严格保密，不会对您的学习和生活造成任何影响，请放心填写（交代问卷调查数据的用途及保密措施）！本问卷共40道题目，预计15分钟完成，答案无对错之分，您只需要依据您的实际情况填写即可（交代问卷的填写信息）。衷心感谢您对本次调查的大力支持与合作（表示感谢）！

填写说明：本问卷有填空题和选择题两种题型，其中，多项选择题在题号处标注了（多选）字样。填空题，请在________上填写具体内容；选择题，请在选项上画“√”，或在（　）中填写选项字母，如（A）。

（三）问题与答案

问题（题干）及其备选答案（选项）是调查问卷的核心部分。题干是对所调查问题的表述，一般表现为疑问句或陈述句；选项由问题的答案构成。

（四）结束语

结束语一般是对被调查者的感谢，也可以询问被调查者对于问卷设计或问卷调查的看法与感受。

结束语举例

感谢您耐心完成了此次问卷调查，再次衷心感谢您对我们研究工作的合作与支持，祝您生活愉快，工作顺利/学习进步！

（五）其他内容

其他内容包括问卷的编码和问卷实施的具体情境信息等。问卷的编码就是将问卷编号、问卷中的问题及其答案设置为计算机处理的代码，如用1、2、3、4等作为问题答案选项的代码。问卷实施的具体情境信息一般包括问卷编号、填答或回收日期、填答地点、调查员编号、审验员编号等，以便明确问卷调查的工作责任或方便查询、核实。

三、问卷的编制

（一）问卷的类型与问题的形式

1．问卷的类型

按照问卷填答方式划分，可分为问卷调查自填式问卷与访问式（亦称代填式）问卷。

按照问卷发放方式，可分为报刊调查问卷、邮寄调查问卷、派发调查问卷、网络调查问卷、电话调查问卷、人员访问式调查问卷等。

按照问卷问题的编排方式，可分为开放式问卷、封闭式问卷与混合式问卷。封闭式问卷是指问卷的问题具有完备的答案可供选择，调查者只需按照要求选择答案而不能自由发挥。开放式问卷指问题没有备选答案，被调查者可自由填写。混合式问卷则是问卷中兼有封闭式问题与开放式问题。封闭式问卷往往是以前期的调查结果和开放式问卷为前提条件，经过筛选和打磨精炼而成的。例如，有研究者在进行小学数学课堂教学评价的研究时，采取两次封闭式和一次开放式的问卷调查。第一次“关于小学课堂教学评价现状”的调查，了解小学数学课堂教学评价的一般情况，数学教师对小学数学课堂教学评价的认识、理解和建议。第二次采用开放式问卷调查，向教师、学生和家长提问：“一堂好的数学课是什么样的”，为初拟小学数学课堂教学评价的维度和指标提供参考。第三次把初拟维度和指标制定成封闭式调查问卷，请教师对其重要性做出判定，以便为剔除不合理的指标和计算权重提供数据。

> **讨论**
>
> 结合研究实例进一步理解如何编制调查问卷。

按照问卷的结构方式，可分为结构式问卷与无结构式问卷。结构式问卷是指问卷的编制和设计按照研究目的和问题进行精心设计、逐步展开、前后相连的问卷。无结构式问卷的提问一般较为随意，只是大体围绕研究问题来设置问题。

按照问卷的用途划分，可分为甄别问卷、调查问卷和回访问卷。甄别问卷是按照调查要求甄别被调查者是否适于调查的问卷，一般都是针对性别、年龄、收入、受教育程度、职业以及一些特定情况（如某种经历）等进行，且较为简短。调查问卷则是在被调查者的适用性得到确定的情况下而使用的证实问卷。回访问卷用于核实原有调查问卷的质量，主要在回访调查中使用。

2. 问题的形式

常见的问题形式包括填空题、单项选择题、多项选择题、排序题、等级式问题、表格式问题、相倚问题和开放式问题。

（1）填空题，需要被调查者自己填写。如，你的年龄是______岁（请填写）。

（2）单项选择题，被调查者只需选择一个选项。如，你的性别：①男；②女。你是否认同班主任的体罚行为：①是；②否。

（3）多项选择题，被调查者可选择多个答案。如，你喜欢的科目老师有（可多选）：①语文老师；②数学老师；③英语老师；④体育老师；⑤美术老师；⑥音乐老师。

（4）排序题，要求被调查者按照一定的顺序排列答案。如，请按照你对科目的喜欢程度，从大到小排序，依次是：①语文；②数学；③英语；④体育；⑤美术；⑥音乐。

（5）等级式问题，要求被调查者在由高到低或由低到高的等级答案中进行选择。一般常用的等级有3等级、5等级和7等级；等级越多，答案越精确，但是填答的困难越大；等级越低，填答越容易，但答案越不精确。因此，5等级较为常用。如，你与同桌的朋友关系：①非常好；②好；③一般；④差；⑤非常差。

（6）表格式，或是矩阵式问题，就是将一组不同的问题和相同的答案合并成为一个表格，来让被调查者填答。如，下述语文教师课堂教学各方面的评价，请在你认为合适的选项后打“√”（每项仅选择一个答案）。

表4－1　课堂教学评价表

评价内容	1. 非常满意	2. 满意	3. 一般	4. 不满意	5. 非常不满意
课堂教学内容					
课堂教学进度					
课堂教学语言					
课堂教学方式					

（7）相倚问题，是指前后两个或多个问题关联，后面的问题是否填答依赖于前面问题的答案选择。如，Q11. 你本学期是否参加市场中课外辅导班的学习（如果选择答案2，请跳过Q12题继续作答）：①是；②否。Q12. 你本学期每月课外辅导班的平均费用是：________元（请填写）。

(8) 开放式问题，是直接提问，不提供备选答案。被调查者可以深入、自由地回答问题。

如，你觉得你们班主任与同学们的关系如何？________________。

(二) 问卷编制的一般程序

1. 明确问卷调查的目的和内容

明确问卷调查的目的和内容，就是明确要用问卷收集的数据来回答什么样的问题。问卷调查回答的问题是事实问题，还是理论问题（即检验研究假设）？对于研究而言，后者尤为重要。

2. 确定所需的资料类型和收集方式

首先，必须根据研究意图明确需要收集什么样的资料。在研究中，不同的理论具有不同的假设，也具有不同的变量。问卷应针对变量所具有的不同层次和类型来设计问题。其次，收集资料的方式有多种，如文献法、观察法、访谈法、实验法，需要从研究要求和客观条件上确定问卷调查是否为恰当有效的方式。

3. 确定问卷的类型与统计处理方法

确定问卷调查的类型，例如对于熟悉、有充足把握的可使用封闭式问卷，对于不熟悉的、没有把握的要使用开放式问卷。问卷调查一开始就必须明确需要用什么样的统计方法处理数据，应根据统计方法的技术要求，针对不同层次和类型的变量来设计问卷中的问题。如，确定什么样的变量，变量层次是定性、定序还是定距等，后续的环节还需确定问卷的数量等。

4. 问卷设计

问卷设计主要涉及对问卷结构、内容编排、问题编排、格式排版等方面的考量。在问卷结构方面，主要确定需要哪些结构性的内容以及重心。内容编排，是根据研究问题、假设、目的与要求，确定需要编排什么样的内容。问题编排，是确定询问什么样的具体问题，以及所采用的问题形式。格式编排，涉及问题的具体编排顺序，如前开放后封闭、先易后难、先具体后抽象等。

5. 问卷的格式、排版

问卷的排版要严肃、清晰，一般不要有过多颜色、插图、字体等，问题与答案相对集中而不要分散，如一个问题与答案分列为两页之中，则最好调整到同一页。

6. 问卷修改

(1) 根据同行或是熟悉这一领域的人员的审阅意见修改问卷。

(2) 根据预调查问卷填答中出现的错误或问题来修改问卷。需要补充说明的是，一般来说，预调查选取的一定是调查总体的调查对象，且这些预调查对象不应再次出现在正式调查之中。

7. 问卷印刷

问卷的数量依赖于研究的要求、抽样结果和实际条件。印刷出的问卷也需要从整体上体现出专业性、职业性、科学性，如双面印刷、装订成册等。

（三）问卷编制的注意事项

1. 问卷设计的总体原则

问卷设计的总体原则包括内容性原则、结构性原则、表述性原则和形式性原则。

（1）内容性原则。

内容性原则要求问卷设计的主题鲜明、内容明晰、理论基础坚实。问卷中的内容或问题都需要以已有的理论或研究积累为基础来设计，而不是以自我为中心随意提问。

（2）结构性原则。

结构性原则主要指问卷的结构完整、问题顺序合理。问卷问题需要按照逻辑顺序展开，其合理顺序应是：先封闭式问题，后开放式问题；先容易简单的问题，后困难复杂的问题；先具体性问题，后抽象性问题；先一般性问题，后敏感性问题；先趣味性问题，后枯燥性问题。

（3）表述性原则。

表述性原则主要指问卷内容的表述要简洁明确、通俗易懂。简洁明确是指问卷内容的表述要言简意赅，让被调查者一目了然且愿意回答，而不要让被调查者因问卷冗繁而心生厌恶，同时，问题的表述不要有歧义或是诱导性。通俗易懂是指内容表述要使用日常化的语言，让被调查者容易理解，而不要使用晦涩难懂的语句或是专业词汇，以防被调查者心生畏惧、望而却步。

（4）形式性原则。

形式性原则主要指问卷的篇幅长短适宜、问题设计形式前后衔接。一般来说问卷越长，收集的信息越多，但也越容易收集到被调查者因烦躁情绪而进行的不实填答，因此问卷的篇幅长短要适宜，一般调查问卷以能够在20分钟之内填答完毕为宜。

问卷结构案例

表4-2 教师调查问卷设计提纲

调查项目	对应题目	子变量
基本资料	Ⅰ：1-5	身份、教龄等
一、教师自身素质	Ⅱ：1-6	
1. 职业情感	Ⅱ：1-2	感到光荣/厌烦
2. 职业态度	Ⅱ：3-4	主动积极/被动学习与付出
3. 价值理念	Ⅱ：5-6	积极/消极看待学生

续上表

调查项目	对应题目	子变量
二、教师眼中的学校工作	Ⅱ：7－26	
1. 团队领导效能	Ⅱ：7－10	领导关注/不关注教师意见与生活状况
2. 教学质量管理和教研活动	Ⅱ：11－16	积极参加教学研究活动且有较大收获/消极参与、没有收获
3. 教师队伍	Ⅱ：17－20	学校关注/不关注教师的培训与激励
4. 学校文化建设	Ⅱ：21－26	校长与教师关系良好/差
三、对学校的满意度	Ⅱ：27－36	
1. 自我效能感	Ⅱ：27－28	对教师工作认同/不认同
2. 成就感	Ⅱ：29－30	感到骄傲、满意/不满意
3. 归属感	Ⅱ：31－32	主动积极/消极参与学校决策
4. 认同感	Ⅱ：33－34	认同/不认同学校发展与个人发展的关系
5. 幸福感	Ⅱ：35－36	工作满意、幸福/不堪重负

在该样例问卷中，前言和指导语合为一个部分，问题分为两个部分：第一部分是被调查者的基本资料，设计了5个问题；第二部分为事实和态度问题，这一部分一共分为三个变量，即教师自身素质、教师眼中的学校工作和对学校的满意度，并在每个变量下又分了几个变量。

2. 问卷问题编制的注意事项

（1）问题表述要清晰准确，避免模棱两可，产生歧义。例如，“你是否经常读有关动物的故事书?”在此，“经常”就是一个比较模糊，容易产生歧义的词，因为不同的人对“经常”的理解不同，是一个月读一本，还是一年读一本?

（2）一个问题只能表述一个内容，不要涵盖两个及以上的内容。例如，“你喜欢语文课和数学课吗?”类似于这种复合问题，被调查者往往不能给出明确的回答，应拆分为单独内容的问题。

（3）避免使用诱导性问题，如“你赞同学校纪律松弛导致学生成绩下降吗?”这种问题就会潜在地预先传达给被调查者一种“学校纪律松弛会导致学生成绩下降”的价值判断。

（4）避免提出容易令受访者感到窘迫的问题，如“作为一个后进生，你经常遭受教师的歧视吗?”“你在学校受到过哪些处分”等，这类问题被调查者一般不愿真实作答甚至不予作答，因此这类问题不宜直接正面提出。

（5）避免提问超出被调查者经验或知识范围的问题，避免使用行话或是专业术语。例如，问小学生“你认为数学课老师的教学是‘以学习为中心’的吗?”其中，“以学习为中心”是教育学专业术语，超出了小学生的理解范围和水平。

(6) 尽量避免使用否定性或双重否定性的表述。如“在下面的家庭教育方式中，你不赞同哪些观点?”“你是否认为并不是每一个学生都能教好”等，这类提问方式会让被调查者感到费解，也不符合人们的日常语言习惯，为了更清晰直观地表述问题，上述问题就应改为“在下面的家庭教育方式中，你赞成哪些观点?”“你是否认为每一个学生都能教好?”

(7) 避免使用判断性表述。如“你每周上几次课外辅导班?”若被调查的学生不参与课外辅导班则该问题就无从回答。此类判断性问题适合以相倚问题的形式出现。

(8) 回忆性问题要考虑时间性，时间越近越好记忆。

3. 问卷答案编制的注意事项

在问卷答案（主要是封闭式问题）的设计上，要注意以下事项：

(1) 答案具有穷尽性与互斥性。穷尽性主要指答案的设置要覆盖所有可能出现的回答或所有的类别。例如，如果询问“你父亲的受教育程度?”如果答案只设置了“初中及以下、高中、本科、硕士及以上”四个选项，那么这个答案设置就不符合穷尽性原则，因为其漏掉了“专科”这一学历类别。对于答案过多的情况，我们可以列出最常见的答案，然后加上一个开放式答案“其他________”，让被调查者自行填写未列举出来的类别。如“平常你上学的交通方式?” “A. 家长接送；B. 校车接送；C. 坐公共汽车；D. 骑自行车；E. 步行；F. 其他________。”

互斥性是指答案间相互排斥，而不能出现选项范畴相互包含的情况。例如，询问“你每个月的生活费是多少?”如果选项设置为“A. 500 元以下；B. 500 ~ 800 元；C. 800 ~ 1 200 元；D. 1 200 元以上”就不符合互斥性原则，因为中间的临界值 800 元同时包含在两个选项中，所以应设计为：“A. 500 元以下；B. 500 ~ 800 元；C. 801 ~ 1 200 元；D. 1 200 元以上。”

(2) 避免问题与答案不一致。例如，如果询问的是教师的教学能力，那么在答案中就不应出现与教师班级管理能力相关的选项。

(3) 注意答案排列的顺序，有逻辑的依据逻辑排列，没有逻辑的尽量随机排列。

(4) 多项选择题及答案数量不宜过多，一般不要超过 10 个。

(5) 敏感性问题的答案需要分类设计，以降低问题的敏感性。如年龄、工资收入等问题，就可以使用不同档位的答案设置。

(四) 信度与效度检验

信度与效度检验是问卷调查数据质量分析不可缺少的一个重要方面，被应用于各种研究方法中，也是研究规范性、准确性和严谨性程度的一种表现。

1. 信度

信度是指运用测验工具所得测验结果的一致性程度，也表明了测验的稳定性程度。同时，只有测量值接近真实值时，使用同一工具多次测量同一特性才能获得趋同或相近的结果，此时的测量结果才具有较高的信度，测量结果的可靠性也就越高。使用同一测量工具，所测结果的差异越小，表明信度越高，所测结果的差异越大，则表明信度越低。信度测量受到很多因素的影响，如时间、被测者、测量工具、测量情景等。在教育研究中，教育测量的信度尤为重要，因为信度高的教育测量或测验才能准确反映教育现象的真实情况，才能为教育评价、预测和决策提供客观、准确、有效的依据，否则会给教育教学实践带来负面的影响。

信度多以相关系数来表示，如用于反映跨时间一致性的稳定系数、跨形式一致性之间的等值系数以及跨项目之间一致性的内在一致性系数等。问卷调查中常用的信度有重测信度、复本信度、折半信度、评分者信度。

对于信度系数的评价，一般认为，低于0.65不可接受，0.65～0.70勉强可以接受，0.71～0.80可以接受，高于0.80完全可接受（DeVellis，1991）。较为宽松的认定标准则认为低于0.60不可接受，0.60～0.70勉强可以接受。因此，如果信度系数低于0.65（严格）或是0.60（宽松），就需要重新修订问卷或是量表。

2. 效度

效度是指测量能够测出所测目标的程度，也是测量的有效程度或正确性。常用的效度包括表面效度、内容效度、结构效度和效标效度。

表面效度是经验观察结果反映所测现象特征的真实性程度，也就是经验常识判断问题或项目含义与所测变量的相关性。

内容效度是测量问题或项目的内容是否完整、准确地反映了待测目标所包含的内容组成。具有较高内容效度的问卷调查具有两个方面的特征：一是问卷内容的范围明确，二是问卷中的问题或项目具有代表性。

结构效度指测量工具对所测目标在理论维度及其内部结构关系上的准确性程度。问卷调查要提高结构效度，就必须具有明确的理论并确定理论的维度。

效标效度，也称标准差参照信度，指测量结果与已有标准的一致性程度。

常见的提高问卷效度的方法主要有以下几种：

（1）控制系统误差。系统误差是影响效度的一个重要因素，如问卷填答具有暗示性、答案设计不合理（如被调查者可以猜测）。

（2）精心编制调查问卷。问卷的设计与研究目的、理论和被调查者的实际状况相符，且难度适中、简洁明确、顺序合理。

（3）严格遵守问卷调查程序。例如，随机抽样、发放与回收问卷等。

（4）处理好效度与信度的关系。信度是效度的必要条件，但非充分条件。信度低，效度不可能高；信度高，效度却未必高。且信度与效度还有一定的冲突，既有高信度又有高效度是比较难以做到的。

（5）足够大的样本容量和恰当的抽样方法。样本容量一般来说越大越好，样本大可以提高被调查者的内部差异，从而提高效度。此外，还要根据研究目的和研究问题的性质采用不同的方法进行抽样。

（6）问卷的长度要适当，问卷内容较长即可同时提高信度与效度，但也会引起被调查者的烦躁等负面情绪，从而影响问卷调查的真实性。但问卷短，则难以保证问卷调查的信度和效度。

课后任务

自选研究题目试编制一份调查问卷，并且对回收后的调查问卷进行数据分析和整理。

（7）对于信度和效度的计算，SPSS 等软件可在一份问卷数据分析中计算出折半信度，但一般没有效度的计算方式。

四、数据解释

数据解释包括统计分析与结论解释。数据解释应该注意的问题主要包括以下几个方面：（1）相关关系不等同于因果关系；（2）要注意解释的理论与经验基础；（3）要注意分析单位与推论的层次保持一致。

在统计分析方面，需要注意下述方面。首先，所有的统计推论应该建立在随机抽样的基础上，否则没有推论价值。其次，所有的统计推论关注的重心在于总体而非样本，旨在通过样本推论和分析总体的情况。再次，有关变量相关的假设检验主要关心总体中是否存在这种相关，而非相关的强弱。最后，不要将相关关系等同为因果关系，因果关系的界定需要三个条件，包括因果的时间先后、相关、相关的独立性（相关不因其他因素的影响而存在）。

在结论解释方面，一是要注意方法的适用性、准确性和完整性。适用性就是统计方法适用于所分析的资料，如大样本的 Z 检验与小样本的 t 检验。准确性，就是对数据分析进行准确的解释，如逻辑对数回归分析 $Y = b \times \log X + a$，回归系数不是自变量 X 与因变量 Y 的回归系数，而是 Y 与 log X 的回归系数。完整性就是统计分析往往具有很多结果，需要完整的分析展示，如回归方程既需要常数项（a）、回归系数（b）、显著性水平（α），还需要整个方程的解释力（R2）。二是要注意解释的理论和经验基础。统计分析归根结底是一种基于数字的数学分析，任何两组数据都可进行统计分析，但这种分析是否具有社会意义，依赖于研究者基于理论和经验的解释。三是要注意分析单位与推论的层次性问题，二者必须保持一致，否则就会出现解释错误：由高层次分析单位得出低层次分析单位的结论就是层次谬误，由低层次分析单位得出高层次结论就是简化论错误。四是要注意研究假设的表述和使用，尤其是原假设不但要有精确性、具体性，如原假设要精确到具体词语的表述，以及要明确原假设针对的是真实性还是适用性等，而且还要避免诱导性。

研究实例举隅：小学生学校生活质量（QSL）调查研究

（一）研究工具：问卷调查

1. 问卷包括八个测量维度，分别为：（1）物质条件，指小学生对校园环境、起居场所、教室布置等的评价；（2）校园安全，指小学生对安保设施、安全教育、环境安全、自救能力、在校安全感等的评价；（3）健康，指小学生对身体发育和心理健康等的评价；（4）学习，指小学生对学习动机与压力、作业、学习兴趣等的评价；（5）师生关系，指小学生对与教师日常沟通、师生互动、相互喜欢度等的评价；（6）同伴关系，指小学生对同学之间相处和谐度、愉悦度、孤独感、处理摩擦等的评价；（7）参与，指小学生对参与班级和学校活动、参与社团、班干部产生等的评价；（8）全纳，指小学生对师生是否会以学生的家庭背景、成绩、生源地等对学生采取歧视性行为的评价。在参考已有相对成熟的学校生活质量问卷的基础上设计出本研究的小学生学校生活质量问卷，包括35个问题，问卷采用5点李克特量表形式，1分表示小学生认为相应题项的描述与本人的感觉"完全不符合"，5分表示题项的描述与本人的感觉"完全符合"。每个题项只能选择一个答案。

2. 学校生活质量问卷信度、效度分析。问卷总信度系数为0.925，这说明，问卷的信效度指标都达到了良好的水平。

（二）研究样本

本研究采用分层抽样的原则向北京市16所学校发放调查问卷，其中优质校4所，中等校8所，薄弱校4所。每个学校发放150份问卷，共计发放2 400份，回收有效问卷2 248份。

（三）研究结果（节选）

统计发现，北京市小学生对校园安全、师生关系、同伴关系三个维度的学校生活质量评价得分大于4.25，达到了非常高的水平，分别为校园安全4.39，师生关系4.33，同伴关系4.28。对参与、全纳、物质条件、学习四个维度的学校生活质量评价分别为4.18、4.10、4.00和4.00，居于3.75~4.25，达到了较高水平。小学生对健康这一维度的评分相对最低，为3.74分。北京市小学生学校生活质量的总体评分为4.13，位于3.75~4.25，这说明北京市小学生学校生活质量总体上达到了比较高的水平。多独立样本非参数检验结果为$p<0.01$，这说明北京市小学生学校生活质量各维度之间存在着显著差异。配对样本T检验发现，除了物质

条件与学习这两个维度不存在显著差异外，其他各维度的两两配对检验都存在显著性差异（$p<0.01$）。

（四）研究结论

第一，北京市小学生学校生活质量总体上达到了较高水平，其中校园安全、师生关系、同伴关系三个维度的学校生活质量最高，健康维度最低；第二，小学生学校生活质量在性别、学业成绩、学校位置、学校优劣、择校与否等人口学变量上存在显著差异，且人口学变量在多个维度上存在着主效应和交互影响效应。该研究为分析评估小学生学校生活质量提供了重要的参考指标，建议将学生身体健康纳入学校管理体系中；对学业成就的追求要建立在健康第一的基础上；要考虑到性别差异和成绩的差异，给予那些处于不利地位的学生更多的关爱和照顾；要给择校生更多的关怀，提高其学校生活质量。

拓展阅读

问卷调查研究实例推荐

量表样例：霍兰德职业适应性测验量表

霍兰德职业适应性测验量表（Self-Directed Search，SDS）由美国著名职业指导专家J. 霍兰德（J. Holland）编制。在几十年间，经过一百多次大规模的实验研究，形成了人格类型与职业类型的学说和测验。该测验能帮助被试者发现和确定自己的职业兴趣和能力专长，从而科学地做出求职择业。

霍兰德在其一系列关于人格与职业关系的假设的基础上，提出了六种基本的职业类型，即：实际型、研究型、艺术型、社会型、企业型、传统型。霍兰德职业兴趣SDS测试一般适合于高中生，通过此测试可以让高中生确定自己的兴趣爱好，给大学的专业选择提供参考。

调查问卷样例：中国综合社会调查（CHINA GSS）

综合社会调查（General Social Survey，GSS）是一项对社会的、全面的、系统的、标准化的、定期的、连续性的调查项目，最初起源于1972年美国芝加哥大学全国民意研究中心（National Opinion Research Center，NORC）实施的第一次全美综合社会调查，之后这个调查被固定下来，成为一个定期的、每年一次的社会调查项目，这个项目的宗旨是："收集美国当代社会的数据，以监测和解释态度、行为和特性方面的现状和趋势；探察社会总体的结构和功能以及各子群体所扮演的角色；将美国社会与其他社会进行比较，以比较的视角观察美国社会，并发展人类社会的跨国模型；以最少的成本、最快的速度为学者、学生、政策制定者和其他人提供高质量的，易于获取的数据。”

在这些考虑之下，中国人民大学社会学系于2003年在国家“211工程”支持下，与香港科技大学调查研究中心合作，成功地实施了中国第一次综合社会调查（GSS）。此次调查以中国22个省、4个自治区、4个直辖市（不含西藏自治区、港澳台）共2 801个区县单位作为初级抽样单元（PSU）构成调查总体，分5阶段设计完成了抽样。在对问卷和抽样方案进行修改后，在2003年10月至11月，由本系负责组织实施，并联合南开大学社会学系、南京大学社会学系、武汉大学社会学系、中山大学社会学系、吉林大学社会学系、兰州大学社会学系、上海社会科学院社会学研究所等7个学术单位，组成27个调查小组，约200名访问员在督导员的带领下，在全国28个省市自治区、92个区县、262个街道、559个居委会中，对5 900位城镇居民进行了入户问卷调查，实际完成问卷5 894份。

第二节

访谈调查

一、访谈调查概述

（一）什么是访谈调查

访谈调查主要以口头访谈的形式收集被调查者的信息资料。访谈调查总的来说可以事先有无明确清晰的研究问题和研究假设进行区分。有些访谈调查事先没有明确清晰的研究问题和研究假设，可能最初只有一个大致的方向，有时甚至连基本的方向也没有。例如，小学生家长为什么会因孩子考试成绩不及格打孩子？小学生家长中为什么会有“虎爸狼妈”？小学生家长为什么会对孩子的学习成绩产生焦虑？而有些访谈调查则事先具有明确的研究问题和研究假设，例如，请您谈一谈现行的小学语文学科教研方式是怎样对提高教师语文教学水平产生影响的？教师的表扬性语言是如何影响到小学生回答课堂提问的积极性的？

> **思考**
>
> 访谈调查有哪些优缺点？

（二）访谈调查的优势与不足

1．访谈调查的优势

（1）访谈调查在实施过程中具有灵活性。相对于问卷调查而言，访谈可随着谈话主题、内容与场景的变化而不断调整变化，访谈是一个访谈者与受访者进行双向互动交流的过程，因而能够收集到较为客观、真实的资料。而问卷调查在实施过程中很难调整，如被调查者态度不认真、情绪不够稳定等，都容易导致问卷调查结果难以获得或者失真。

（2）通过访谈调查容易获得较为准确的数据。访谈者与受访者直接交流，问卷中有的问题可能被误读，在访谈中访谈者则会进一步做出解释；访谈者可事先布置并适当控制访谈环境，使受访者不受打扰，从而有较多的时间进行思考，这些做法都有利于提高访谈所获得资料的准确性。

（3）访谈有助于了解深层次的原因。访谈者可以察言观色，通过解释、追问等方式，与受访者有效沟通，深入探讨诸如态度、信念、价值观、个人感受等主观性色彩比较强的问题，以及复杂现象背后的深层次原因。

2．访谈调查的不足

（1）时间长、成本高，耗费人力和物力。访谈前的人力、物力准备，访谈过程中的交流和沟通，访谈之后的资料整理与分析，这些都要花费大量时间和精力，是非常耗时费力的。

（2）容易受到访谈者的影响。访谈者的表情、姿态、动作、语气、措辞等都容易对受访者产生影响，此外访谈者对于访谈过程的引导也会影响受访者的回答。尤其是当调查需要多个访谈者参与，访谈者之间的差异又较大时，这种影响更为明显。

（3）比较难做到隐秘，不利于敏感性信息的获得。与问卷调查相比较而言，在访谈过程中，访谈者与受访者之间彼此会有一定的了解，还可能慢慢变得熟悉，这对于探讨比较敏感的问题内容来说，言说者双方都会有所顾忌。

（4）访谈数据难以进行量化分析。访谈调查所获得的数据一般是定性数据，难以进行标准化的编码与量化分析，其分析结果也会因研究者个人而异，研究者的学术背景、研究取向等都会影响到访谈资料的分析，从而使得研究结论具有一定的主观性色彩。

二、访谈调查的类型

从不同的角度出发，访谈调查可以被划分为很多不同的类型。

（一）根据访谈对象的数量，可以分为单一访谈与团体访谈

单一访谈即访谈者与受访者进行一对一的访谈，这种访谈形式较为常见，在

单一访谈中，访谈双方能够灵活控制访谈情境与进程，且尤其适用于一些敏感、隐秘的问题或个案研究。团体访谈指访谈者组织一群受访者进行一对多的访谈，该种访谈形式一般为半圆形的座位安排，访谈者坐在圆心位置，以保证每位受访者距离访谈者的距离一致。团体访谈的优点在于能活跃访谈气氛，访谈者能从不同受访者那里获取到更多不同的信息，信息收集效率一般较高。但是，由于团体访谈的低匿名性的特点，一些受访者可能不会轻易表达自己的真实意见，同时，不同受访者在表达自我的观点时易发生争论与冲突从而导致访谈的失控，尤其是当受访者之间的背景差异较大时，这就对团体访谈组织者提出了更高的控场要求。

思考

在团体访谈中为什么要安排半圆形的座位？

团体访谈示例：教师的焦点访谈记录（节选）

学校名称：甘肃省东乡县大树乡乔鲁小学

受访教师人数：3人　　民族：东乡族

$M_{大}$：马占军，男，40岁

$M_{小}$：马进贤，男，20岁

$M_{女}$：马翠玲，女，25岁

访谈者：韩玲（H）

访谈时间与地点：2000年5月23日16：00—17：30，乔鲁小学临时办公室

（坐好位置，相互介绍后，访谈者开门见山地引入问题）

H：这两天我们对咱们学校也比较熟悉了，而且听了两位马老师的课。那平时你们是怎样备课的呢？

$M_{小}$：就是看教科书，看重点什么的。

$M_{女}$：我一般是早读时间看一下教科书。

H：我看你们的资料好像不多吧？（访谈者个人的观点表达出来了）

$M_{大}$：就是资料不多。

$M_{女}$：一般是，嗯，我就是看教科书。

$M_{小}$：一般是把平时积累的知识教给他们。

$M_{大}$：我这个课，备课方面，因为缺资料，就从外面借着呢，我集中把课全备了，备课教案全写完，写完后，每天上到哪一课，就看哪一课的备课教案，看后，第二天就上课。

（二）根据访谈是否需要借助工具，分为直接访谈和间接访谈

直接访谈即访谈者与受访者面对面地直接交流而不借助访谈工具等中介物。直接访谈不仅能与受访者深入交流，更好地了解受访者的态度与情感，而且能观察到受访者的表情与肢体动作，从而加深对谈话内容的理解，获取更全面的信息。间接访谈指通过微信、QQ 语音、电话等社交软件与通信设备来开展访谈，与直接访谈相比，间接访谈的优点在于匿名性高与操作便捷，能跨越空间的限制，适用于较浅层次问题信息的收集，但正是由于这种非面对面性，研究者无法对受访者进行直接的观察，难以对问题进行深入探讨，也不利于对访谈结果的分析。

（三）根据时间跨度，可以分为横向访谈和跟踪访谈

横向访谈指在同一时间就访谈问题同时访谈多个受访者来集中收集资料，主要用于静态的结构性研究。例如，研究小学语文教学中学生创新思维培养的现状，访谈者集中对多位一线小学语文教师开展访谈就属于横向访谈。跟踪访谈也称纵向访谈，指针对一个问题随着时间变化而固定访谈同一批受访者，主要用于动态变化的研究。如一项“少先队辅导员的专业发展研究”中，研究者就选取了四川省 C 市和 M 市部分地区的小学少先队辅导员作为调研对象，并长期深入驻扎 M 市某小学大队部工作，他们都愿意接受该研究者的跟踪访谈，帮助研究者深入了解少先队大队辅导员的专业发展情况，田野访谈结束后，研究者选择在 M 市某小学进行为期一个月的进校观察，收集实物资料等，把握少先队大队辅导员作为个体的“人”和作为社会群体角色的“少先队辅导员”的横向特征和纵向发展。

（四）根据访谈提纲的情况，可分为结构式访谈、半结构式访谈与无结构式访谈

结构式访谈具有较为清晰、明确结构的访谈提纲，这种访谈提纲与调查问卷类似，由问题和备择答案组成。这种形式的访谈有利于对访谈结果进行统计分析，也能对不同受访者进行横向对比，其缺点在于过于标准化的问答方式不利于访谈双方积极性与主动性的发挥。半结构式访谈的提纲只有一个粗略的框架，没有备择答案，需要访谈者根据具体进展情况适当灵活地延伸、拓展、转换调整。无结构式访谈，也叫开放式访谈，在访谈时不依赖任何事先设计好的提纲，而是访谈者与受访者围绕某一话题自由随意地展开交谈，该种访谈形式多用来探索受访者的想法或是访谈者对某一领域或现象不甚了解，希望以这种开放式的访谈来深入了解他们的生活与学习习惯，在民族志研究中常常会用到这种访谈形式。

无结构式访谈（开放式访谈）案例

（1）班上是否有受大家欢迎和喜爱的同学？大家为什么喜欢他（她）们？

（2）班上是否有令大家讨厌，大家都不喜爱的同学？大家为什么讨厌他（她）们？

半结构式访谈案例：小学数学教师教学反思现状研究

（1）您怎样理解教学反思，您认为小学数学反思与其他学科的教学反思是否完全相同？

（2）您经常反思的内容会涉及哪些？

（3）您进行教学反思的思维过程是怎样的？

（4）平时您大概在什么时候进行教学反思的？

（5）您采用什么方法进行教学反思？学校会组织相关的培训吗？您如何看待听课？您经常听课吗？会与同事讨论听课后的感受吗？

结构式访谈案例：小学数学教师教学反思现状研究

（1）您的性别、教龄、学历情况？

（男、女；1～5、6～10、11～15、16年及以上；专科、本科、研究生及以上）

（2）您如何制定教学目标？

（按照新课程目标的要求制定；按照学生的特点和能力制定目标；让学生制定教学目标）

（3）您如何运用教材教法？

（分析教材特点、重点、难点，联系教学实际；调整教学内容顺序；反思教材内容的编排以及潜在的假设）

（4）您如何反思教学过程？

（整个教学过程的合理性和不足；教师自身教学能力反思，如监控、调节能力；教师、学生课堂角色和地位）

（5）您如何进行教学评价？

（评价学生的学习结果；评价项目综合化、手段多样化；反思评价理念标准的有效性、合理性及其实践）

（6）完全赞同“教师成长＝经验＋反思”吗？

（非常赞同；较赞同；一般；不赞同；非常不赞同）

(7) 您经常对自己的教学不足之处进行反思吗?
(非常符合;较符合;一般;不符合;非常不符合)
(8) 您会主动与学生交流他们对课堂的真实想法吗?
(总是;经常;有时;极少;从来不)

在研究之初的探索阶段、中间调整阶段和最后确定阶段，往往分别使用无结构式访谈、半结构式访谈与结构式访谈。一般在研究初期，研究问题不明确，通过开放式访谈，研究者可以初步了解一下情况，以便把握研究的大体方向；当研究者需要深入探索、进一步明确问题时，往往采用半结构式访谈；当问题逐渐变得明朗，研究问题和研究假设已经形成，研究者将会设计出明确清晰的访谈提纲，使用结构式访谈来进行调查。由此可见，访谈提纲在访谈过程中会不断被修订，逐步变得完善，系统性也逐渐增强。

三、 访谈提纲的编写

(一) 明确访谈目的，对问题进行界定

访谈目的由研究问题与研究目的决定，研究者应明确通过访谈调查收集数据旨在解决什么研究问题，并对这些问题进行界定。例如，访谈的目的是要了解乡村教师的职业认同感是如何影响教师的职业忠诚的，就要对“职业认同感”和“职业忠诚”进行概念界定，通过抽取概念的标志性特征，分别找出“职业认同感”和“职业忠诚”的访谈维度和内容。

(二) 确定具体的问题

根据访谈的维度和内容，具体编制访谈问题。主要通过个人思考、小组讨论、头脑风暴等方式，就研究问题的各个方面收集信息，不断设计问题，最后对问题进行汇总和筛选，进而整理出符合研究意图和实际的访谈提纲。

(三) 确定访谈对象

访谈提纲的设计应考虑到访谈对象的特征或者实际情况，如家庭背景、生活或工作经历、情感、态度、价值观等，这样才有利于消除访谈中的各种问题与障碍，收到良好的访谈效果。

(四) 预访谈并修改提纲

访谈提纲是基于理论框架和受访者实际情况来编制的，教育研究对象和问题具有复杂性和多变性，有时会超出研究者的预期，因此需要根据预调查获得的实际数据来对访谈提纲不断做出修正和检验。

拓展阅读

访谈过程中应该注意的一些问题

访谈过程实际上关涉到人与人之间的交流艺术，为了使访谈过程较为顺利地进行，务必要注意以下几点问题：

1. 见面后要介绍研究目的、内容、研究结果的使用方式等

见面时，首先进行自我介绍，有必要时可以出示证明自己身份的相关证件等。除此之外，要认真向访谈对象说明本研究的目的、研究内容、研究结果的使用人以及使用方式等。这是由于访谈对象对研究目的的理解可能会影响他/她的作答内容与方式，因此研究者有必要向其做出一定的解释，且向访谈对象做出保密承诺，使访谈对象能够放下心来与研究者交谈。

2. 充分尊重受访对象

访谈对象为研究付出了劳动和耐心，因此研究者应发自内心地尊重受访者，从服饰、交谈和行为等各个方面给访谈对象留下较好的印象。

首先，在服饰方面，访谈者应该衣着大方、得体，着装太过暴露或不整洁很容易分散访谈对象的注意力，也会给访谈对象留下不得体的印象；其次，在交流的过程中，访谈语气要从容委婉，不可咄咄逼人，更不能不顾访谈对象的不悦而追问不舍；最后，可以通过赠送纪念品等方式向访谈对象表示感谢。

3. 说明访谈对象的作答对本研究的贡献

不论是从刚开始联系访谈对象，还是在后续的访谈过程中，研究者都应该给访谈对象留下这样的感受，即该研究是值得我认真参与的。例如，可以这样向访谈对象表达：“您的回答对本研究具有重要价值，请您尽可能按照自己的实际情况作答，不必匆忙。如果有必要，您可以查阅资料。遇到不清楚的问题，可以向我提出疑问，不必顾虑”。

4. 提问的方式

首先，可以从比较轻松的话题开始访谈调查。在访谈调查开始之前，研究者应该对访谈对象的背景有足够的了解，以便在访谈开始时寻找一些轻松的话题，营造较为融洽的气氛，以促进访谈的顺利开展。其次，恰如其分地处理敏感问题，要注意不侵犯访谈对象的隐私，若该问题确实与本研究相关，则要委婉发问，尊重访谈对象选择答或不答的权利。再次，多问开放式问题，这类问题可以帮助研究者获取更多有价值的信息。这是因为封闭式问题得到的往往是

“是”或“否”这样信息量较少的答案，例如，“您认为‘双减’政策好吗?”这种问题是无法了解访谈对象的具体看法的。但如果换一种表达方式，例如：“您是怎样看待‘双减’政策的呢?”则可以获取访谈对象更多的具体评价。最后，保持价值中立。在提问时，不要引进自己的观点。访谈者如果这样提问：“我认为现在的小学给学生布置的课后作业过于繁重，您认为如何?”就很不合适。因为访谈者在提问时加入了自己的想法，可能会诱导访谈对象做出相近的判断，违背了调查的初衷。因此，可把问题改为：“您是怎样看待现在的小学给学生布置的课后作业的呢?”如果访谈对象认为“课后作业量合理”等，访谈者则可以继续追问：“您认为这里面还有需要改善的地方吗?”

5. 回应的方式

首先，耐心倾听，不随意打断访谈对象的回答。耐心倾听可以表达研究者对访谈对象的尊重，在访谈过程中切忌轻视访谈对象的回答或随意打断访谈对象的回答思路。例如，“是的，我明白您说的，但是……”之类的话，这些话会给访谈对象留下不好的印象，如研究者是个没有耐心的人，从而导致访谈对象失去表达的欲望。其次，在回应访谈对象时，尽量采用重组、总结、鼓励对方作答等方式重复其观点，避免对其观点做出评价。例如，当访谈对象说，“现在校园欺凌现象大部分都是学生之间形成小团体，去排挤一些家境不太好或不合群的同学”，面对这一观点，访谈者可以鼓励说：“是啊，您能否详细谈谈这种现象都有哪些具体的表现?”如果访谈者的回答是“我并不认为现在的校园欺凌现象是小团体去排挤不合群的同学”，那么就变成了访谈者在评价访谈对象的观点。这种回应会使研究者站在访谈对象的对立面，不利于访谈的开展。最后，建议转换话题时，利用访谈对象刚刚谈及的词语或句子，并运用承上启下的连接词或语句，如“刚才您谈到了……对我来说很有启发意义，我还想了解……”，以帮助研究者较为自然地过渡到下一个访谈问题。

6. 记录忠于访谈对象的本意

采用访谈调查，都需要进行记录。记录有多种方式，例如访谈者本人当场记录、第三者当场记录、音像记录等。每种记录方法各有优缺点。需要注意的是，如果采用音像记录，应该提前征得访谈对象的同意，否则容易产生法律问题，也违背了研究伦理。记录时，不遗漏、不做概括、不加评论或解释，尽量还原访谈对象的本意。建议研究者在完成记录工作后，发给访谈对象校对是否保留了其原始观点。(略有改动)

四、访谈的实施

（一）制订访谈计划，事先要做充分准备

根据研究目的和研究问题，设计访谈提纲，选择访谈类型，制订整个访谈计划；从访谈计划出发，做好访谈准备，如访谈提纲、访谈过程中所需设备、送给受访者的小礼品等；确定访谈时间、地点、受访者等。

（二）访谈者的选择与培训

选择访谈者需要考虑三个方面的因素：①品行端正，形象良好；②具有一定的与人沟通的能力与技巧；③诚实、可靠、热情，乐于并能认真从事访谈工作。

对访谈者的培训应注意以下几个问题：①编制访谈手册，规划对访谈者的培训；②让访谈者熟悉访谈目的、方法与意图；③访谈者应熟悉访谈调查的类型、技巧、工具等；④使访谈者了解受访者的一些基本特征；⑤使访谈者能够在访谈中根据进展情况随机应变。

（三）与受访者建立良好关系，营造适宜的访谈氛围

访谈过程中，访谈者需积极把握访谈过程，尽量使访谈不被干扰、中断。营造轻松良好的访谈氛围，引导受访者积极参与，促使访谈顺利进行。需注意的是，做记录之前要征求受访者意见，之后应请受访者阅读并确认记录内容；对访谈资料保密；访谈者的言行举止要与受访者的状态匹配。

（四）及时进行反思和调整

访谈过程中，受访者的消极状况、访谈者的不良影响，访谈方法与技巧不恰当等，都是容易引起访谈失误的重要原因，访谈者要及时做出反思，随时观察、判断和了解受访者的状态，征询其意见和建议，以便及时做出调整，提高访谈质量。

研究实例举隅：小学校内课后托管服务开展情况调查研究

一、教师访谈提纲

（一）个体基本信息

1. 您目前所任教的年级是？

2. 您主要任教的科目是？

3. 您的教龄是？

4. 您的最高学历是？

5. 您目前的职称是？

6. 除了教师这一岗位，您在学校还有担任其他职务吗？

（二）对校内课后托管的看法

1. 您个人怎样看待校内课后托管这种新兴事物？您是否支持校内课后托管的开展？

2. 参加校内课后托管是否对您的工作有影响？是否对您的生活有影响？

3. 您参加校内课后托管工作是否有相应的补助？是否有物质或精神上的奖励？

4. 您能否对贵校课后托管开展情况进行以下简单的介绍？您认为贵校课后托管开展效果怎么样？

5. 您能否对您在校内课后托管中所担任的工作进行一下简单的介绍？

6. 您认为目前来说有哪些因素影响校内课后托管的开展？为了校内课后托管更好地发展，您有哪些宝贵的意见、建议？

二、学生访谈提纲

（一）个体基本信息

1. 你所在的学校？

2. 你读几年级？

（二）对校内课后托管的看法

1. 你是否喜欢参加校内课后托管？如果有机会让你选择，你会在学校参加课后托管还是回家？

2. 在未参加校内托管之前，你一般放学后都干些什么？你在校内课后托管中参加哪些活动？你参加后觉得自己有什么变化？

3. 爸爸妈妈是否支持你参加校内课后托管？

4. 你参加的校内课后托管活动中，有几名老师？是否都是你之前认识的老师？

5. 你觉得校内课后托管中有什么需要改进让它变得更让你喜欢的地方？

五、访谈数据的整理与分析

采用何种方式对访谈数据进行分析取决于数据本身的性质。一般而言，结构式访谈数据是定量的，量化数据分析比较适用于封闭式问卷的结构式访谈数据；半结构式的访谈可以结合定量与定性方法进行混合分析，无结构式访谈数据主要是定性数据，则适宜于采用定性分析。

（一）量化分析应注意的问题

1. 应注意抽样方法以及样本的代表性问题

访谈数据用于统计推断时，应注意是否采用了随机抽样选择访谈样本，这涉及研究结论能够推论到什么范围，如果没有采用随机抽样，样本缺乏代表性，那么由样本到总体的统计推论将会是无效的。如果只是在一个学校随机抽样，其结论也仅适用于推论到该学校本身，而不能推论到学校之外的其他地方。

2. 应注意样本容量是否足够大

即使访谈调查采用了随机抽样，保证了样本的代表性，也需要考虑样本量的影响，由于费时耗力，一般访谈样本量较小。在这种情况下，就没有必要进行频数、百分比、均值或是相关关系等定量描述。

（二）定性分析应注意的问题

1. 有理论假设情况下的定性资料分析

有理论假设的情况，指研究问题及研究假设可以被清晰明确地界定，例如，"小学教师做教学研究有助于教学水平的提高"，这就是一个明确的研究假设，其中包含了"教学研究"与"教学水平"这两个变量的关系。设计结构化的访谈调查问卷时，把"教学研究"与"教学水平"这两个变量进行操作化界定，并具体化为可以观察的经验指标，以此来收集数据。

针对这项研究做定性资料分析，首先是看关于这两个变量的访谈数据是否支持这一研究假设（证实），其次还要关注是否出现与研究假设相矛盾的数据（证伪），如果出现证伪原来假设的数据，则需要修正原有假设，增设一些限定性的前提条件，例如，对于前述问题"小学教师做教学研究有助于教学水平的提高"而言，我们可以进一步增加限定条件，"什么样的激励政策有助于小学教师通过教学研究来提升自己的教学水平"，否则如果激励政策只注重研究发表而轻视教学，教师一味地埋头发表文章，教学水平反而有可能会下降。

2. 没有理论假设情况下的定性资料分析

这类研究一般开始时没有清晰的问题和研究假设，随着研究资料的不断增加，研究者对经验数据进行抽象概括，最终建构出解释理论。其资料分析的核心是编码。编码就是对经验资料的分类、概括和抽象化。编码包括开放式编码、选择式编码和轴心式编码三种方式。编码的过程是研究者从具体访谈资料初步概括抽象出概念、范畴，并在这些概念、范畴之间建立起连接，形成命题，然后再在命题与命题之间建立连接，由此建构解释理论的过程。这种定性资料分析的方法步骤基本源自于扎根理论研究方法，这部分内容将重点在专题七中阐述，本专题对此不再赘述。

小资料

质性资料分析软件推荐

目前国内引进和使用的定性分析软件众多，包括 ATLAS. ti5、HyperResearch 2. 6、MAXQDA、The Ethnograph 5. 08、QSR N6 以及 QSR NVivo 等，其中 QSR NVivo 在诸多社会科学与人文学科领域使用得较多。

问卷调查典例与分析：小学生合作行为现状的调查问卷

一、指导语及基本信息部分（略）

二、事实与态度问题部分（节选）

1. 我愿意和别人一起分担一项工作，并会主动承担自己的相关工作。

A. 非常符合　　B. 有点符合　　C. 不符合

2. 我们的班级是一个合作意识很强的班级。

A. 非常符合　　B. 有点符合　　C. 不符合

3. 在日常的学习中，我喜欢和同学合作。

A. 非常符合　　B. 有点符合　　C. 不符合

4. 合作在我的学习和生活中很重要。

A. 非常符合　　B. 有点符合　　C. 不符合

5. 在日常生活中，我会和同学团结友爱、真诚相待。

A. 非常符合　　B. 有点符合　　C. 不符合

（一）问卷调查过程

联系相关教师后，进入班级，先向学生说明调查目的，提出填写注意事项，分发问卷，督促学生认真完成问卷，收集问卷，致谢。

（二）调查结果（节选）

1. 调查对象基本情况

采用分层随机抽样法来选取被试对象，此次选取的被试对象是潍坊市经济开发区××学校的二年级、四年级和六年级的学生。这次参加被试的学生一共 160 名。共发放问卷 160 份，收回 160 份，合格率为 100%。在调查对象中，男生 89 名，女生 71 名；二年级学生 56 名，四年级学生 60 名，六年级学生 44 名。

2. 调查问题解读

这份问卷是针对小学生制定的，在测试时，研究者的测试老师对试题进行了适当的解读，便于学生更好地了解问卷题目，进而使研究者获取更为真实的数据。在第一题“我愿意和别人一起分担一项工作，并会主动承担自己的相关工作”中我们重点考查孩子对于合作的认知和情感；在第二题“我们的班级是一个合作意识很强的班级”中，我们的目的是考查学生所在班级的整体情况，请学生从自己的视角和亲身感受来评价自己所在班级的合作意识如何；第三题“在日常的学习中，我喜欢和同学合作”的考查角度是孩子们对于合作行为的情感和态度；第四题“合作在我的学习和生活中很重要”通过考查学生对于合作重要性的态度来获取学生对合作行为的整体感知和了解；第五题“在日常生活中，我会和同学团结友爱、真诚相待”，希望进一步了解孩子对于和同学相处是什么态度。

思考与练习

一、名词解释

1. 结构式问卷。
2. 无结构式问卷。
3. 结构式访谈。
4. 半结构式访谈。
5. 团体访谈。

二、简答题

1. 简述访谈的实施过程。
2. 简述调查问卷的基本结构。
3. 如何对访谈数据进行整理和分析？
4. 简述问卷编制的一般程序。

三、实践操作题

1. 现在计划研究高年级（五、六年级）小学生的学习动机，请设计一个结构式访谈提纲。

2. 现在计划了解“双减”政策背景下小学语文作业设计的现状。请分别设计教师问卷和学生问卷，对“双减”后作业量的变化、做语文作业的时间、语文作业的难度、语文作业类型、单元设计、分层设计、语文作业和成绩等多个层面开展调查研究。

推荐书目

[1] 杨小微，刘卫华. 教育研究的理论与方法 [M]. 武汉：湖北教育出版社，1994.

[2] 郑金洲，陶保平，孔企平. 学校教育研究方法 [M]. 北京：教育科学出版社，2003.

[3] 华国栋. 教育科研方法 [M]. 南京：南京大学出版社，2000.

[4] 吴增基，吴鹏森，苏振芳. 现代社会调查方法 [M]. 上海：上海人民出版社，1998.

参考文献

[1] 张红霞. 教育科学研究方法 [M]. 北京：教育科学出版社，2009.

[2] 裴娣娜. 教育研究方法导论 [M]. 合肥：安徽教育出版社，1995.

[3] 陈向明. 教育研究方法 [M]. 北京：教育科学出版社，2013.

[4] 冯远程. 教育科研指导实用手册：第 2 卷 [M]. 北京：学苑音像出版社，2005.

[5] 徐志勇，赵美艳. 小学生学校生活质量（QSL）调查研究：以北京市 2 248 名学生为例 [J]. 教育学报，2012，8（3）：84－96.

[6] 卢颖. 小学校内课后托管服务开展情况调查研究：以长春市“蓓蕾计划”为例 [D]. 长春：长春师范大学，2018.

[7] 韩凤丹. 少先队辅导员的专业发展研究：以××地区少先队组织为例 [D]. 桂林：广西师范大学，2018.

[8] 李宏铭. 小学数学教师教学反思现状研究：以延吉市 j 小学校为例 [D]. 延吉：延边大学，2017.

[9] 刁冰. 小学生合作行为的现状及对策研究：以潍坊锦绣学校为例 [D]. 济南：山东师范大学，2017.

专题五

案例研究可以进行因果解释吗

学习目标与要求

1. 了解案例研究的定义、类型。
2. 掌握案例研究的特点与适用条件。
3. 重点掌握案例研究设计的过程及要求。

第一节

案例研究概述

一、案例研究的含义及特点

在方法论层面上，案例研究（case study）是一种研究模式，而不是一种具体的研究方法。在案例研究这种模式中，可以运用不同的研究手段和工具，其数据既可以是定量的，也可以是定性的。

案例研究具有丰富性，案例研究既有文化人类学研究的取向，也有实证性经验研究的取向。文化人类学取向的案例研究，事先没有界定清晰的研究问题和研究假设，此类研究旨在建构解释理论，并侧重于对意义的社会文化理解；实证性经验研究取向的案例研究，在研究之前具有明确的研究问题和研究假设，旨在描述和进行因果解释，因果解释性案例研究是其典型范例。本专题将主要在实证性经验研究的意义上对案例研究加以介绍。

作为一种研究模式，案例研究运用方便样本作为研究对象，事先提出研究假设，通过多种渠道和方法收集经验资料，旨在描述事物、现象或其过程、机制，通过分析式归纳建立因果解释理论。① 其特点具体包括以下几个方面：

---

① 关于案例研究的定义及其含义这一部分，主编根据罗伯特·K. 殷的研究并在统稿过程中加入了个人观点。参见：殷. 案例研究：设计与方法（第3版）[M]. 周海涛，主译. 重庆：重庆大学出版社，2004：16.

1. 案例研究的目的在于描述和解释

在经验研究的意义上，案例研究的目的在于描述事物或现象是什么，以及其发生发展过程和机制，主要是在经验数据的基础上，通过基于联想推断的分析式归纳逻辑建立关于事物或现象的因果解释性理论。

2. 研究变量难以控制和分离

案例研究适合于发生在当代，但研究变量难以从整体情境中完全分离的问题，即研究变量和干扰变量、无关变量难以控制和分离。

3. 研究对象具有整体性、综合性的特点

案例研究的对象可以是个人、事件、群体、组织、社区、民族、国家等。由研究对象基于研究问题或研究假设中的变量而确定，案例研究中的变量难以控制和分离，因此在研究过程中表现为难以对与研究对象相关的因素进行控制和分离，从而使研究对象表现出整体性、综合性的特点。

4. 多元化的资料收集渠道和方法

案例研究的资料来源广泛，诸如观察、访谈、调查、实验、文物档案、物证等都可以作为获取经验数据的渠道。同时，收集资料的方法也是多样的，可以是问卷法、实验法、访谈法、观察法、文献法等，其收集的经验资料既可能是定量数据，也可能是定性数据，并需要采用相应的定量或定性分析技术进行数据分析。

5. 对结果的解释基于分析式归纳的逻辑

由于假设中的变量难以从整体情境中完全分离，很难排除其他干扰变量的影响，因此对结果的解释还要充分考虑到在多种证据中形成证据链，其推理判断并不是完全建立在经验数据基础之上的，其中包含有一部分联想推断的成分，逻辑基础是分析式归纳，而不是统计归纳。

拓展阅读

教育案例、案例研究与案例教学的区别与联系

一、教育案例

教育案例是由案例发展、演变而来的。所谓案例，英文为case，又被译为个案、实例、个例、事例，是一种通过对实证的描述引入情境，引起分析、演绎、推断、归纳，最终解决实际问题的办法，本身具有真实性、典型性、实践性和针对性的特征。

教育案例是将课堂中发生的真实故事坦率地、中立地、可读性非常强地加以叙述，描写引起教师在实际教育中的喜、怒、哀、乐的一系列教育事件，其中包含有教师的心理活动、观念的冲撞等。这些事件足以引发教师思考和讨论，是蕴含着教育理论的典型事例。因此，影响教育案例的关键要素是选题的典型性、叙述的生动性和寓意的深刻性、科学性。最常见的教育案例包括四部分：背景描述、特定问题或现象的描述和剖析、分析与诠释、提出开放性讨论的问题。好的教育案例，需凸显教师决策与选择的困惑及如何从失败中走出来，这样，可从中发现或挖掘有典型意义的教育问题。

二、案例研究

案例研究是对已经发生的教育教学现象或事件进行深层次的剖析与探究，从中寻找带有一般性的教育规律的研究。案例研究的目的在于帮助实践工作者省察教育理论与他们自己日复一日的教育实践之间的联系。它通过将研究整合进教育背景，使研究能在对实践的改善中起直接且迅捷的作用；并且意图通过帮助实践工作者成为研究者，来克服研究者和实践工作者之间的距离。

三、案例教学

教育案例是案例教学的基础和素材，案例教学侧重于对教育案例的运用。所谓案例教学，就是在教师的指导下，根据教学目的的要求，组织学生对案例进行调查、阅读、思考、分析、讨论和交流等活动，教给他们分析问题和解决问题的方法或道理，进而提高学生分析问题和解决问题的能力，加深学生对基本原理和概念的理解的一种特定的教学方法，其本质是理论与实践相结合的互动式教学。案例教学不仅仅是一种教学方法，更是一种教育思想和观念的更新，其实质是师生合作研究性学习的一种方式。就此来说，与其他教学法不同，案例教学不仅只是一种教学技能、技巧或者说一系列教学步骤的运用，其中方法所依赖的内容——教学材料，也需有所区别，它有着独特的来源、性质、内容编排体系。此外，这种方法不但指向于教，而且也涵盖学在内，要求教师与学生都要有相当大的行为变化。

就教师来讲，教师有责任去选择和组织所要讨论的材料，要从大量的资料中选择出适当的案例，并且，如果手头没有现成的可以覆盖所要教学内容的案例的话，教师还要自己动手撰写出这些案例，并以一定的程序把案例呈现出来。就学生来讲，他们也担负着一定的责任，要对教师所提供的具体事实和原始材料进行分析、讨论，并从中得出对自己日后的教育和学习有用的结论来。这也意味着学生必须要做好课前准备。学生一方面从教师的引导中增进对一些问题的认识及提高解决问题的能力，另一方面也从同学间的交流、讨论中提高对问题的洞察力。

二、案例研究的分类

根据不同的分类标准，案例研究的分类形式多种多样，在此仅向大家介绍几种常用的分类形式。

（一）根据研究目的分类

根据研究目的，案例研究可以分为探索性案例研究、描述性案例研究和解释性案例研究。

探索性案例研究事先缺乏明确的研究问题和研究假设，研究者从多种渠道获得经验资料，并对其进行抽象概括，旨在建构理论，即定义研究问题和研究假设。探索性研究往往被应用于缺乏研究积累的领域或新现象、新问题。例如探究“某个教师是否运用了新的教学模式”“在高校实行的某种学生管理办法在小学中是否具有适用性”。探索性案例研究提供了最初的研究积累，包括可用于进一步促进研究探索的研究理论和研究假设，并引发人们的研究兴趣。

描述性案例研究旨在回答“是什么”和“如何做”等问题，适用于对状态、过程等这些类型问题的研究，诸如对一个人物、团体、群体、组织、社区、民族、国家的生命历程、重要方面、焦点事件等现象进行记录和描述，并基于这些经验事实进行推理和判断，形成主要的理论观点或结论。

解释性案例研究旨在回答“为什么”“怎么样”等问题，研究者通过了解案例背景和对内部情况进行深入、详细的探究，定性地找出不同变量之间的相关关系、因果关系，或者揭示事物的内在结构，以及事物发展变化的动态机制。例如探讨某一教学策略是如何提高学生的学习成绩的，这些教学策略的哪些方面促进了学生的学习，等等。

（二）根据案例的数量分类

根据案例的数量，案例研究可以分为单案例研究和多案例研究。

单案例研究仅选择一则个案作为研究对象。单案例研究一般适用于下述几种情况：（1）个案具有代表性，所谓代表性主要指个案是代表解释性理论的关键个案，主要用于证实已有理论假设的某一个方面的问题；（2）个案是极端的或是独一无二的情境；（3）个案具有典型性，能够反映出事物的典型特征，例如，在一项“自我监控策略提高小学数学学习障碍学生解题能力的个案研究”的案例中，所选取的个案学生数学成绩远低于班级平均分，在数学解题上，看到一个数比另一个数多就用加法，看到少就用减法，这就属于独特与极端的个案。

多案例研究一般针对研究假设及其相反的假设、竞争性假设，每一种类型都选择多个典型案例，案例选择遵循相同复制原则和差别复制原则，即挑选出的案例或者能够产生相同（编者注：与研究假设一致）的结果（逐项复制），或者由于可预知的原因（编者注：竞争性假设、相反的假设）而产生与前一研究（编者注：研究假设）存在差异的结果（差别复制）。如果多个案例显示支持研究假设，同时并不支持相反的假设，对于假设的检验就更具说服力。如果也有多个案例显示支持竞争性假设，说明竞争性假设与研究假设同时对结果的解释起作用。因果解释性案例研究采用多案例研究设计，体现了有控制的比较这一核心的实验思想。类似于重复实验，多个案例可以有效地提高案例研究的信度与效度，能够全面地反映研究问题的不同方面，基于此而形成的理论更完整也更具解释力。当然，使用多案例研究，也需要比单案例研究投入更多的人力、物力。如在"小学语文小组合作学习模式多案例研究"中，研究者就使用了差别复制的多案例选取方法，所选取的三所小学均采用了小组合作学习模式，但样本案例的差别在于课改模式不同、合作学习模式的特色不同。

（三）根据分析单位分类

根据分析单位分类，案例研究可分为整体性案例研究和嵌入性案例研究。整体性案例研究目标明确，简洁明快，针对研究问题或研究假设，仅选择与其对应的研究个案，而不关注其分支或从属问题。例如，"小学教师职称评审制度对新手教师专业发展的激励作用"，这个研究设计就要以小学新手教师为研究对象，考察教师职称评审制度是否激励以及怎样激励新手教师的专业发展。

嵌入性案例研究指一个案例研究中包含一个以上的分析单位，如一个组织的具体部门单位、个体等，研究除了分析案例整体之外，还需要通过抽样等技术抽取子单位进行分析，并将子单位的分析嵌入个案整体之中。例如，对"项目式培训是否有利于提高小学教师的教学水平"这一研究问题的设计，案例选择除了要在整体上考虑其对研究假设的代表性之外，还要考虑其他因素的影响，这类似于实验研究中的非实验变量，例如性别、工作年限、学历水平、教育教学知识水平等，针对这些因素相应地选择典型案例进行分析。嵌入性案例更为深入、具体，但是也需要更高的研究能力与分析、整合技术，否则容易偏离重心，或过于关注子单位的分析，而不能回归到个案整体分析中来。

三、 案例研究的优势与局限性

（一）案例研究的优势

1. 研究对象的广泛性

作为一种研究模式，案例研究所涉及的对象极为广泛，可以研究世界的广阔现象，小到微观个体，大到民族国家；可以静态展示组织、群体结构，也可探索、解释动态的事件过程。

讨论

案例研究具有哪些优势与局限性？

2. 研究功能的丰富性

案例研究具有探索、描述、解释、理解的多重功能。当人们对某一特殊现象缺乏了解时，通过案例研究可以了解现象的过程与情景脉络，并由此进行描述和探索，进而发现问题；当社会现象较为复杂时，个案研究可对此进行深入的解释。同样，对于人们的主观世界，案例研究也可以发挥理解的功能。

3. 数据收集方法的多样性

由于个案的多样性，不同的案例研究可以选择不同的数据收集方法，如针对文献可使用文献收集方法，针对涵盖大量个体的组织、群体个案可使用问卷调查法，针对个案中的人物可使用访谈法，针对特定的实验设计要求则可采用实验法收集数据，等等。当然，在一个具体的个案研究中，也可根据研究需要将上述数据收集方法混合使用，而不必拘泥于某一特定方法。因此，个案的复杂性也决定了案例研究中数据收集方法的多样性。

4. 研究情景的真实性

与实验研究不同，大多数案例研究并不对研究变量进行控制，而是在真实的场景中进行数据的收集与研究。这种研究情景的真实性也支撑了研究结论的有效性。实验研究中的实验性效应，虽然可以有效控制干扰变量，并因此提高研究结论的精确性，但是由于实验室情景与现实情景差异巨大，导致研究结论的可推广性与有效性受损，毕竟现实情景没有“干扰因素”的控制。因此，在真实情景中展开的个案研究兼具现实性与研究结论的有效性。

5. 研究方法的互补性

案例研究可以与实证研究、解释学研究进行互补。如针对统计调查研究，个案研究可发挥解释的互补作用；统计分析可以显示变量、现象之间的关系，但是如何解释，则可依赖于对个案进行研究并深入解释；针对个别村落、社区的民族志研究也可借鉴个案研究；叙事研究也都是以个案为基础来收集并分析资料；扎根理论研究的理论建构与探索性的个案研究也具有高度的吻合性。因此，在较为复杂的研究设计与研究过程中，个案研究可以与其他研究方法互补，从而更为有效地支持研究意图。

6. 研究结论的针对性

案例研究针对具体的个案展开研究，能够深入、详细地了解个案的内在结构和发展过程，把握个案现象的特点与规律。由此延伸，针对个案本身所存在的问题，如果需要进行改进、调整或矫正，个案研究也就具有了解决问题的借鉴价值。事实上，在国内教育领域很多具有矫正性目的的行动研究，也都以个案研究为前奏。

（二）案例研究的局限性

关于案例研究的局限性，学界也总结为以下几个方面：

1. 难以对研究结论进行科学的归纳

案例研究的推理基础不是统计归纳，而是分析性归纳，研究结论的归纳必然会受到研究者个性因素的影响，进而促使研究结论带有一定的主观性和随意性。而研究者对于研究对象的选择、描述、分析、解释、总结等，都容易发生偏差，这也会导致读者容易对研究产生理解上和把握上的偏差。

2. 技术上的局限与研究者的偏见

案例研究没有量化研究中标准化的数据设计、收集与分析方法，从个案的选择、研究到分析、解释，都具有较大的弹性，研究者本人的偏见、分歧或局限必然渗透于研究的各个环节之中，进而影响研究结论的效度与信度，导致研究结论科学性、客观性与可靠性的不足。

3. 大量的时间和人力耗费

密集的劳动力和大量的时间耗费是案例研究中的一个典型问题。个案的选择、接近、观察、访谈、记录、整理、分析、总结等各个环节，都需要大量的人力投入，同时亦伴随着大量的时间耗费，这相对于短时间就可发放成百上千份问卷，并可借助于计算机程序迅速进行数据分析的量化研究来讲，案例研究耗费的人力与时间是巨大的。

4. 案例研究的研究报告较为冗长和烦琐

案例研究具有深入性和主观性，导致研究者往往会用大量的笔墨详细描述研究个案，阐释烦琐的资料内容，由此便形成个案研究报告的冗长、烦琐，容易让人产生阅读大量篇幅的报告却所获不多的印象，过分冗长的研究报告甚至让部分读者望而却步。

小资料

案例研究的性质

案例研究自身具有复杂性，因而具有多重性质，并在不同的层面具有不同的表现。

在研究的方法论取向上，案例研究主要分为实证研究和解释学研究。经验研究介于实证研究和解释学研究之间，但更倾向于实证研究。与实证研究不同，经验研究是通过在多种类型的数据之间形成证据链的基础上进行联想推断的（分析式归纳）。与实证研究相同的是，经验研究在研究之前要确立研究假设或问题，并通过经验数据检验假设，具有实证性的特点，因此学术界有时也将经验研究宽泛地称为实证研究。解释学研究也注重经验数据，但侧重文化阐释和意义解读。（此处为主编在统稿过程中加入的个人观点）

目前我国还有一种思辨研究的说法。从严格意义上讲，所谓思辨研究并不是科学研究意义上的研究方法，而是一种逻辑思考过程，它主要通过分析、推理、比较、综合的逻辑思维过程提出观点、思想或主张。在这一过程中经验材料的作用主要用于举例说明，而不是像实证研究那样用于排除相反的假设、竞争性假设和谬误。（此处为主编在统稿过程中加入的个人观点）

在研究结论的推理逻辑上，案例研究采用的是分析式归纳的逻辑，而不是统计归纳的逻辑。一直以来，案例研究的重要目标是通过从个别到一般的逻辑推理，来追求研究结论的普遍性，案例研究结论的推论因此备受质疑。其原因在于若不借助科学统计逻辑，案例研究基于有限案例而总结出的结论是无法推论到更为普遍的层面的，案例研究的价值也因此局限较大。对此，有学者认为，量化研究基于数理统计逻辑而获得了可扩大化的普遍研究结论，个案研究同样可以寻求研究结论的扩大化，只不过它是分析逻辑基础上的扩大化，而非统计逻辑基础上的扩大化。[王宁. 代表性还是典型性：个案的属性与个案研究方法的逻辑基础 [J]. 社会学研究，2002 (5)：123 -125.] 所谓扩大化，即研究结论的抽象化、普遍化、一般化。分析逻辑是人们自古以来就使用的思维推理逻辑，是基于对事物概括、比较、抽象而进行分析扩大的逻辑，亦是惯常使用的哲学逻辑或思辨逻辑。就此而言，案例研究是具体研究案例借助于哲学或思辨逻辑推理来完成研究意图。

最后，在研究结论的普遍性上，案例研究具有研究结论的典型性，而非普遍性。典型的实证研究借助于统计归纳的逻辑，能够从样本推论到总体，进而获得研究结论的普遍性。但案例研究不具备这一研究基础，其运用的是分析式归纳的逻辑。案例研究的结论具有典型性，借助于案例的比较分析，案例研究可将结论推广到与案例同一类型的群体之中。在此意义上，案例研究遵循相同复制原则和差别复制原则。

四、 中小学教师通过案例研究能做什么

（一）获得第一手资料，进行日常教学反思

一线教师较为容易通过学生作业、作品、家长会、与家长互动的社交媒体记录、教学日志、教学日记、课堂观察、访谈、座谈、录音、录像等方式记录教育过程中的真实情况，并在这些数据的基础上，对日常教育教学工作进行反思，并改进工作。

（二）发现典型问题

案例研究适用于对不能像问卷调查、实验那样进行预测、控制的研究，或者不能人为重复进行的事例的研究。追踪典型的学生案例或跟进事件发展的过程，方便教师在教育教学过程中对学生和事件进行较为深入的了解，以便及时发现问题和解决问题。例如，了解班级中的非正式团体及其在班级管理中的作用，探讨问题儿童的案例或者典型的教育管理案例。

（三）促进教师专业发展

案例研究是教师培训和促进教师专业发展的有效方法。中小学教科研常采用案例研究的方式，在校本教研过程中，引入案例分析、案例讨论、概括总结等基本环节，有助于中小学教师对教育教学理论知识的深入学习和理解，并使书本知识得到内化和高度整合。

第二节
案例研究的信度与效度

在前面的教育实验研究专题我们已经讨论过研究的效度与信度问题，而案例研究虽然主要倾向于质性研究，但有时也试图采用量化研究的方法以提高其研究质量，因而也有必要讨论案例研究的信度与效度。

一、 案例研究的信度

信度指研究数据的可靠性程度，即重复测量同一个对象所获数据的一致性程度。这种一致性程度，既包括研究步骤操作的一致性，也包括重复测量所获数据的一致性程度。在案例研究信度方面，个案的异质性不但促使个案难以归纳，而且也影响案例研究结论的推广，因此研究数据的重复性在不同的个案之间总是存在着差异。

同时，时过境迁的情境差异，或数据收集者和核实者的身份和能力差异等因素，都会导致研究数据的一致性降低，从而导致研究的信度降低。

为提高个案研究的信度，需要采用三角测量的策略。三角测量原本指使用不同的测量工具测量同一物体以提高测量精度的方法，运用在案例研究中则是指从不同角度、不同侧面收集同一现象的数据资料，并相互印证、核实，以提高研究数据的信度，因此三角测量也被称为三角互证。此外，建立案例研究草案、案例研究数据库等方式也有利于提高案例研究的信度。

二、案例研究的效度

效度是衡量研究能够反映研究对象的有效程度，个案研究的效度主要有建构效度、内在效度和外在效度三种。

（一）建构效度

建构效度是指对所要研究的概念形成一套正确的、可操作的测量。要进行建构效度检验，研究者首先要确定研究假设中变量的变异水平（类型或程度），之后再据此筛选出能够反映变量变异水平的案例。建构效度体现的是我们能够用于表征高阶构念的操作中推断出这些构念的程度。为此，研究者需要以一些具体的概念来界定这些构念，并将这些概念与研究的初始目的联系起来，此外，研究者还需要找到与这些概念相匹配的操作性措施，最好引用已为概念配好操作措施的已发表的研究成果。

例如对于“自我监控策略提高小学数学学习障碍学生解题能力的个案研究”的案例而言，该研究的构念就可以表示为“研究参与者个案（小学数学学习障碍学生）、自变量（自我监控策略）和因变量（小学数学学习障碍个案学生的数学解题能力）”，针对上述每一个构念，研究者都必须确定一组能够充分表征它的操作来。如该研究通过综合美国障碍者教育法案（IDEA）、全美学习障碍联合会（NJCLD），以及我国一些学者对学习障碍的定义，对小学数学学习障碍学生做出了操作性界定：智力正常或以上，数学成绩低，学习问题并非由其他障碍或社会环境因素、家庭背景等所造成的。

为了提高案例研究的建构效度，研究者需考察在资料收集阶段是否采用多元的证据来源，以及证据与数据是否经过核实等问题。

（二）内在效度

内在效度只适用于因果解释性案例研究，主要是研究采用的解释的有效性程度，其中包括理论解释与数据的吻合程度，以及排除竞争性解释的程度。前者主要是针对理论解释的有效性，后者则是指理论解释具有多大程度上的唯一性。二者的实现程度如果较低，则表明研究的效度低。因此，这一效度指标也仅用于因果解释性的案例研究，而不能用于描述性案例或是没有理论解释的探索性案例研究。在内在效度方面，案例研究通过对个别或是少数案例的内部信息和资料做深入挖掘和分析，以提炼概念，甚至是进行抽象的理论解释或建构，但其核心的逻辑不是统计式归纳，而是分析式归纳，这意味着其推论或抽象逻辑必然具有一定的主观性、随意性，致使内在效度降低。

（三）外在效度

外在效度，是指研究结论的推广性程度，也就是研究结论的抽象性和普遍性问题。具体而言就是指案例研究的结论能否推广到更大范围的案例之中，如推广到一个班、一个年级、一个学校或更大的区域。案例研究一般采用小样本的案例，故如果将基于小样本的案例研究结论推论到大样本或是总体研究对象时，其外在效度注定因此而受损，尤其是个案之间差异越大时，案例研究的外在效度越低。当然，研究结论的抽象性和普遍性越高，其推论的范围就会越大。

第三节
案例研究的程序

尽管案例研究程序因案例研究的丰富性而具有差异，但作为一种研究方法，必然也符合研究程序的规范。个案研究无论其程序有何独特之处，核心依然是基本的科学研究程序，即发现研究问题、提出研究假设、收集资料、经验概括、理论解释、回归问题。因此，个案研究程序可以分为五个部分：案例研究设计、案例选择、数据收集、数据分析、撰写研究报告。

一、案例研究设计

（一）确定研究问题

研究问题要能够反映研究目的，且具有研究价值。因此研究问题的选择，既可从研究文献中获得，又可从现实问题中获得。案例研究的问题一般是回答“为什么”“怎么样”的问题，研究就是收集能够回答这些问题的数据资料。确定研究要回答的问题，就是要明确：要研究什么，研究想要知道什么，已经知道了什么，还不知道什么，等等。因此，研究问题的确定，既需要有发现现实问题的敏感性，也需要对文献做必要的积累和整理，综合二者就可以发现有价值的研究问题。

（二）做出研究假设

研究假设也被称为研究主张，即研究者对所要研究问题的立场、倾向、判断、看法。但值得注意的是，研究者提出的假设，需要有相应的理论支撑，或是有经验的积累，而不能是空穴来风、凭空想象、没有根基。理论中的命题，将其中的概念转化为可进行测量的变量，命题也就演变成了假设。

此外，在需要提出研究假设的研究中，往往需要同时提出研究假设与相反的假设，并运用后续的数据分析同时检验两种假设，以提高个案研究的有效性。

（三）确定分析单位

确定分析单位，即确定分析的对象，更通俗地讲，就是分析什么。一是确定分析单位的类型，如分析单位可以是一个个体、群体、组织、社区或是一个事件等。二是确定分析单位的数量，主要是指分析单位有几个层级。分析单位的层级，主要是根据案例内在的结构来决定，但是每一种单位的重要性，则需要实际数据的分析来确定。研究者需要明确每一层级的意义，划清不同层级的界限，并根据实际研究数据的分析修正、补充、扩展各个层级单位。一般来说，一个完整的分析单位在个案研究中会包括时间、地点、活动、定义和背景几个方面。

（四）确定数据分析的逻辑

在研究设计阶段就明确研究使用了什么理论，需要收集什么样的数据以及对数据如何分析处理。数据分析逻辑的采用应根据数据的性质来决定，定量数据运用的是统计逻辑，定性数据运用的则是分析逻辑。

（五）解释研究发现的准则

对于分析结果，研究者必须进行合理的解释，包括是探索出了新的研究结论，还是对已有的研究理论进行了证实或证伪。

（六）选择研究数量

研究数量的选择，取决于以下几个方面的需要：一是基于研究需要，二是基于案例本身的特点，三是基于研究者的条件。

二、案例选择

案例的选择，要综合考虑研究目的、研究理论、资料收集、样本特征等一系列因素。

案例的选择类似于量化研究中的抽样，但采用的往往是非随机的抽样。案例研究的抽样包括目的抽样和理论抽样两种。所谓目的抽样，就是根据研究的目的和要求选择相应案例的抽样方法。理论抽样则是根据研究中的解释性理论，选择与理论解释相匹配的抽样方法。目的抽样与案例研究的目的息息相关，而理论抽样则与研究选择的解释性理论紧密联系，二者在研究中经常综合起来使用，以兼顾研究目的和研究理论。因此，研究者在研究的过程中要不断进行反思，明确研究目的和理论，要在什么地方选择什么样的案例，以及案例的哪些属性、哪些方面与研究目的、理论相契合。

例如在“自我监控策略提高小学数学学习障碍学生解题能力的个案研究”案例中，研究者通过走访几个小学，在两个小学进行的前期诊断评量中筛选出了该研究的个案。其个案筛选的过程如下：首先请教师推选年级中各班数学成绩最差的1～3名学生，最终从6名学生中筛选个案，在推荐时告诉教师要排除其他类别障碍的学生，用瑞文标准推理测验（中国城市修订版）测出每位学生的智力，被选个案的智力水平在中等以上，然后使用小学生识字量测试，对达到识字量水平的学生，再以加减法计算能力测验排除个案的数学障碍问题是由于计算造成的，要求作答的学生正确率须在80%以上，紧接着使用学习障碍学生解题的动态评量测试，同时使用“学习障碍儿童行为检核表”筛查工具进行研究对象筛查，最终确定该研究的研究对象。

对单一案例来说，整体性分析与嵌入式分析，既可证实也可挑战一个理论，可以是极端案例也可以是独特的案例。选择多个案例进行分析，则包括案例内分析和交叉案例分析。案例内分析是针对单个案例进行整体性分析，而交叉案例分析则是案例之间的比较或综合，对所有的案例进行统一的抽象和归纳，进而能够得出涵盖多个案例的更为抽象、普遍和精辟的结论。

小资料

案例抽样方法

案例抽样的具体方法有代表性个案抽样、关键个案抽样、极端型个案抽样、配额抽样、声望个案抽样、滚雪球式抽样、效标个案抽样、证实与证伪个案抽样、综合抽样等。

代表性个案，是指能够代表研究对象一般性特征的个案。

关键个案，是指那些对事件产生关键影响或是具有关键作用的个案。

极端型个案则是极端的、被认为是“不正常”的个案，其反映的不是个案的一般情况，而是特殊条件或状况。

配额抽样，则是指将研究对象按照层次分类，然后根据研究要求在不同层次各抽取一定额度的个案。

声望个案则是文化声望地位突出或是较高的个案。

滚雪球式抽样，通过研究个案的介绍或是相互联系而不断扩大研究个案范围的抽样。

效标个案抽样，事先为抽样制定标准或是界定明确的条件、范围，然后依此进行抽样的抽样方式。

证实与证伪个案抽样，为证实或证伪理论或研究结论的抽样，如果针对研究的解释性理论，则一般在研究初期进行，如果是针对研究结论，则一般在研究后期进行。

综合抽样，综合各种标准进行抽样，或是按照要求进行分阶段抽样。（引用时有编辑和删减）

案例研究的目的性取样策略分类

一、选择具有关键特征个案的策略

1. 极端个案（具有极高或极低程度特征的个案）。

2. 集中性（具有高或低，但不是极端程度特征的个案）。

3. 典型个案（具有平均程度或者典型程度特征的个案）。

4. 最大变化（涵盖特征变化全部范围的多重个案）。

5. 分层（在预定义点呈现变化特征的多重个案）。

6. 同类的（具有类似程度特征的多重个案）。

7. 目的性随机（从可接近人群中随机抽取的多重个案）。

二、反映概念基本原理的策略

1. 关键个案（对理论、项目或其他现象进行重要测试的个案）。

2. 具有理论基础的或具有可操作性的结构（显现一个特定理论结构的个案）。

3. 证实或驳斥个案（有可能证实或驳斥以前个案研究发现的个案）。

4. 标准（满足一个重要标准的个案）。

5. 政治上重要的个案（出名的或政治上重要的个案）。

三、突然出现策略

1. 机会主义（数据收集中被选择用来利用无法预测机会的个案）。

2. 滚雪球（由知道另一部分个体可能提供相关丰富信息数据的个体所建议的个案）。

四、缺乏基本原理策略

便捷性（因为可以获得而被选择的个案）。

三、 数据收集

数据来源包括如下几个方面：

（一）文件

文件包括信件、备忘录、报告或是其他一些可作为数据的资料。文件的重要性在于它能验证从其他数据收集方法中得到的证据，如历史政策法规文件能够核实某个案例访谈内容的真实与否。但是文件本身的有效性、真实性也需要一些其他的数据对其进行核实或考证，所以不要一味将文件视为最准确或是最终的证据。

（二）档案记录

档案记录包括工作日志、地图、调查数据以及私人日记等。档案对不同的案例研究具有不同的作用。档案资料的收集必须仔细，并确定记录来源的精确性，以便做出选择。

（三）访谈

这是案例研究中较为重要的数据收集方法，可以根据实际的需要使用各种访谈形式，如开放式或封闭式，结构式、半结构式或无结构式，或是时间较长的深度访谈、焦点访谈等。访谈需要迅速及时地记录，不要距离较长时间通过回忆去记录，这样容易导致数据的丢失、模糊和混淆。

（四）观察

根据研究需要与实际情况选择有效的观察形式并做相应的记录，包括直接或间接观察、参与性或非参与性观察、结构式或非结构式观察。虽然观察法也是案例研究中非常重要的数据收集方法，但是其中也容易带有观察者的偏见，因此，提高观察数据的客观性，一是通过引入更多的观察者，进行互相比较、参考；二是研究者在观察的过程中要不断地反思，积极有效地克服自己的研究偏见。

（五）问卷调查

对于案例中所蕴含的大量个体，运用问卷调查可以便捷、快速地收集到大量的客观资料，且便于分析。但是对问卷调查收集到的资料的分析，需要嵌入案例的整体分析之中，问卷调查收集到的资料只能作为案例某个层级或是某个部分的研究资料，整个案例的分析依然是以定性分析为主。

（六）人工制品

人工制品包括板报栏、技术装置、机械工具以及艺术品等。

（七）实验

通过人工实验或是自然情景中的实验来获得和收集研究数据。

案例研究需要从多个方面收集资料，以形成多种来源的资料、数据库与证据链，借此提高案例研究结论的有效性和可靠性。案例研究由于收集的数据多样、使用的方式多样、数据的来源多样，需要建立一个数据库，对数据进行系统的贮存、整理，以便分析和使用。研究者既能够通过观察、访谈、听课等方式收集一手资料，同时也可以收集小学校长及教师的个人教学日志、举办各种活动的宣传展示、微信家长群的信息以及教育工作会议、新闻报道等教育政策文档资料来丰富研究资料，达到交叉验证的目的。

在选择收集数据的方法时，研究者必须从研究目的、要求和实际情况出发，综合比较各种数据收集方法的优缺点进行选择。如能够进行定量数据的收集，则使用定量数据的收集方法，这样可以避免被烦琐、冗长的定性数据所困惑。

数据收集的量的标准，也就是数据至少收集多少的标准。一般而言，确定定性资料的收集数量具有两个标准：一是理论饱和度，二是资料饱和度。所谓理论饱和度，是指研究中理论解释的所有维度都有相应的资料收集，资料能够涵盖所有的理论或是理论的所有维度；而资料饱和度，则是指随着研究资料收集的积累与增多，后续收集的资料与前面收集的资料开始出现重合，如果已经高度重合或是完全重合，即进一步的资料收集已经没有任何新鲜内容，则表示资料的收集已经饱和。

四、数据分析

（一）定量与定性数据的分析

定量数据的分析主要运用统计分析，但是分析的结构一般嵌入或整合在整个案例分析之中，整个个案研究使用的依然是分析逻辑而非统计逻辑，此处的统计逻辑只是展示整个案例的某个方面或部分。定性数据的分析则包括检视、分类列表等重组数据，其中最为重要的是编码，编码是与定量研究中概念操作化逻辑相反的一个概念。操作化把抽象的概念转变为经验的具体变量，而编码则是将具体的经验资料进行概括以提出抽象概念的过程。

思考

如何提高案例研究资料分析的质量？

（二）分析策略

对于具有解释性理论的案例研究，可用理论推演出的假设作为框架和逻辑主线进行分析数据；对于归纳性的案例研究，由于其本身没有解释性理论，因而需要从个案的数据中整合出一个可以统合数据的框架。为提高案例研究资料的分析质量，研究者还需要做到如下几点：

（1）遵循规范的分析过程。资料分析应该包括检验、分类及相应的组合方式。

（2）考虑具体的分析策略。具体分析策略的确定要考虑研究资料与研究主题或研究假设的相关程度，还要考虑研究资料与研究假设、竞争性假设（一个研究中有多个相互竞争的解释性假设）的涵盖与吻合程度，此外，可以通过案例描述展示个案的内在逻辑。

（3）采用具体的分析技术。如模式匹配、建构性解释、个案聚类分析、建构逻辑模型等。

（4）考虑资料的应用程度。为继续提高个案分析的质量，还要考虑资料的应用程度，分析所有的竞争性解释，突出个案研究中最有价值的部分，以及将个案研究与自身原有的知识积累结合起来。

五、 撰写研究报告

研究报告的表达方式具有很大的灵活性，没有统一的格式要求。但依照社会科学研究领域的规范，案例研究报告一般会包括研究背景与研究问题、文献回顾与评论、解释性框架与研究方法、研究资料的分析展示、研究讨论、研究结论与建议等部分。

罗伯特·K. 殷提出案例研究写作的结构包括线性方式、比较、时间顺序、理论建构、倒置式、不重顺序的无序结构等。同时，也有学者建议，个案报告撰写的最有效方式，就是用参与者自身的呼吁来讲述个案，这样能够促使读者进入参与者的世界而共同体验、理解与发现。目前，个案研究报告中，展示个案参与者的资料或是个案访谈、观察的直接叙述已经是写作的通用方式。当然，如果能在研究报告完成之后，让个案的参与者对此进行审阅和反馈，则可极大地提高个案研究报告的真实性、有效性和完整性。

表5－1 案例研究报告的主题与内容

方法论主题	陈述内容
1. 整体基调	•一种周全、和谐和透明的基调；写作有条理，同时具有吸引力
2. 研究问题	•适合案例研究：例如，主要是“怎么样”和“为什么”这类的问题
3. 设计	•界定案例，以及如何选择案例 •研究问题与计划收集资料的（逻辑）关系 •思考到的竞争性解释
4. 方法论其他部分的概括	•对资料收集和分析方法的概括总结（避免不想阅读方法论部分的读者继续阅读该部分）
5. 资料收集	•强调提供的资料是对个案贴切、深入的介绍 •展示案例研究方案，以及如何实施 •根据重要性，列出资料来源；进一步介绍每种来源的详细资料（如以图表或文档附件列表形式呈现的所参阅的受访者简介） •如何检验资料 •预料之外的困难及其对资料收集的影响
6. 分析方法	•描述分析方法：例如，匹配模式、建构解释等 •确认任何一种CAQDAS软件如何使用
7. 研究注意事项	•设计和分析的内在缺陷及其对研究结果的影响

（一）研究问题

适合案例研究的课题主要是“怎么样”和“为什么”这类的问题，如本专题末的案例研究典例“虚假集体与真实集体：小学班级纪律教育观的个案研究”探讨的就是小学班级纪律教育观是怎样的，以及这种纪律教育观是如何形成的问题；前文提及的“自我监控策略提高小学数学学习障碍学生解题能力的个案研究”的案例也旨在探讨自我监控策略能否提高以及怎样提高小学数学学习障碍学生解题的能力。

此外，在研究问题的表述措辞上应精准，逻辑上表明采用案例研究方法而非其他研究方法的必要性。如案例“自我监控策略提高小学数学学习障碍学生解题能力的个案研究”中层层筛选个案的原因就在于小学数学学习障碍学生这一研究对象的极端性与特殊性，而在“虚假集体与真实集体：小学班级纪律教育观的个案研究”这一典例中，研究者选取这些班级作为案例的原因是作为个案研究的三个班级是容易获得的，即目的性随机，三个案例属同一学校与同一年级，但其班级行为规范体系有所差异，所采取的抽样方法是方便随机抽样。

（二）研究设计

在这一部分，研究者首先需要向读者说明案例研究的基本思路以及个案是如何被选择出来的，其次是说明资料是怎样收集与处理的，重点是这些资料与研究问题之间的逻辑关系。为了提高案例研究的信度，案例研究的资料收集强调三角互证，如典例“虚假集体与真实集体：小学班级纪律教育观的个案研究”就通过访谈不同的班级纪律参与对象（教导主任、班主任和学生）和用文本资料与访谈法相结合的办法来提高资料的丰富性与真实性。资料收集方案要充分说明收集的个案资料是非常贴切、深入的。

（三）研究结果与讨论

在研究结果与讨论部分，研究者需要对数据进行分析，陈述研究结果，说明研究结果对研究问题的解释程度，讨论部分可以围绕个案数据结果的干扰因素、设计和分析的内在缺陷及其对研究结果的影响、个案选择的合理性以及个案研究与更广泛的理论和实践议题之间的联系等方面展开。

目前，在个案研究报告中，展示个案参与者的资料或是个案访谈、观察的直接叙述已经是写作的通用方式。当然，如果能在研究报告完成之后，让个案的参与者对此进行审阅和反馈，则可极大地提高个案研究的真实性、有效性和完整性。

此外，案例研究的论文与研究报告具有一定差异。一是读者群的差异，研究论文的读者群主要是专业的学术研究群体，而研究报告的读者群则取决于具体的委托方，或者是政府部门和企事业单位。二是内容涵盖面上的差异，研究报告的内容写作，一般要求大而全，尽量详尽、完整，而研究论文则是小而精，尽力深入而不需面面俱到。同时，让熟悉这一领域的研究者审阅并根据其给出的意见进行思考和调整，也是提高研究报告质量、增强说服力和吸引读者的一种有效方式。

虚假集体与真实集体：小学班级纪律教育观的个案研究

一、问题的提出

班级是学生学习和成长的重要场所，纪律教育作为班级生活中不可忽略的重要环节，其真实状态与实质内容都应受到重视和关注。那么，现实中的班级纪律教育现状到底是怎样的呢？学生对他们所接受的班级纪律教育有着怎样的情绪体验？班主任持有什么样的班级纪律教育观？该如何理解和阐释他们所呈现的纪律教育观的状态及问题？这些能给我们带来哪些思考和启示？

二、相关研究文献综述

梳理相关教育理论，可以按照训练与惩罚、对话与引导、个体体验和自然后果三种纪律实施方式将纪律教育观划分为行为主义式、建构主义式和个人主义式三大类。

行为主义观：普遍强调“纪律”的集体性和强制性，且教师所代表的是一种纪律权威，学生的服从属于机械性服从，无法讨价还价或与之争论、辩论。

建构主义观：强调学习者主动建构的意义。认为当学生拥有决定和选择的权利时，才能自然负起相应的义务。同时，认为“教师的职责不是‘给予’规则，也不是强制训诫儿童形成某种行为规范，而是在儿童对于规制和训诫意义进行自我建构过程中的帮助者和促进者。”

个人主义观：主张儿童纪律教育要采取自然教育和自治教育的方式，强调尊重儿童的个性和主体性。

三、研究设计

（一）研究思路与研究对象

为聚焦小学班级层面纪律教育的真实生活，研究以方便抽样法选取北京某所公立小学，预访谈了该校一名教导主任，通过个别访谈法正式访谈了该校三年级的三位班主任，并以焦点座谈法访谈三位班主任管理的班级学生（见表5-2），希望通过师生双方的深度访谈资料构建一个较为丰富完整的纪律现状描述框架。

表5-2　访谈对象基本信息

访谈对象	姚老师	李老师	刘老师	王老师	三位班主任管理的班级学生
职务	教导主任	A班班主任	B班班主任	C班班主任	含学生干部、非学生干部
性别	女	女	女	女	含男生、女生
教龄	12年	5年	7年	8年	—

（二）资料收集与整理

首先，与教导主任进行一段时间的线上预访谈，了解基本概况，并搜集个案学校有关纪律管理的文本资料（如纪律评分表等），为访谈提纲的设计提供参考框架和背景支持。其次，以半结构化访谈的方式，在征求班主任、学生的同意后，分别访谈并录音，每次访谈在一小时左右，每班约访谈两次，之后将音频文件存储并整理成逐字稿。资料分析采用质性内容分析法。使用NVivo软件进行开放性编码，对文本进行基本描述和代码整理，以自下而上的归纳方式对文本进行归纳性内容分析，在此基础上，进一步归纳和统整，形成有关纪律教育观的研究主题并赋予主题名称。

四、研究结果

（一）班级纪律教育的内容与形式

班级已预先设定了一套行为规范体系，主要内容包括秩序、礼仪、卫生三个方面。

定期举行的班会是班级纪律传达的重要形式。三个班级的班主任均表示，他们会通过班会强调纪律问题。如B班刘老师说："我基本上会说一节课，然后问问同学们的想法，看看他们能记住多少，有的同学可能会忘，就是多次强调吧。"

A班李老师介绍，该班级设有班长、副班长、体育委员、纪律委员、卫生委员、文艺委员等多位班干部。班干部是通过学生自荐并演讲、集体民主投票选举产生的。李老师不参与投票，也从未罢免过班干部。

B班的管理模式效仿公司，以生活、安全、财务、文化及健康共五个部门展开管理，每个部门有两位主管，主管由班主任指定产生，每位学生都是员工，都要参加一个部门，并领取固定积分，主管的积分会比普通员工高。每学期期末购买一批奖品，明码标价，学生依据积分多少进行购买。有学生提到，班主任可以随时加分扣分："我们老师想什么时候加就什么时候加，随机的。扣分就是随时在扣，比如你犯了错误、没交作业、太闹了等等。"

C班设立的班干部也由班级民主投票产生，但C班班主任王老师还额外设立了"班级小法庭"。班级小法庭在出现严重纪律事件时召开。

（二）学生的情绪体验

从访谈结果看，受访学生均表示，纪律规则的内容不是他们可以制定和修改的，但所有受访学生对"什么是好的，什么是坏的；什么是可以被接受的，什么是不可以被接受的"的理解和判断标准几乎是一致的。根据学生情绪体验不同，可以分为抗拒型、不在意型和服从型三类。

（三）纪律教育的特点

对主题进一步提取和归纳后，以有无"套路"和"控制"强弱为维度，将个案班级纪律教育的特点分为四种：传统高压、温和规训、巧妙套路和精神审判。

五、研究发现与讨论：真实的守纪律与虚假的守纪律

首先，从三个个案班级纪律教育活动的实施主体看，班主任集惩罚权力、威慑权力和权威权力于一身，学生以遵从班主任权威、遵守学校或班级既定的

奖惩规则为主导，学生们并不享有制定和讨论纪律规则的权利，他们只是依据学校和教师制定好的规则来判定纪律事件的是非，纪律的制定和实施基本没有师生之间的对话过程，存在权力“一边倒”现象。其次，从实施方式看，以公开强制、反复强化、奖惩、隐秘精神规训为主要教育方式，较少从学生的道德情感、理性建构和自我完善意识方面展开建构性活动。最后，从学生情绪体验看，纪律教育对学生身心施加了有形和无形的约束和控制。综上，可以认为三个个案班级均奉行行为主义式的纪律教育观。

六、思考与建议

（一）对学校管理者的建议：让权力受到约束

（二）对教师的建议：尊重生命平等和人格尊严

（三）对学生的建议：获得纪律意识的内在响应和觉醒（有删改）

扫码可查看个案研究全文

思考与练习

一、简答题

1. 简述案例研究有哪些类型。

2. 案例研究有哪些优势与局限性？

3. 案例研究的案例选择方法有哪些？

4. 简述案例研究的程序。

二、实践操作题

1. 选择几篇教育案例研究报告，根据本专题的内容对其中的案例选择、资料收集方法以及研究结论等方面进行评价分析。

2. 结合本专题的学习，选择小学教育领域中你感兴趣的课题（如后进生转化的案例研究，班集体建设的方法及策略的案例研究，榜样教育效果的案例研究，学生阅读、写作、计算等学习能力培养的案例研究等），设计一个案例研究计划，尝试进行案例研究并撰写案例研究报告。

推荐书目

[1] 殷. 案例研究：设计与方法（原书第5版）[M]. 周海涛，史少杰，译. 重庆：重庆大学出版社，2017.

[2] 殷. 案例研究方法的应用：第3版 [M]. 周海涛，夏欢欢，译. 重庆：重庆大学出版社，2014.

[3] 泰特. 案例研究：方法与应用 [M]. 徐世勇，杨付，李超平，译. 北京：中国人民大学出版社，2019.

[4] 麦瑞尔姆. 质化方法在教育研究中的应用：个案研究的扩展 [M]. 于泽元，译. 重庆：重庆大学出版社，2008.

参考文献

[1] 殷. 案例研究：设计与方法（原书第5版）[M]. 周海涛，史少杰，译. 重庆：重庆大学出版社，2017.

[2] 殷. 案例研究方法的应用：第3版 [M]. 周海涛，夏欢欢，译. 重庆：重庆大学出版社，2014.

[3] 克里斯滕森，约翰逊，特纳. 研究方法设计与分析：第11版 [M]. 赵迎春，译. 北京：商务印书馆，2018.

[4] 陈向明. 教育研究方法 [M]. 北京：教育科学出版社，2013.

[5] 张红霞. 教育科学研究方法 [M]. 北京：教育科学出版社，2009.

[6] 李沛良. 社会研究的统计分析：第2版 [M]. 北京：社会科学文献出版社，2002.

[7] 巴比. 社会研究方法：第11版 [M]. 邱泽奇，译. 北京：华夏出版社，2009.

[8] 杨静. 自我监控策略提高小学数学学习障碍学生解题能力的个案研究 [J]. 中国特殊教育，2012（1）：47－51，63.

[9] 潘苏东，白芸. 作为"质的研究"方法之一的个案研究法的发展 [J]. 全球教育展望，2002（8）：62－64.

[10] 楚红丽，叶丽. 虚假集体与真实集体：小学班级纪律教育观的个案研究 [J]. 上海教育科研，2021（7）：10－16.

[11] 黄娟娟. 教育案例与案例研究、案例教学 [J]. 学前教育研究，2003（11）：32－33.

[12] 王秀芝. 案例教学中需要研究的几个问题 [J]. 中国高等教育，2006（12）：44－45.

[13] 郑金洲. 案例教学：教师专业发展的新途径 [J]. 教育理论与实践，2002（7）：36－41.

[14] 刘菊红. 调查问卷中的统计分析方法 [J]. 上海统计，2002 (2)：35 - 37.

[15] 潘绥铭，黄盈盈，王东. “元假设”：社会调查问卷的灵魂 [J]. 学术界，2008 (3)：85 - 92.

[16] 徐志勇，赵美艳. 小学生学校生活质量 (QSL) 调查研究：以北京市 2 248 名学生为例 [J]. 教育学报，2012，8 (3)：84 - 96.

[17] 谭俊琴. 小学语文小组合作学习模式多案例研究 [D]. 聊城：聊城大学，2017.

专题六
哪类问题适合做民族志研究

学习目标与要求

1. 了解民族志研究的概念与特点。
2. 掌握民族志研究常用的资料收集与记录方法。
3. 重点把握民族志研究的程序和要求。

第一节
民族志研究概述

一、 什么是民族志研究

民族志（ethnography），也被译为人种志、人种论或文化人类学研究，民族志研究是人类学研究者从事研究时所采取的主要的研究方法与形式，也是研究资料的一种文本记录方法和呈现形式。它既是一种研究过程和方法（即研究者进行民族志研究），也是一种文化解释的表现形式（即民族志也是一种文化研究的成果形式）。

> **讨论**
>
> 教育民族志研究与实验研究有何不同？

民族志的资料通过参与观察、访谈、口述史等田野调查中诸多收集资料的技术手段的综合应用而获得。在资料的记录过程中，突出运用“深描”的方法，即揭示行为、言语、事件中所隐含的社会文化意义或结构，在对资料的解释方面则强调通过文本解读达到对行为、言语、事件的文化理解与阐释。

二、民族志研究的特点与类型

（一）民族志研究的特点

民族志是人类学研究方法，尤其是社会文化人类学研究方法最主要的表现形式，作为质的研究方法的起源，其认识论和自然科学所崇尚的量的研究方法的认识论是截然不同的，关注文化现象及其本质是民族志研究最大的特点。

1. 民族志是有关文化的研究

民族志首先是一种文化研究，文化研究的定性和民族志研究的本质是密切联系着的。研究者从事民族志研究的目的是探索所研究群体及其文化所具有的特征，任何群体和研究对象都具有其独特性，社会文化人类学的研究者就是要去探寻和理解他们所看到的文化现象背后，人们所赋予这些现象的意义。教育中存在着许多有待研究的复杂的文化现象，民族志研究强调通过长期的系统的田野调查去观察研究对象，这种文化对象的探究取向与教育中的许多文化现象不谋而合。

民族志研究强调在具体的场域、田野间开展调研，这是因为文化现象总是分散和琐碎的，它体现在研究情境的方方面面，渗透在校园、班级等实地场域中的每个角落。田野调查的本质是一种文化研究，研究者通过观察、参与、访谈、体验等方式去感悟、认知和诠释研究对象的文化，并在此基础上进行知识和理论提炼，其研究实质上是一种文化分析研究，田野调查的资料收集方式和民族志研究的研究性质是一脉相承的。

2. 民族志主要采用共情与联想推断的分析式归纳方法

自然科学基于数理统计的实证研究方法，其认识论的逻辑是：自然现象是一种客观存在的现象，不受人的主观价值因素影响，自然科学的概念和理论是对复杂现实的世界的主要因素的抽象，这些可以通过外显的行为和现象进行观测。科学研究强调抽取主要因素，科学知识必须要经过经验的检验，即排除相反的假设、竞争性假设和谬误才能被认可。而民族志的方法显然是不完全认同社会现象是客观存在、价值无涉这种判断的。具体到研究方法而言，研究者从事研究，其出发点不是去探索所谓的客观存在的真理。社会科学的研究者本身也是研究的必要手段和工具，研究者本人对研究对象、现象的情感体验是其他信息、资料获得的重要补充。这种认识论特性，决定了民族志作为解释学研究的一种主要表现形式，其认识论完全不同于自然科学的实证研究。

3. 民族志可对教育问题进行微观与宏观的考察

教育民族志的研究经历了从微观到宏观的关注视角的转变过程，无论是微观还是宏观，民族志的实地深入调查的研究取向都比较适合用于探究教育问题。在微观层面，民族志既可以关注儿童个性、教养方式问题，也可以关注学校与课堂中各类人际间的社会互动，如班级文化、教学方式、特殊学生群体等常见教育现象背后的文化意义；在宏观层面，民族志也关注学校在社会结构中的作用，并着重分析意识形态和社会制度是如何影响学校中的教师和学生的，如再生产理论中的抵制理论学派，较为著名的有英国学者威利斯（P. Willis）的《学做工——工人阶级子弟为何继承父业》一书，对12名劳工阶级出身的白人男生的人类学观察。

4. 民族志强调研究者本人的价值取向对研究结论的影响

民族志强调个人价值观是研究的一部分，强调研究者本人的价值取向对研究结论的影响。许多教育研究问题都是仁者见仁、智者见智，民族志对研究者自身价值的强调符合这类教育研究问题的特点，不同的研究者对同一教育现象的文化解读往往也会有所差异。

5. 民族志的设计比较灵活

在田野调研里，研究者经常会根据研究情境的变化而改变研究策略与方法，这种特点尤其适用于分析不确定因素较多的教育现象。许多教育现象和问题都具有较大的偶然性和独特性，民族志灵活的研究设计方式有助于开展教育类的研究，并得出结论。

（二）民族志研究的类型

根据民族志的研究对象与资料收集方式的不同，现有的民族志研究主要有以下几种类型与取向。

1. 经典民族志

传统的民族志主张研究者到实地中，在具体的场域、田野间开展调研。研究者在自然的环境中、在田野中亲自去参加调查，是获取可靠研究资料的最直接也是最有效的方法。如威利斯在进行“学做工”的研究时，就与英国汉默镇男校的12个“家伙们”一同上课、逃课，参加职业咨询，出入酒吧，共同体验了毕业18个月到工作后半年的学习与生活。

2. 数字民族志

数字民族志也被称为虚拟民族志、网络民族志等。数字民族志为观察不同文化和社会现象提供了更多机会，传统的民族志可能使用视频或图像，但数字民族志更深入，数字化的原始资料为教育民族志研究提供了更多的数据收集途径。例如，在“基于图像民族志的课堂互动研究”中，作者就把民族志与视频图像分析交叉融合，运用民族志的方法与视角，记录、描述与阐释视频图像中的主体行为与文化的关系，充分利用以科学研究为目的而拍摄的课堂视频并对其进行意义阐释，在揭示课堂互动惯习与实践逻辑的基础上，探讨“成长性互动”的形成路径。

随着电子信息技术的发展，由互联网构建出的网络虚拟社区及其独特的网络文化日益引发社会科学研究者的关注，一些学者开始把网络社区作为民族志研究的田野与工具，他们把网络虚拟环境与数字平台作为主要的研究背景，通过在线参与观察各社交媒体平台中成员的在线信息交互和行为、图像、视频等数字信息来获取数字民族志的一手资料，旨在研究在线群体呈现出来的亚文化、交互过程和群体行为特征。与传统的民族志不同的是，网络民族志是基于线上田野工作的参与观察研究，它使用计算机中介的传播作为资料的来源，从线上互动中搜集信息，以获得民族志对文化或社区现象的理解和描述，但依旧遵循民族志的一般程序。对于网络民族志而言，其基本步骤包括：（1）定义研究问题、社交网站或调查主题；（2）识别和选择社区；（3）社区参与观察（参与、浸入）和搜集资料（确认伦理手续）；（4）资料分析和重复的解释发现；（5）撰写、展示和报告研究发现、理论或政策建议。

例如，在“微信媒介场域内家校信息传播的网络民族志”研究中，研究者就以学生姨母的身份加入某县城小学一年级班级的家校微信群，通过线上微信群对家校交流的“潜水式”田野调查，并结合线下深度访谈的研究方法，从传播主体、传播内容、传播渠道、传播对象以及传播效果五个层面对微信群中家校信息传播的实践过程及文化特征进行了网络民族志考察。

但是，不少学者主张数字民族志研究在调查收集资料时不应只局限于网上的观察与互动，对网络虚拟环境的研究最终还需重返现实。这是因为人们在线上世界的语言和行为并不与他们在现实生活中完全一致，例如，有学生在现实生活中表现出沉默寡言的特征，不愿与人交流，而在网络社区中就可能变得极其活跃。但就其匿名性、开放性、交互性与跨越时空性的优势而言，数字民族志可为田野调查的资料收集提供便利与补充。因而有学者提出一种“融合的”网络民族志，即方法的结合，既包括面对面，也包括线上互动搜集的资料，并将其按不同比例融合线上和面对面的互动、资料和分析。

3. 自我民族志

自我民族志是人类学后现代主义研究范式之一，“自我”即研究者，也是研究对象。在自我民族志中，研究者本身就是被研究文化中的内部人，这种文化却被他者忽视或令他者疑惑不解，于是研究者亲自来书写并“翻译”自己的文化给他者看。教师可通过自我叙事对个人日常教育教学亲身经历与文化经历进行反思性说明，如有研究者就以“小学新入职教师离职”问题开展了自我民族志研究，作者通过对自己身为小学新教师从入职到离职的八个时期过程的描述，剖析了自己离职的内、外在原因，反思了小学教师岗位的新职业观。自我民族志打破了对教师的类型化、集体化设定，以一种循证的方式将教师自身零散的自身经验串联起来，自我民族志促使教师将职业认同建立在个体身份认同的基础上，通过关系性视角启发教师不再以自我为中心的视角来看待教育教学活动，而是通过反思与周围人、事、物的互动关系来探索诸如教育之于儿童的价值等教育应然的命题。

第二节

民族志研究的程序与要求

民族志研究一般遵循以下程序：研究问题的选择、研究对象的确定、田野调查与记录、资料的分析与研究结果的呈现。

一、研究问题的选择

对于要开展的民族志研究而言，除了选题的科学性、创新性等一般要求外，研究者还需进一步明确：所选择的题目是否适合用于民族志研究。

> 思考
>
> 在小学教育中还有哪些教育问题比较适合做民族志研究？

比较适合民族志研究方法的教育问题通常具有以下特征：

（1）具有自然的情境。

（2）探讨“为什么”或“怎么样”的问题，旨在对问题获得解释性理解。

（3）关注的是群体性的特点。

（4）关注具体事物的特点及其发展转变的历程。

（5）关注具有丰富意义的、有待深入挖掘的复杂的教育问题。

就小学教育而言，班级文化研究、边缘学生群体研究、不同文化背景下儿童的成长研究、课堂互动研究等都是较合适的民族志研究课题。教育研究中能符合以上要求的问题非常多，但在选题时也需仔细辨认民族志在其中运用的必要性。如学生群体的研究，如果研究者关心的是学生消费文化所具有的特点，那么民族志研究就是适合的，研究者可以找几个具体学生作为研究对象，长时间地和他们接触，观察、分析和总结他们的消费文化具有哪些特征，并分析这些特征形成的原因；但是，如果研究者关心的是学生消费的状况，那么这个研究可能就不大适合用民族志来进行了。消费状况的研究是一个趋势的问题，研究者完全可以设计一份问卷来进行抽样调研，通过抽样调查来描述和分析某个学生群体的消费状况特征；研究者也可以找几个学生来进行质的研究，例如进行几次观察和访谈，探讨某些典型或者独特学生的消费状况是怎样的。因为消费状况这个研究问题太细了，强调田野调查的民族志可能不大适合。

二、研究对象的确定

民族志研究因为要长期蹲点进行近距离观察，研究对象的选择显得尤为谨慎和重要。在教育研究中运用民族志，研究对象的选取必须考虑以下几个问题：

1. 样本必须具备独特性，并能清楚地回答研究问题

民族志研究强调每一个研究对象的独特文化价值，对于具体问题而言，这种独特性还应是样本本身能回答研究问题的独特性。

2. 研究对象对研究的接纳程度

民族志研究者作为研究的一部分，需要和研究对象有良好的互动才可能对对方进行研究。在长期的观察研究中，研究者往往需要充分参与到学生群体之中，融入其生活与学习中，例如威利斯在其研究中是以班级一员的身份而非教师的身份参与到“家伙们”在不同时间上的所有主课与选修课。

3. 进入实地现场的难度问题

人类学相关研究虽没有对进入现场调研的时间进行明确规定，但一般较为规范的教育民族志需要研究者在教育实地中进行为期一年以上的观察，才能对学校、课堂或班级有较为深入的了解，因此，所选取学校或班级的配合条件就显得非常关键。对于实地田野调查有难度的情况，也可采取数字民族志的形式进行辅助研究。

小资料

民族志研究的取样

调查问题制约着研究地点和人或计划的选择。举例来说，要找寻的教育机制，如教师的职业前景和学校成败之间关系的相关资料，在教室里比在教育会议的会议桌上更容易获得，尽管后者也很中肯。

下一步是决定如何从目标人群中选取样本。有两种做出决定的办法。第一种，挑出谁或者什么是不用研究的。这种排除过程就好像一流大学的认证过程一样。这不是说我们该承认谁，而是在被给定的所有有资格的人群中我们该拒绝谁。一大堆见多识广的人和有用的事件呈现在研究者面前，研究者必须过滤掉那些对研究只有微小作用的信息源。第二种，挑出谁或者什么应该研究，这些信息源将最有助于理解被研究社区的生活。

大多数民族志学者采用有益于参与观察的大撒网方式，随着研究的进行，焦点缩小到被研究人群中的特殊部分。大撒网方式确保在进入对特殊交往者进

行微观研究之前对事情的广角度视野。这幅大图景可以帮助田野作业者理解他或她从视频记录或笔记中捕获的更突出的细节，以便更进一步分析。

民族志学者通常采用非正式的策略来开始田野作业，例如从任何一个他们可以横插一脚的地方开始。最寻常的技巧是判断性抽样——也就是说，民族志学者依赖他们的判断，基于研究问题，来选择该亚文化或单位中最适合的人群。一些经验丰富的民族志学者则采用一些完全随机的策略开始工作——特别是当他们对所要研究的文化或单位知之甚深。（引用时有编辑和删减）

三、田野调查与记录

田野调查原指早期人类学者多在远离现代文明、发展相对缓慢的原始部落的实地调研。现在的田野调查已没有早期民族志乡野田间的情境，而是侧重于实地和现场调查的意思。随着民族志研究对象与空间的扩展，城市群体文化也成了田野调查的对象，田野调查的空间也延伸到网络文化空间。如果民族志是人类学研究独特的研究方法，那么田野调查就是民族志研究中最引人关注的研究形式。比如在研究现场进行观察或者参与某一社会行为并试图描述与理解这一社会行为，最终向别人报告研究结果，这种研究方法就可称为田野调查或田野研究。

田野调查的根本目的在于获取研究对象真实、自然的状况。在运用人类学研究方法的过程中，从事田野调查的人，通常不会带着有明确定义的理论假设去从事研究，比较典型的做法是，他们先从无法预测的进程中发现有意义的东西，然后观察，从而得出结论，然后进一步观察，再修正结论，一次次循环，螺旋式上升。田野调查作为一种实证研究方法，强调从实地、从现场，即从田野中获取知识、得出结论，其结论的得出是一种“自下而上”的过程。

（一）田野调查资料的收集

民族志研究的主要资料收集方式有观察、访谈、实物分析和文献搜集，其中参与式观察与访谈最为重要。

1．参与式观察

参与式观察是人类学研究中最为常见的观察方法，观察者不仅要与被观察者一起生活、学习、活动，更重要的是要在这种互动过程中观察被观察者的状态。为了更接近真实情境与群体状态，在观察中，研究者一般需要隐藏自己的身份，例如以实习教师的身份深入学校与班级中的观察效果一般要优于以调研者的身份进行观察，这样能避免研究对象的过分注意和警觉，能更大程度地减少研究者身份对研究对象的干预。和参与式观察相比，非参与式观察则是一种不需要研究者直接进入被观察者日常活动的观察。从事非参与式观察的研究者，往往是一种完全旁观者的身份，他们通常无法和被观察对象进行交流，这会影响他们对具体问题的了解程度。因而，在民族志研究中，文化人类学学者采用的大多数是参与式观察。

小资料

教育民族志的一些观察对象

学校和课堂观察的内容选取，可以考虑从以下几个方面入手：

一是对教师的观察。主要包括：教学态度方面，教师是否认真负责，是否尊重、信任学生，是否对教学工作准备充分，是否有敬业精神，教学是否投入等；教学能力方面，是否对教材的组织条理清楚，教学语言是否具有逻辑性和吸引力，教学活动是否组织得有序、活泼等；教学智慧方面，是否能灵敏地捕捉教学过程中的各种信息，是否有效地采取一些教学策略，是否对课堂教学的突发事件有着灵活且艺术性的处理，是否在教学中表现出一定的科学性与艺术性的统一等；教学效果方面，是否注重课堂上学生的反应，是否注重有效的教学，是否把知识传授、过程与方法、情感态度价值观的三维目标统一到课堂教学活动之中等。

二是对学生的观察。主要包括：参与状态方面，学生是否全员参与了教学活动，参与的积极主动性如何，学生参与教学的效果分析等；交往方面，观察学生在课堂教学上是否具备多向的交往，同学之间的合作学习与交往的效果分析，师生交往的频率与效果等；情绪状态方面，观察学生的学习是否其乐融融、积极主动、愉快有效等；学生的思维状态方面，观察学生是否愿意提出问题，是否发表自己的观点和看法，是否在教学过程中善于质疑等。

三是对课堂教学过程的观察。主要包括：有哪些教学方法上的创新，教学组织形式上是否合理有效，教学过程中教师与学生各自主体性发挥的情况，教学手段是否现代化和科学化等。

四是对学校文化的观察。主要包括：学校物质文化、制度文化及精神文化的表现及实质。物质文化包括校园环境、建筑、教室、教学设施、图书馆、食堂、宿舍等，制度文化包括学校教学管理制度、课程管理制度、教师管理制度、学生管理制度等，精神文化包括校训、校风校纪、教师的精神面貌、学生的精神状态等。

2. 访谈

访谈也是人类学资料搜集的重要方式，访谈法在前面的调查研究专题中已有介绍，它是指研究者通过口头谈话的方式从被研究者那里搜集第一手资料的一种资料搜集方法。

（1）民族志研究中访谈的作用。对于人类学研究而言，访谈对资料的搜集具有以下重要作用：

①访谈可以了解研究对象的所思所想、情绪感受、生活中曾发生的故事，以及研究对象对这些故事所进行的意义解释。

②访谈可以使研究对象发表自己对问题的看法，使研究对象可以对事情过程进行深入、详细的描述，并用自己的语言和概念来表达自己的观点，有机会发出自己的声音。

③访谈还可以在研究关系和情境许可的情况下，由研究者与研究对象探讨其研究中无法处理的一些敏感话题。

④访谈可以促进研究者和研究对象建立良好、互信的人际关系。

（2）民族志研究中访谈的技巧。一般来说，民族志研究多采用开放式访谈，刚开始的访谈一般都会是一种闲谈式的交谈。随着研究的不断深入，研究者开始逐渐按照研究问题来了解研究对象的想法，因此，根据一定研究特点而开展的半结构性访谈在研究中被运用得越来越多。为了让受访者充分表达自我以及让研究者获取更多的民族志资料，在访谈中应以开放型问题为主，封闭式的问题应放在访谈的尾声，以检验访谈内容与结论的一致性与真实性。在与研究对象的访谈中，不仅要倾听与及时记录，更要积极回应、追问与察言观色，捕捉并记录受访者的面部表情与肢体动作，通过对受访者访谈内容的回应与追问，适时引导访谈话题的进程。

（3）民族志研究访谈资料的记录与整理。从资料搜集方面来说，访谈录音是必需的。没有录音，仅靠纸笔记录，研究者无法完整再现研究对象所谈过的内容，而且纸笔所记录的很多信息也易出现误差。从录音资料的整理方面来说，录音整理宜早不宜迟，整理的过程可以结合访谈现场的文字记录对一些表情和语气的状况加以说明，如果整理时间拖得太久，这些相应的资料可能会丢失。录音资料整理成文字是一件极耗费时间和精力的事情，对一些初学者而言，很多人采用选择性地转录录音，质的研究资料主要就是文字信息，录音一旦不能被转化成文字，所依存的信息就会消失。因此，录音文字转录一定要尽可能详细，在无法知晓哪些信息对研究有价值的情况下，必须对原始资料进行最全面的保存，否则，会对研究造成无法挽回的损失。

3. 实物分析和文献搜集

包括文献在内的任何实物都是文化的产物，实物就是文化的最普遍的物化形式，对于研究群体的文化特征而言，实物可以起到很好的辅助作用，例如学校和教室里的宣传栏、板报、文化墙等都可作为民族志研究资料收集的重要对象。

在民族志研究中，研究者要综合运用多种田野调查资料收集方式。例如，在“乡村定向师范生的多重身份冲突”的教育民族志研究中，研究者就深入田野，在与乡村定向师范生群体共同学习和生活的同时，迭代地进行资料收集与质性分析，其资料的收集采取了多种途径，如参与观察、访谈、文件等，以形成多维互证。其中，参与观察是指研究者分别以教师教育者与学生的身份与研究对象一同参与课堂、讲座、支教等活动；访谈是在田野研究的后期，建立了一定的互信基础之后，采用开放式与半开放式两种方式进行；文件则主要包括了国家、省市、学校等公开发布的文件。

拓展阅读

《校长办公室的那个人：一项民族志研究》中的田野研究法

哈里·F. 沃尔科特的《校长办公室的那个人：一项民族志研究》通过田野调查的方法，从文化的角度描述并分析一位小学校长艾德的日常生活，并有选择性地记录其行为的特定层面，并对校长——这一特定个体（或群体）的行为进行解释。下面是沃尔科特对该研究的田野研究与资料收集方法的自述。

除了通过参与式观察获得的研究日记外，研究者通常会依赖其他的渠道和研究技术为田野工作的特殊方面提供支持性材料，这些材料能更好地、更系统地反映研究对象的自然状态。我特别需要一些学校日志，以便为我后续的研究提供有关学校员工和学校大事记的统计信息。我也希望做一些系统性的访谈。这些技术中的任何一种（或其中几种的组合）都可能是研究的主要方法，而不仅仅是一种补充性的技术，当然这也要根据研究目的而确定；一些田野工作者更坚持这里所谓的补充性技术是参与式观察这种方法的全部。不管如何，那些通过许多方法收集到的资料都可以补充我的直接观察。以下六种方法是信息的有效来源：

1. 搜集各种日常通知。和一般的教职员工一样，我在学校的办公室也有一个信箱。我可以收到来自学区主管部门及校方的例行通知。同样，跟艾德（校长）出席会议时，多数情况下我也能拿到一份多出来的议程或其他资料。

2. 搜集学校的记录、报告及信件的复印资料。学校秘书会将日常工作报告及信件的副本给我。有时在文件用过后，我可以得到原件。

3. 以两小时为一单位，每隔60秒记录下那位校长的行为和社交活动。这一过程中，我要记下艾德与谁、在哪里、什么时间进行了互动，以及发起互动的人是谁、谁发表了意见、参与的人数。

4. 收集学生的印象。我要求所有五、六年级的学生简要地写出他们对校长的印象。我告诉他们我和校长正在进行一个研究，而我会阅读他们的书面报告，每一个学生都可以自行决定是否在报告上署名。

5. 使用录音机录音。为了比较，在对15位教职员工进行访谈时，我用了一系列开放性问题，通过访谈本身来探究、重组问题，或探索一些可能跟本研究有关的非预想主题。主要问题包括受访者的背景，对校长的看法，以及认为学生、教师、家长们对校长有什么感觉。最后，我让每个人描述一下他们心目中理想的行政人员。

6. 六月份学年结束前，我把针对教职员工的问卷设计好并分发出去。这份10页的问卷包括有关个人、教师及学生们的统计资料，问卷可以让我了解到每一个人对校长的看法。

每一个从笔记中摘录出来的句子都被复制在12.7 cm×20.32 cm大小的卡片上，上面注明分类目录、副标题、原件日期及完整出处；每张卡片只能有一个主题，然后再把这些资料卡片按照主题加以组织、分类、重新安排，从而便于最后阶段的撰写使用。

（二）田野调查的记录类型

在田野调查中，针对不同的观察或访谈情境一般会采用不同的记录方式。田野记录一般有四种类型：田野备忘录、田野日记、田野日志和田野笔记。核查人种学家观察的准确性主要看其田野笔记的质量。

> **讨论**
>
> 如何做好田野调查的记录？

1. 田野备忘录

在田野调查中，大量的细节材料需要研究者进行分析和处理，但是仅凭个人的记忆不可能完成这样的工作。田野备忘录以速记的形式，将所见所闻记录下来，其作用是帮助研究者日后详细地整理记录观察和访谈中的大量细节材料。

田野备忘录案例：图书馆占座

表6-1 图书馆占座事件备忘录

速记	事件	备忘录
AM 6：15 2男，1女，门边。男，谈，女，书。慢慢来。早餐	早晨6：15，开始有学生到图书馆门口前等候。此时门前共有2位男生和1位女生。那两位男生在聊天，女生则从书包里取出一本书，低着头读起来。时而有学生慢慢走来，手里拿着早餐，有的边走边吃，有的准备带进图书馆再吃	图书馆资源有限，如果要想在其中占有一席之地，需要很早起来排队。为此，有的学生干脆不吃早饭，或者带着早餐去图书馆
6：25 门卫骑车来，矮胖，进门，关门，收拾桌，坐下。不开门	到6：25的时候，门卫骑着自行车来了，他是一位矮胖的年轻人，但他的动作很麻利。他打开图书馆大门，进去之后就赶紧从里面把门锁上；他迅速地把签到桌上的物品收拾一番后，就在桌边的椅子上坐下来。不到规定的开门时间，他是不会开门的	图书馆开放时间有严格的规定，这种规定是不容更改的。即使看门的保安看到外面的学生排了长长的队伍，他也熟视无睹。这也为下面即将发生的拥挤埋下隐患

2．田野日记

田野日记主要记录研究者的个人感受、情感、观点、想法等。日记有助于研究者宣泄情绪、减轻压力，同时，也有助于记录田野作业过程中不想让别人知道的所见、所闻、所感。

田野日记案例：学生幸福论

2008-11-20 星期四 晴

今天我看到了让我非常震惊的一幕，一位年纪很轻的数学老师竟然不分青红皂白地惩罚一个在我看来并没有犯什么大错的学生，单是这一节课的惩罚也就罢了，问题是对这个学生的惩罚一直持续了近一个月。

2009-1-29 星期四 多云

今天有机会采访了Z省的十多名小学生，孩子们十分热情且真诚地向我述说着他们的所见所闻，描述着老师在他们心中的形象。听着孩子们纯真无邪的话语，看着他们疑惑不解的神情，我的心情十分沉重。

3. 田野日志

田野日志要清楚记录一天中计划用的时间、所做的事情，以及实际上使用的时间、做的事，等等。写日志时可以将日志的一页分成左右两个部分，左边用来记录工作安排，计划要做的事情和时间分配；右边记录实际做的事情和所用时间。日志的作用不仅是记录下所做的事，以及提醒研究者要按时间计划来完成田野工作，更重要的是它能够帮助研究者厘清什么是自己要解决的问题、将会产生的结果是什么，以及还有哪些素材是真正需要的。日志与日记相比，其内容和形式更为正式，也更偏学术化。

田野日志案例：失学女童的田野调查

表6-2 失学女童田野日志记录表

4月29日 北京	
晚上做完了3份问卷，明天与他们讨论	今天，滕老师带大家进行的有关调查提纲和问卷及访谈的讨论，对我们去云南做田野调查作用很大。根据社区文化、学校和家庭对女童失学的影响设计自己的小问卷、访谈提纲
4月30日 北京	
尽管最后确定下来了一份，但我认为还存在一些不足，需要进一步完善。明天还要继续讨论教师问卷和样本的选定	晚上7点，我们在滕老师家开会讨论问卷。由于时间有限，我们决定先进行学生问卷的修订和确定，大家一起讨论选项和题目。至于自己的小问卷，我的思路发生了一定的改变，偏向于社区文化、学校和家庭对女童失学的影响
5月9日	
团委书记说拉祜族特别是拉祜族的妇女的素质亟待提高，我决定抽时间去访谈她们。 明天将去各个学校发放问卷，我被安排在民族小学	经过20个小时的颠簸，终于在今天早上9点到达了云南澜沧拉祜族自治县县城。 下午2点在县教委开会讨论这次项目的一些具体事宜。 晚上在滕老师的房间里开了3个小时的会

4. 田野笔记

田野笔记也是正式记录，按所包含的材料内容类型来划分，田野笔记包括描述性田野笔记和反思性田野笔记两种。

（1）描述性田野笔记。描述性田野笔记旨在描写情境、人物及其活动，它包括以下内容：

①对象的肖像——他们的外貌、风格、姿势，他们如何说话、做事等。

②谈话过程的再现——被试之间的谈话，以及他们对研究者所说的话，独特的或是特别的话语要及时记录下来。

③物理情境的描述——房间的布置、物件的摆设的素描。

④对特定事件的记载——谁、什么时候、在哪里和怎样参加了这一事件。

⑤对活动的叙述——详细描述所发生的事情及其经过。

⑥观察者的行动——研究者的行动、衣着、与参与者的谈话、反应等。

描述性田野笔记案例：农村小学教师与家长的交往

开学的第一天是学生报名的日子，我一进校门就已经看见有一些家长领着孩子在学校里面转悠，还有些家长陆陆续续地领着孩子往校园里走。通过观察我发现这些家长大部分是低年级学生的家长，据学校的巩老师介绍，现在农村的学生已经不需要交杂费和书本费，只需交纳 6 元或 10 元的作业本费，这点钱家长可以放心地交给学生，因此中、高年级的学生自己来报名就行了，只有低年级的家长怕孩子把钱或发的课本弄丢了，才陪孩子一起来。校园里零零散散地分布着一些学生家长，大部分是孩子的母亲，因为孩子的父亲大多都外出打工不在家，只留下妻子在家抚养教育孩子兼顾地里的农活。这些家长们看起来很腼腆，从他们熟悉的田间地头来到陌生的学校，要和这些他们看来衣服光鲜并掌控着自己孩子未来命运的人打交道，自然很小心翼翼。他们寻找自己熟络的人，三三两两地聚在一起，或蹲或站，一边聊着家长里短，一边耐心地等待报名的开始。

我走进二年级班主任徐老师的办公室，这间办公室大约十平方米，既是教师的宿舍又是教师的办公室。大约有五六个家长领着自己的孩子挤在这间办公室里，以教师和教师前面的那张办公桌为核心围成了一个半圆，让徐老师检查孩子的暑假作业并注册报名。在办公室里徐老师是坐在椅子上的，而家长是围绕她站立的，即便徐老师反复地招呼家长坐下，家长也没有坐，可以看出家长和教师打交道时极不自信、极不自然。在这种场景中教师是以一种居高临下的指导性姿态呈现在交往中的，而家长以一种谦卑的或尴尬的姿态处于交往的边缘地带。当然也有个别家长和教师之前就已经建立了良好的关系，他们在学校的表现就自然多了，会随意地坐下来，一边和教师联络感情，一边和其他家长交谈。这时候，其他家长似乎也逐渐变得活跃起来，开始和教师热情地交谈，主要内容是问孩子在学校的表现，临了往往还会补一句："麻烦老师以后好好地管一下，不听话你就打。"（有删改）

（2）反思性田野笔记。反思性田野笔记主要呈现出研究者自己在观察过程中的所思所想。它包括以下内容：

①对分析的反思——研究者对其所了解的事物及发展状态的观点，看到的格局或联系的思考。

②对方法的反思——研究过程中使用的步骤、材料，对研究设计以及不断涌现的问题的评价等。

③对道德困境和冲突的反思——如随着研究过程的进行，研究者所进行的思考（态度、意见、信仰等），以及这些事物可能对研究产生的影响。

④观点的澄清——提示研究者有待进一步澄清、检验事情的备忘录。

反思性田野笔记案例：一项在小学实施“英语话中华”创新课程的民族志研究

这次上课我比之前收放自如很多。上课前设想的复习问答、知识点的引入基本都实现了，然而问题也不少。

首先是分组上，这次的分组控班进展相对顺利，我一直有在计分，学生听课回答和提问的兴趣也确实被激发了，但更好的做法应该是根据学生的程度和兴趣交叉分组，并且在每个小组的给分上应该保持相对平均，否则到第二节课有些小组分数偏低，信心会被挫伤。

其次，在课堂内容的安排上，这次课花费在复习的时间比我设想的要久一些，另外对本课进行备课时准备的内容也偏多，这些其实可以直接省去，用来讲 wrapper 的视频，张仲景的故事也可以过得快一些。我原本设想的是饺子比较有代表性，也符合立冬节气，对学生来说接受起来容易，但是后来联系到上海地方特色，其实可以将锅贴作为主要内容，更加贴近学生生活，总体来说这两者对课堂内容影响不大。

这次听课堂录音我自己最不满意的地方是学生不懂的地方与我设想的不一样时，我还是比较缺少应对方法或者给出的解释不够充分。解决办法是多做些准备，包括图片和口头解释，这样我就可以在上课时根据学生反应进行选择性的讲解。另外还有语音语调的问题，我的语速慢下来后会显得说话拖沓，间隔时间也会变长，不过这样对学生来说确实更容易接受，我需要做的是对着镜子再多讲讲，多一些变化，试着用语音语调来明显地标记内容的重难点。

在田野笔记中，除了内容上的描述和反思之外，还需要对获取资料的方法和途径进行说明，例如：如何进入田野，材料的来源与收集方法，即在什么样的情境下搜集到了什么样的资料，使用了哪些具体的方法和手段，等等。

（三）田野资料的“深描”方法

“深描”即深度描述，它是解释民族志的基本特征，也是民族志研究中资料记载与解释文化现象的主要方法。深度描述方式不仅能让读者身临其境地体会其所描述的经历与事件，更重要的是，深度描述必须要能将行为背后的意图和意义揭示出来，深度描述关注的是各种社会文化现象是如何出现的以及人们又是如何理解这些现象的。

1．“深描”与“浅描”

深度描述是相对于浅度描述而言的，二者的区别之一在于对场景、语言和动作细节等刻画的差异。深度描述强调对事件的细致再现，而浅度描述只是对事实或所发生的现象做简单的报道。下面我们分析“农村小学教师与家长的交往”案例中的记述。

> 我走进二年级班主任徐老师的办公室，这间办公室大约十平方米，既是教师的宿舍又是教师的办公室。大约有五六个家长领着自己的孩子挤在这间办公室里，以教师和教师前面的那张办公桌为核心围成了一个半圆，让徐老师检查孩子的暑假作业并注册报名。在办公室里徐老师是坐在椅子上的，而家长是围绕她站立的，即便徐老师反复地招呼家长坐下，家长也没有坐。可以看出家长和教师打交道时极不自信、极不自然。

在这段叙述中，研究者描述了家长带孩子来开学报到时家长与教师交往的场景，并且对人物、场景、动作都做了细致的刻画，例如徐老师办公室的场景、家长与教师站位的空间布局与动作和家长对教师的邀请坐下的回应，同时，作者表达了自己在该场景下的感受与想法。通过这种细致的深度描述，就能再现真实的情境，而如果只是把这个事件简单地描述为“家长带领着孩子在徐老师的办公室里注册报名”，那么，在这个事件中许多有意义的文化现象就被忽略掉了，缺少了这些关键的文化事件与现象，这些行为背后的意图和文化意义也就难以解释了。

深度描述的另一突出特征是使用生动的、贴近生活经验的概念和术语。贴近经验指的是资料提供者顺其自然地界定自己的所见所闻、所感所想时使用的概念，这种概念来源于日常语言，如“找乐子”就是一个贴近生活经验的概念。而在浅度描述中，研究者常常使用抽象的、远离经验的、来源于社会科学理论的社会学术语来代替生动的、贴近生活经验的概念和术语，如“符号暴力”。当陈述使用了诸多抽象的术语，那么这些描述就脱离了与原始材料的关系，既不能展现活生生的人，也不能展现活生生的经历。

2.“深描”与“解释”

“解释”既包括民族志的研究对象如何理解他们的经历与故事，同时也包括研究者如何解释这些事件背后的文化意义。深度解释旨在建立一个分析和理解的系统，从而揭示经验世界的丰富意义。在民族志研究中，“深描”与“解释”往往是交融在一起的，并且互为基础。正如诺曼·K. 邓金所主张的，“倘若研究者没有解释研究对象的生活经验，便不可能理解研究对象的生活经验，而在理解之前，研究者还必须对研究对象的生活经验做深度的描述，这就像脱离特定语境的暴力行为是无所谓有什么意义的，为了解释这一象征性行为，读者必须知道暴力之前发生了什么，还必须清楚暴力之后又发生了什么，只有了解了语境，读者才可能解释该暴力行为的意义”。

3.“深描”的特征

田野记录中的深度描述一般有以下几个特征：

（1）深度描述以多元的传记方法为基础；

（2）深度描述把自传和活生生的经历联系起来；

（3）深度描述是情境性的、历史性的和交往性的；

（4）深度描述能够生动再现特定社会情境中的个人或群体的人生历程；

（5）深度描述能揭示个人生活经历的意义；

（6）深度描述能让读者走入其所描述的人生经历，身临其境地体会其中的基本意义；

（7）深度描述不会笼统地解释其所描述的东西。

深度描述绝不仅仅只是记录人物的所作所为，而是去详细地描述情境、情感以及人际交往的社会关系网络，特定地点与情境中的人物、人物与人物间的互动、人物的语言和感想都是深度描述方法捕捉的对象。它必须能将其所描述的东西活生生地呈现出来，从而唤醒人们的情感和内心感受，同时它将历史插入经历，以求能将交往情境中的个体的经历意义及其发展顺序揭示出来。在深度描述中，交往个体的声音、情感、行动和意义不仅能被“听”到，而且能被“看见”。

四、资料的分析与研究结果的呈现

（一）民族志资料分析方法

1. 类属分析

类属分析是对资料进行分类的方法，即把具有相同的属性的资料归入同一类别，并以一定的概念命名，致力于将资料从它们所处的情境中抽取出来，强调通过对比来建立不同资料间的联系。

下面我们以《学做工》中的民族志资料分析为例，威利斯以三个主题来对民族志资料进行分类分析，它们分别是文化的元素（抵制权威与摈弃教条、非正式群体、打盹、哄骗与逃学、找乐子、无聊与刺激、性别歧视、种族歧视）、文化的形式（阶级形式、制度形式）以及劳动力的主观准备过程（官方准备、连续性、职业、上岗）。

通过类属分析，资料各类别间的关系就建立了起来，这也是对资料进行编码的过程，即把整体资料打散进行不同归类的资料分析方法，有时也会采用扎根理论开放式编码、轴心式编码和选择式编码的步骤与规范，具体的资料扎根编码步骤与要求将在后面的扎根理论研究方法专题中详细阐述。

2. 情境分析

情境分析是将资料放置于研究对象所处的自然情境中，按照故事发生的时序对有关的人和事进行描述性的分析，这种方法类似于教育叙事。情境分析既能遵循时间空间的序列，也能遵循事件因果的序列，其具体分析内容也是多样的，包括研究现象中的主题、事件、人物、机构等。

类属分析和情境分析两种方法各有长处，但也各有短板，类属分析强调比较不同资料间的异同，强调建立不同资料之间关系的重要性，而情境分析强调从研究对象叙事结构出发来组合资料，强调尊重研究对象本身。例如，我们要研究小学教师的文化特征，如果我们的研究主题是不同教师文化特征的差异，那么，我们在资料分析时就可以采取类属分析，区分不同年龄、不同专业和不同地域教师之间存在哪些文化特征，按照访谈的材料来进行区分比较；而如果我们的研究是该小学教师文化的发展历程的特征，如为什么该校的教师都对教育事业如此热心，他们对学校的归属感为什么这么强，等等，我们就可以对资料分析采取情境分析，要从学校的发展脉络去整理相关的校史来同教师进行访谈，按照时间的历程，一步步描述凸显该学校的教师文化特征是如何形成的。

对于许多民族志研究而言，类属分析和情境分析都是可以同时运用的资料分析方法，二者结合起来可以获得更佳的效果。如在某小学教师文化的特征分析的问题上，可以同时采取两种分析方法，这样研究问题就可以设为：该校的教师文化特征形成的过程的同时，不同教师的文化存在着什么样的差异？而为什么最终是热爱教育事业成为大多数教师都认可的理念呢？其中的形成过程又是如何演变的？

（二）民族志研究结果的呈现

在经过民族志艰苦的资料搜集和分析之后，最后的步骤要呈现众多的资料整理分析后的研究结果。在民族志研究结果的呈现方面，需注意以下几个问题。

1．要对研究对象或群体进行整体、全面、动态的“深描”

我们强调对民族志的研究进行全面深入的描述，但这种描述应是一种主次分明的描述。在民族志的撰写中，最典型的事例应重点着墨，次要的问题可以轻描淡写来达到衬托的目的。

2．要注意理论探讨与研究结果的结合

民族志研究首先是学术研究，它和新闻报道或纪实文学的性质是完全不同的，民族志研究者在撰写报告时不能为了取悦读者而故意夸大事实，对成果的展示应具有理论深度和反思意识的思考。比“深描”更重要的是这些现象与事实背后的文化意义，即理论的解释。尽管要呈现大量的民族志资料，但其写作结构与一般的学术论文不应有本质的区别。

小资料

《学做工》的民族志深描与理论探析

一、对“家伙们”的民族志深描

起源于人类学的民族志发展到20世纪70年代已经比较成熟，作者在书的第一部分“民族志”中采用深描和逐字引用的方法展现了反学校文化的文化形态以及“家伙们”的家庭背景、学校环境。从田野调查着手，保罗·威利斯与英国汉默镇男校的12个违规生（作者沿用他们的自称“家伙们”）一同上课、逃课，参加职业咨询，出入酒吧，共同体验了毕业18个月到工作后半年的学习、生活，描绘出了反学校文化的模式：“家伙们”反抗权威，崇尚男性气概，寻找乐子和刺激，打零工并行窃，歧视女性，歧视其他种族。

对这些文化元素的展示，保罗·威利斯采用逐字引用的方式。比如，威利斯引用家伙之一乔伊的话来说明反学校文化中自我认同的优越性：“我们经历了人生所有的痛快和烦恼，我们喝过酒，我们打过架，我们体验过挫折、性、憎恨和爱所有这些玩意儿，但是他对此一无所知。……他对我们经历的那些情绪一无所知，这一切让他慢慢等去吧。”逐字引用对提供一份可信的研究报告非常有用。引用可以让读者衡量工作中的质量——民族志学者有多了解田野中的本地人的想法，以及判定民族志学者是否应用了合适的资料来支持结论。因而，民族志学者必须选择那些符合描述情境及事件特征的原话。威利斯的逐字引用使这一研究的科学性和可信度得到确证。

二、反学校文化的理论探析

通过对具体场景的观察、人物语言的展示、具体事件的刻画，作者客观地展示了艺术界运转操作的各个环节和角色以及他们之间的关系，用的描写式语言，让人们在对艺术世界的逐步认识中思考相关问题。这种方法避免了闭门造车可能带来的偏见和局限，也避免了主观主义强加给人的非理性理解，同时省去了理论的生涩枯燥。而保罗·威利斯确实是本着一种学术的目的去的，从他的章节安排就可以看出，“文化的元素”“文化的阶级形式和制度形式”“劳动力、文化、阶级和制度”，这些都是明显带着理论色彩的分类，作者力求用理论去解释现象，所以每个章节中他都先亮出自己的观点和结论，再用“家伙们”的原话加以印证和解说。在“分析”部分，威利斯提炼出反学校文化中的洞察和局限。所谓洞察，即“家伙们”文化形式中的念头；而局限是妨碍这些念头发展的意识形态影响。

到此，保罗·威利斯用文化逻辑和民族志的研究方法为我们展示了反学校文化的整体性状态、背景环境、形成原因及最终的无意义，当然其中也包括“家伙们”出人意料的深刻洞见。(有删减)

3. 在表达情感态度的同时，研究者应注意自己在研究中的角色

在开展民族志研究时，研究者是秉持着一定的价值观来开展研究的，在研究结果呈现时，其价值观可以充分表达，但这种表达一定要合情合理、适可而止。在从事民族志研究时，研究者对于自己在研究中的立场以及自我角色定位要在成文时详细说明。

小学教育民族志研究案例： 乡土文化的价值体验——刘村小学的教育民族志研究

本研究从乡土文化的存在价值和乡村孩子的生命成长出发，采用教育民族志的研究方法，对河南省信阳市刘村小学进行田野调查，通过对刘村小学师生课堂内外的乡土文化的价值体验，探究乡土文化在乡村孩子教育空间中的现状、乡土文化的特点及其之于乡村孩子生命成长的价值意义。

一、问题的提出

本文基于对刘村小学的田野调查，从乡土文化的视角探讨并深描刘村小学乡土教育的现状、村落教育氛围和家庭教育意识，以解释乡村孩子所处的乡土文化教育环境的现状，并探究乡土文化价值如何进入乡村孩子的生命空间。

二、研究对象

笔者以刘村小学为田野调查的基点，分别对刘村的社区、家庭、教师、家长、学生进行了以乡土为主题的现状深描。刘村小学目前只有4名教师，分别是学前班教授语文的张宗老师和教授数学的梁达老师，二年级教授语文的赵旭老师和教授数学的梁力老师。刘村小学在调研期间只有14名学生，学前班的有9名，二年级的有5名。

三、研究过程

首先是在刘村小学进行扎根调研（2015年5月4日到2015年6月28日）。在刘村小学将近两个月的日子里，笔者主要就两个场地、两个时间段进行相关研究。在课堂时间，分别对刘村小学的4名教师、2个年级（学前班和二年级）学生的课堂进行了旁听，观察教师与学生的全部反应，重点对教师教学和学生反应以及师生交往方式进行观察与记录。在课下时间，主要是观察学生在校园里的课余生活。笔者对刘村小学的教育条件、师生的课堂生活和课下生活进行了记录与反思。除了在刘村小学对师生的日常生活进行观察和记录外，笔者还去了刘村小学教育辐射范围内的雁西、孔店、马婆寺、小杨店、大杨店、孔围子等村落，找寻家长和学生进行访谈，观察、记录村庄样貌。在结束对刘村小学2015年上半年的学校教育生活的观察后，笔者把研究的重心转移到村落里的家长和孩子的生存方式与教育生活上，收集了村落、家长、孩子以及其他乡村小学和乡村教师的相关资料。笔者试图从村落、家庭、学校三个教育空间入手理解乡村孩子的乡土文化教育生活。断断续续的资料收集和整理一直持续到2015年10月。

四、民族志呈现与分析

乡土文化在刘村小学学生生命中的流淌还表现在师生之间的一种无意识的课堂交往上。具体表现在两个方面：一方面是在正式的课堂教学中的乡土口语以及蕴含在师生课堂互动中的乡土人际关系；另一方面是在课堂上非教学时间的师生交往，表现为师生在课堂中就有关话题展开的闲聊。

（一）课堂教学中的乡土交往

讲《美丽的西沙群岛》。张宗老师在引导孩子用“有的……有的……”造句时，给孩子们营造的是赶集的生活情境。孩子们用养花、跳马、唱歌、跳绳等真实的活动来造句，体现了浓郁的乡土气息。张宗老师：“那你会不会用‘有的……有的……’说句话？”黄莉：“我家院子的花，有的是红的，有的是绿的，有的是黄的。”张宗老师：“对。”张宗老师：“大街上，有的买菜，有的买肉，有的买鞋，有的买鱼。会说吗？”学生：“会。”

解释“约定”。张宗老师：“（继续读）把‘约定’这个词画一下。‘约定’是啥意思?”黄莉：“约定好了，明天还来玩。”张宗老师：“事先一个决定约好了，就像你妈打牌，会说，明天还来打牌啊。这叫约定。”学生：“就是明天还来打球。明天一定一定和你玩。”——2015 年 5 月 22 日于刘村小学田野笔记

从张宗老师的二年级语文课堂教学来看，他是以乡土日常生活情境为例，以乡土口语进行阐释，以身体语言对课文中的动作进行再现，对代表着国家意识形态的课程教材进行注解，让二年级的孩子在一种比较自由愉快的情境中接受了知识，师生关系表现得十分质朴、自然、平等。学生也在组词、造句、作文、与老师的对话交流中展现出这种自然的乡土气息。总之，张宗老师引领下的二年级语文课堂教学交往中充满了明显的乡土气息。只不过，这是一种无意识的乡土教学，而不是一种双语（普通话与方言）教学。

（二）非课堂教学中的乡土交往

乡土文化气息不仅体现在课堂上的师生教学交往中，而且体现在非教学时间的师生对话中。这些师生交往的对话片段，在两个方面展现了乡土气息：一是教师在非教学时间基本上采用乡土口语与学生进行交流互动；二是师生关系较为民主，教师对待孩子较为随和，多口头批评而少实质性体罚，与村落家庭教育有点相似，体现出学校教育中“拟家庭”的教育方式，反映了乡土文化规范对于学校教育手段的一种无意识的影响。

五、研究结论

通过田野访谈可以看到，刘村小学教师具备一定的乡土文化教育经验，而从孩子们对于乡土的认知和情感来看，乡村的孩子正身处一种生活在乡土又远离乡土的模糊边界，并且这个边界还在远离乡土。刘村孩子的乡土教育空间也是逐步窄化的，乡村学校、乡村家庭、乡村社区作为孩子的成长环境、教育环境也并不协调。乡土生活是孩子生存的真实图景，应该看到这种生存图景所蕴含的教育可能性，即潜意识的、润物细无声的教育渗透作用。乡村孩子的教育离不开他们所处的乡土文化环境，有序和谐的乡土文化环境是乡村孩子生命成长的必需品。(有删改)

扫码可查看案例全文

思考与练习

一、名词解释

1. 田野调查。
2. 田野笔记。

二、简答题

1. 简述教育民族志研究的特点。
2. 简述教育民族志研究中田野记录的类型及特点。
3. 教育民族志的资料分析有哪些方法?
4. 简述教育民族志研究的操作程序。

三、实践操作题

请尝试对小学班级中“学困生”的形成过程开展民族志田野调查研究，并结合类属分析法和情境法探讨分析班级里的部分学生是如何成为“学困生”的?他们的学校生活是如何度过的?哪些关键事件与人物影响到其学习与人际交往?“学困生”身上又展现出哪些学习文化特征?

推荐书目

[1] 费特曼. 民族志：步步深入（第3版）[M]. 龚建华，译. 重庆：重庆大学出版社，2013.

[2] 威利斯. 学做工：工人阶级子弟为何继承父业 [M]. 秘舒，凌旻华，译. 南京：译林出版社，2013.

[3] 沃尔科特. 校长办公室的那个人：一项民族志研究 [M]. 杨海燕，译. 重庆：重庆大学出版社，2009.

[4] 滕星. 教育人类学通论 [M]. 北京：商务印书馆，2017.

[5] 陈向明. 质的研究方法与社会科学研究 [M]. 北京：教育科学出版社，2000.

[6] 陈向明. 教育研究方法 [M]. 北京：教育科学出版社，2013.

[7] 程猛. “读书的料”及其文化再生产：当代农家子弟成长叙事研究 [M]. 北京：中国社会科学出版社，2018.

参考文献

[1] 威利斯. 学做工：工人阶级子弟为何继承父业 [M]. 秘舒，凌旻华，译，南京：译林出版社，2013.

[2] 高尔 M D，博格，高尔 J P. 教育研究方法导论：第6版 [M]. 许庆豫，等译. 南京：江苏教育出版社，2002.

[3] 巴比. 社会研究方法：第11版 [M]. 邱泽奇，译. 北京：华夏出版社，2009.

[4] 邓律，林肯. 定性研究：经验资料收集与分析的方法 [M]. 风笑天，等译. 重庆：重庆大学出版社，2007.

[5] 弗林克尔，瓦伦. 教育研究的设计与评估：第4版 [M]. 蔡永红，等译. 北京：华夏出版社，2004.

[6] 邓金. 解释性交往行动主义：个人经历的叙事、倾听与理解 [M]. 周勇，译. 重庆：重庆大学出版社，2004.

[7] 库兹奈特. 如何研究网络人群和社区：网络民族志方法实践指导 [M]. 叶韦明，译. 重庆：重庆大学出版社，2016.

[8] 陈向明. 质的研究方法与社会科学研究 [M]. 北京：教育科学出版社，2000.

[9] 陈向明. 教育研究方法 [M]. 北京：教育科学出版社，2013.

[10] 滕星. 教育人类学通论 [M]. 北京：商务印书馆，2017.

[11] 滕星. 在田野中成长：教育人类学田野日志 [M]. 北京：民族出版社，2015.

[12] 向晶. 学生幸福论 [M]. 济南：山东教育出版社，2012.

[13] 王鉴. 教育民族志研究的理论与方法 [J]. 民族研究，2008 (2)：12－20，107.

[14] 卜玉梅. 虚拟民族志：田野、方法与伦理 [J]. 社会学研究，2012，27 (6)：217－236，246.

[15] 蒋逸民. 自我民族志：质性研究方法的新探索 [J]. 浙江社会科学，2011 (4)：11－18，155.

[16] 魏亚丽，孙杰远. 自我民族志的原理及其对教育研究之观照 [J]. 民族教育研究，2022，33 (1)：71－80.

[17] 屈博，孙丽丽. 基于图像民族志的课堂互动研究：兼论教育视频图像分析的本体价值 [J]. 首都师范大学学报（社会科学版），2019 (1)：156－171.

[18] 毛清芸，王洋. 空间与秩序：微信媒介场域内家校信息传播的网络民族志 [J]. 教育科学研究，2020 (6)：77－84.

[19] 马君谦. 小学新入职教师离职的自我民族志研究 [J]. 当代青年研究，2021 (3)：39－44.

[20] 张盼盼. 乡土文化的价值体验：刘村小学的教育民族志研究 [J]. 中国教育：研究与评论，2020 (1)：57－100.

［21］杨宇静．从民族志深描到理论分析：《学做工》的文化逻辑［J］．中国图书评论，2013（11）：41－46．

［22］刘铖，陈鹏．乡村定向师范生的多重身份冲突：基于社会学制度主义的教育民族志研究［J］．教育发展研究，2022，42（2）：18－27．

［23］张维君．农村小学教师与家长的交往：对一所农村小学的民族志考察［D］．兰州：西北师范大学，2011．

［24］田慧肖．一项在小学实施“英语话中华”创新课程的民族志研究［D］．上海：上海外国语大学，2018．

专题七
扎根理论是一种理论吗

学习目标与要求

1. 了解扎根理论的概念与特点。
2. 重点掌握扎根理论研究的一般程序与具体操作方法。

第一节
什么是扎根理论

在回答“扎根理论是一种理论吗?”“什么是扎根理论?”这两个问题之前，我们首先有必要理解理论的类型与特点。

一、 理论的类型与特点

（一）自然科学理论

> **思考**
>
> 社会科学理论与自然科学理论有何不同?

对于自然科学而言，科学研究是人类认识和解释自然界的活动。因此，有学者指出，自然科学理论就是指对自然科学现象具有普遍的解释意义，可以用来确定事物之间的关系，并且可以用来预测未来情况的法则或者定理。对于自然科学研究方法而言，其对自然现象的认识主要基于以下两种假设：一是自然现象本身具有固定的和可重复的客观规律；二是通过量度可以将这些现象的本质呈现出来。自然科学理论有以下几个特点。

1．普遍性

具有可以被人们经验所感知的普遍性是自然科学理论的首要特点。科学的理论必须是建立在实证研究基础之上的，由科学的研究方法分析、推理出来，科学理论就是具有普遍意义的系统化、抽象化的科学知识的集合。科学理论因为确定了事物之间的关系，可以用来预测事物未来发展的趋势，其知识特点具有普遍的意义，在自然科学的理论中，许多理论都是具有普遍意义的，如万有引力定律，它是一个具有普遍性的物理学定律，可以用来说明具有普遍意义的力学现象，所以，自然科学知识及其理论是一种具有普遍意义，在一定时空条件下可以反复论证的知识，这是自然科学理论的第一个特点。

2．概括性

和一般的科学知识不同，科学理论知识是一种以概括性的语言为载体的知识。它对一种现象的描述，对一个研究对象的说明，都是运用高度概括性的语言来作为载体的。

3．抽象性

科学理论知识也是一种抽象性的知识，理论知识和一般知识的另一个不同之处就在于，理论更喜欢运用抽象的概念来说明问题，理论知识往往是由若干个抽样概念结合在一起的，比如许多自然科学理论都是用数学公式来进行表达的，而数学本身就是逻辑结构最紧密的人类语言。

4．精确性与严密性

科学理论和科学知识一样，它的句法结构必须是精确和严密的，它表达的知识和阐释的对象，语言必须精确，逻辑结构和论述思维必须严密、无懈可击。科学理论至少在语义上绝无可能出现自相矛盾的说辞，如果出现这种情况，说明该理论至少在科学性上是有问题的。

（二）社会科学理论

自19世纪近代社会科学产生后，社会科学的学者们开始质疑自然科学的知识观和认识论。他们对自然科学知识论的看法主要存在以下疑问：社会现象和自然科学现象是一样的吗？是不是可以用一种具有普遍性的理论来描述复杂的社会现象呢？

和自然科学相比，社会科学的理论不一定强调普遍性，而更多地强调要描述、概括、说明研究对象的独特性。社会科学理论和自然科学理论的不同特点，与其研究对象的关注点的不同是息息相关的。自然科学关注的往往是某一类可以重复的、固定的自然现象，而社会科学关注的多为难以固定、具有独特性的社会现象。自然现象通常都是某类在实验控制下可以重复观察到的有稳定变化规律的现象，而社会现象却往往具有情境性，这些现象是不固定的，没法预测的，往往独特且难以再现。所以，许多社会科学的理论无法具有普遍性，也许有某些社会科学理论在某些领域可以有一定的普遍性，但社会科学理论更多的是针对某一特定的个人，或者特定的某一类人，它研究的是那些并不具有代表性的人或者群体。和自然科学的理论致力于说明和论证具有普遍性的公理和定律不同，社会科学的理论往往致力于描述和说明某一个人或者某一类人的行为和思想具有什么样的意义特征，这种特征体现出什么样的独特价值。和自然科学理论强调理论可以去推及和预测其他同类现象的功能不同，社会科学理论更强调理论适用的具体时空的情境性。

所以，社会科学的理论可以是非常丰富而多样化的，它既可以是关于社会现象和规律的定理和公式，也是可以对有关社会科学研究对象自身的行为和思想进行意义解释的理论。

（三）“大写的理论”与“小写的理论”

自然科学认同的是一种“大写的理论”，这种理论可以定义为“定理”“公理”，它是经过实践检验的，在真实性上是可靠的，同时也是一种系统的观念体系和逻辑架构，可以用来说明、论证和预测有关自然现象的规律。传统的社会科学，尤其是在量化的实证研究时期的社会科学，就是希望在社会现象中找到这种“大写的理论”。然而，随着研究的深入，尤其是质的研究方法的崛起，社会科学研究已不仅认同“大写的理论”，更认同一种“小写的理论”。

所谓的“小写的理论”是一种观点、猜测和想法，它建立在原始资料的基础上，主要适用于在特定的情境中解释社会现象。“小写的理论”属于一种有关现象内在联系或命题的集合，是关于某些领域的系统化知识，而不一定要经过实践检验，也不一定符合某一预设假说的理论。虽然这些“小写的理论”在“抽象”层次上不如“大写的理论”高深，概括性不如“大写的理论”广泛，但更具有针对性，更注意研究现象的个性和复杂性，有时可以比“大写的理论”更具有解释力度。

二、 构建理论的作用

社会科学研究和自然科学研究不同，因为社会现象往往是复杂而多变的，因而许多社会科学研究，如人类学研究，其研究目的往往不在于归纳所谓的理论，因为这些理论无法具有普遍性和推广性，社会科学研究更多在于完整描述和分析每一个独特的研究对象。建立理论不见得是社会科学研究中必然要达到的研究目的，尤其是有批判理论派的学者主张，知识不能由理论产生，只能在社会现实中加以理解，任何新的知识的有效性不在于其普遍性，而在于其所适用的具体的历史环境。但是，尽管如此，建立理论对于社会科学研究，对于质的研究而言是可行的也是必要的，它的作用主要体现在以下三个方面：

（一）深化研究者对社会现象的理解

理论具有概括性、抽象性和严密性等特点，是研究者对复杂的自然和社会现象高度概括后得出的结论和认识。对于严谨的学术研究而言，研究如果仅仅是描述现象可能显得略为简单，研究者从事学术研究应该致力于说明更宏观、更深入和更抽象的社会现实，而理论正是实现这一途径的良好工具。对于社会科学的学术研究而言，具备了高深知识的理论是其学术严谨性的完整表现，作为一项负责任和有影响力的研究，我们理应鼓励每一项社会科学研究都应尽量建立有说服力的理论。

对于社会科学研究而言，以人类学研究做例子，回顾人类学研究中的经典研究，但凡在学界有较大反响的、被誉为是经典的著作，大多数都是建立了理论的经典研究，比如一提起再生产理论在教育中的运用，保罗·威利斯的《学做工》是必读的经典。

（二）促进读者对社会现象有更深入的理解和思考

对于读者而言，阅读一项研究和阅读一本小说、一则新闻的期待是不一样的。严谨的学术研究要能给予读者启发和启迪，能通过理论让读者对社会现象形成深入、概括性的认识。因此，建立理论不仅有利于研究者，更有利于读者。

（三）建立理论也是从事系统研究的必需

揭示单一社会现象的某一项研究，其建立理论的迫切性不是那么急需。但如果是研究错综复杂的社会现象的某一类研究，则无法通过一两项研究描述清楚，需要许多同类的研究出现，这种研究就需要建立理论来加强研究同行之间的对话。比如说，如果我们研究某一个非常特殊的学校的择校状况，将某一个在所在地办学口碑最优的示范性小学作为人类学研究对象，由于该小学状况特殊，择校状况具有独特性，那么，该研究就可以深入描述该校择校状况，仅进行分析而无须建立理论。但是，如果我们从事的是一个地区的择校研究，在好几所从事研究的学校进行人类学观察时发现该地区不同学校的择校现象具有相似的动因和状况，那么，研究者可能就需要考虑总结该地区学校择校状况的某种模式，在得出相关结论的时候，要回应已有的研究提出过的理论，并尝试建立新理论说明自己研究所面临的择校问题的特点。

三、扎根理论的起源与内涵

扎根理论是美国学者格拉斯（Barney G. Glaser）和斯特劳斯（Anselm Strauss）两人在1967年提出的一种理论建构方法，也可被认为是一种研究方法。根据陈向明教授的定义，扎根理论的主旨是强调要从经验资料的基础上建立理论，它是一种自下而上建立理论的方法，即在系统收集资料的基础上，寻找反映社会现象的核心概念，然后通过在这些概念之间建立起联系而形成的理论。

格拉斯和斯特劳斯针对质的研究及其建构理论的方法进行了突破性的拓展：他

们认为质的研究也可以建立理论，并且这种理论建构会更有力。

格拉斯主张扎根理论应该是一种类似于量化研究方法的理论产生方法，扎根理论无论在收集资料还是分析资料时都不应带有强制性，不能先入为主地带有问题和分析框架来建构理论。而斯特劳斯和卡宾等人在后期则强调了描述的重要性、主观构想对理论建构的重要意义、主观性介入在理论建构中的重要价值。

英国学者凯西·卡麦兹（Kathy Charmaz）则强调扎根理论方法更多的是一套原则和实践，而不是某个处方和包装好的程序；扎根理论方法是不断发展的灵活准则，而不是一成不变的方法论法则和要求。由此可见，扎根理论不是某种具体实质性的理论，而是一种用于发现隐藏在数据背后理论的方法论。

四、扎根理论的特点

（一）理论根源且产生于资料

扎根理论主张研究必须要从资料的分析中产生理论，理论必然根源于资料，尤其是产生于一手搜集的资料及其分析。研究者在研究之前是没有理论假设的，他们直接从原始资料中归纳研究中遇到的概念和问题，并在此基础上最终总结出结论。根源于资料、来源于资料是扎根理论的本质特点，而归纳法就是扎根理论的理论产生的根本方法。所谓“扎根”，其内涵就是扎根原始资料、扎根原始数据的意思。

（二）理论的实质性

在理论性质方面，扎根理论所提倡的是一种实质理论。所谓的实质理论，其概念是和形式理论相对的，前者是指在原始资料基础上建立起来的适用于解释特殊情境的理论；而后者则是指具有系统化的观念体系和逻辑结构，用于预测、论证和说明规律的理论。扎根理论所要归纳的就是实质理论，它通常不追求归纳具有普遍性和预测性的理论，而是更注重理论的实践性、特殊性和情境性，注重从资料中寻找理论，并最终说明实践、解释实践和指导实践。

（三）文献回顾的开放性

扎根理论有比较独特的文献使用方法。扎根理论的学者们在开展田野工作前，其实已经有一定的文献积累，但是，他们在研究前应避免对具体研究问题、对特定的文献进行回顾。因为理论文献会对他们造成事先的概念化，会对理论的形成产生先入为主的影响，有学者将这种文献使用方法称为文献回顾延迟。文献回顾延迟强调的是在研究开始前的初期文献回顾中，研究者应围绕其研究兴趣和相关视角展开研究，以避免形成特定文献回顾。扎根理论研究者强调的是在研究中要暂时放弃已有的理论立场，在没有事先假设的情况下处理数据，尤其强调要服从原始资料，对原始资料秉持开放、宽容的研究态度。

（四）自然情境研究与理论敏感

扎根理论强调自然的研究过程和理论敏感的重要性。

自然情境强调的是研究者在从事扎根理论研究时，要有充分的注意力和开放的头脑来关注研究对象。对于扎根理论而言，研究问题及其假设不是一开始就有的，而是研究者进入田野后，搜集资料，经过对资料的逐步分析和思考，逐步清晰、逐步完善起来的。

保持理论的敏感性，要求研究者能对资料分析有一定的聚焦，在比较松散的资料中，可以找准方向进行理论建构。扎根理论要求研究者能具有时刻捕捉理论及生成理论的能力，这是扎根理论区别于一般质性研究的特殊之处。

重视研究的自然情境和强调理论敏感对于扎根理论来说是不矛盾的，在自然的情境中，我们更强调理论敏感的重要性，尤其对于扎根理论而言，面对复杂的自然情境，如何在错综复杂的各种现象中抽丝剥茧进而提炼出理论，这种敏感不但有赖于从事研究的经验，又有赖于多年文献阅读养成的研究积累，这对新手研究者尤其不容易。

（五）全方位的比较分析方法

扎根理论强调理论形成过程是不断比较的过程。比较是扎根理论主要的分析方法，这种分析主要是在资料和资料之间、理论和理论之间进行比较。

扎根理论的比较是一种全方位的比较过程，它通常包括以下程序：首先，研究者要根据概念的类别对资料进行比较，即在原始资料刚刚开始编码的时候，就要把这些编好码的材料在不同的概念类属中进行比较，找出其特点；然后，研究者要对不同的概念类属进行比较，考虑不同概念类属之间的联系和区别；接下来，研究者要将初步归纳出来的理论返回原始材料进行验证，看此理论是否可以说明原始材料；最后，研究者要在研究报告中全面陈述以上过程，要将原始资料的编码情况、概念类属及其特性、不同概念类属之间的关系、理论产生的依据一一说明，以达到对研究问题的解释。

对于扎根理论而言，比较还可以是一种自我比较，研究者可以比较自己以往的经历，包括阅读过的文献、看到过的理论，甚至包括个人的经验和可信的其他资料，进而以此来建构理论。理论建构应该博采众长、多点开花。在扎根理论看来，比较并善用已有资料是建构科学理论的重要步骤。

（六）基于原始资料的评判标准

扎根理论有自己独有的研究评判标准。对于扎根理论的研究而言，研究的评判是严格而又独特的，而且这种评判不仅针对研究结果，更针对研究过程。在研究过程中，我们通常会从以下问题去评判扎根理论研究的水准：研究最初取样的依据是什么，研究过程中出现过哪些重要的类属，理论性抽样的基础是哪些类属概念，这些在研究中形成的理论如何指导资料的收集，不同类属概念之间的关系是怎么样的，理论是如何在资料中得到验证的，有没有说明不了理论的原始材料，核心的类属概念是怎么被选上的，是在怎样的基础上做出最后的理论归纳的。

除了对研究过程进行评判外，扎根理论对研究结果也会有其评判标准。一个成熟的、可信的扎根理论，通常会关心以下问题：研究的概念是否源于原始资料；概念之间是怎样关联的；对资料的分析是否详尽，研究中的类属概念是否已经穷尽；理论中有没有反例；有没有考虑宏观的社会背景；对研究过程的描述是怎样的；研究者自己的见解是否充分，对自己的研究及其研究方式有无反省；等等。

对于扎根理论的研究而言，评判标准并非是死板的，不可更改的，但是大体的原则都是一致的。很多扎根理论的研究对研究过程的描述往往一笔带过，这是不可取的，因为这不但会影响读者对研究的判断，还会降低研究的信度。

第二节

扎根理论研究的一般程序

一般来讲，扎根理论包括以下操作程序：搜集资料、编码、撰写备忘录、理论性抽样、建构理论、电脑辅助分析资料、写作等步骤。下面，笔者将逐一讲解这些步骤的具体做法。

一、搜集资料

搜集资料是扎根理论研究的第一步。搜集丰富的资料需要研究者具备资料搜集的基本素质和发现、理解资料的能力，但不能通过强加的问题将资料先入为主地放入主观构想的范畴中，通常，资料的搜集和分析不能有先入为主的立场。

> **讨论**
>
> 开展扎根研究需要具备哪些研究条件？

扎根理论研究的资料搜集方式与前一专题所述的人类学的质性资料搜集方式大同小异，主要有观察、访谈、实物搜集、文本等。其实，观察、访谈等在前一专题已经讲过，这里不再累述。

在这里，笔者要重点谈一谈深度访谈和文本分析在扎根理论研究中所起的作用。

（一）深度访谈

作为一种常用的就具体问题和经验进行深入探究的指向性的谈话，深度访谈是较为常用的一种质性资料搜集方法。就技术特点而言，深度访谈特别适用于扎根理论研究，因为两者都是既开放又有方向性，既被形成又自然生成，既有步骤又很灵活的方法。扎根理论要求研究者可以控制数据资料的搜集和分析，在深度访谈中，研究者可以通过对问题的设置和引导使研究对象生成自己对研究问题的看法和论点，进而在访谈的过程中追踪这些线索，完成对访谈的把握。

扎根理论所推崇的深度访谈，应该具备以下特点：

1. 访谈应该是一些宽广的开放性问题

通过设置一些开放性的问题鼓励研究对象说出意料之外的故事。可以围绕一个主题，以集中聚焦的方式来访问研究对象，访谈问题要符合研究对象的经验。

2. 研究者需要保持对访谈问题和回答的敏感

研究者在访谈中要保持活跃的态度，对有趣的线索要保持警惕，允许研究对象重新反思研究问题以引出更丰富的数据。

3. 研究数据的分析的持续反思

对访谈结果的分析需要艰苦劳动，研究者往往需要花费很多的功夫才能发现研究对象的意图及其行动的微妙性，研究者要通过连贯的分析从含蓄的数据资料中挖掘和解释资料背后的意义，并不断思考它们对特定的访谈对象和刚刚形成的扎根理论有无作用，对访谈数据的分析不能有强制的类属归入。在对访谈数据进行分析的时候，研究者需通过反复倾听访谈录音来密切关注研究对象的感受和想法。

例如，对某地区的小学教师队伍进行工作现状调查分析，就可以对当地的教师进行深度访谈，深度访谈可以围绕“你对你的工作感觉如何？有成就感吗？你的教育和教学工作有困难吗？主要有哪些？你感觉学校工作压力大不大？你对当前的工作是否满意？为什么？”等问题展开，同时，可以根据访谈情况进行追问，如追问工作条件、人际交往、领导作风、能力等。

总之，深度访谈是非常直接又有效的资料搜集方式，对于扎根理论的研究者而言，此种资料搜集方式值得认真加以把握和运用。

小资料

扎根理论深度访谈的问题及结构——以生活变迁为例

最初的开放性问题

1. 告诉我发生了什么（或你是怎样经历________的?）。

2. 你什么时候第一次经历________（或注意到________）?

3. （如果是这样的话，）这是怎么回事？你是怎么想的？你怎么刚好________？如果有人影响了你的行为，是谁？告诉我他/她是怎样影响你的。

4. 能给我描述一下使你________的事件吗？

5. 造成________的是哪些原因？

6. 然后你的生活是怎样继续的？在________发生之前，你是怎样描述你的观点的？你的观点又是怎样变化的？

7. 你怎么描述那时的你是怎样一个人？

中间阶段的问题

1. 你对________有什么样的了解？

2. 当你知道________的时候，你是怎样的想法和感受？

3. 接下来发生了什么？

4. 谁卷入了其中？什么时候发生的？他们怎么进入其中的？

5. 告诉我，你是怎么学着去处理________的？

6. 从________起，你对于________的想法和感受发生了怎样的变化？

7. 从________起，你的生命中发生了哪些积极的变化？

8. 从________起，你的生命中发生了哪些消极的变化，如果有的话？

9. 你是如何进行________的？你在做什么？

10. 你能给我描述一下在你________时，最具代表性的一天吗？（选择另一个时间）那么请告诉我，在你________时最具代表性的一天。

11. 你怎么描述你现在是怎样一个人？对这种变化，哪些因素起了作用？

12. 当再回头看________时，你的脑海中还有其他什么样的事浮现出来吗？你能分别描述一下吗？这些事件是怎样影响所发生的事情的？你对________（事件/导致的结果）是怎样的反应？

13. 你能描述一下通过经历________，你最重要的收获是什么吗？

14. 在两年（五年/十年，如果合适的话）之前，你如何看待自己？讲讲那时你希望成为什么样的人。你怎么比较你希望成为的人和现在的你自己？

15. 什么帮助你去控制________？你遇到了什么样的问题？告诉我出现这些问题的原因。

16. 在那段时间谁对你帮助最大？他/她是怎样帮助你的？

17. 有什么组织发挥过作用吗？它们怎么帮助你的？它们发挥了什么样的作用？

结束性问题

1. 你认为对于________，最重要的方式是什么？你是怎样分析（或产生）它们的？在________之前，你的经验怎样影响了你对________的控制？

2. 从你________之后，你的观点（以及/或者行动，依话题及接下来的反应而定）发生了怎样的变化？

3. 从________之后，你是怎样成长起来的？告诉我你所发现和形成的度过________的力量。（如果合适）你现在最满意自己的什么？别人最满意你的什么？

4. 在经历了这些事情之后，你会给那些刚刚发现它们________的人一些什么样的建议？

5. 有什么之前你没有想到，而在访谈中突然出现的事情吗？

6. 你觉得还有什么事情能让我更好地理解你？

7. 你还有什么要问我的吗？

（二）文本分析

文本包括两种：已有文本和新文本。前者是指研究者没有参与形成的各种文献，而后者是指研究对象对研究者的回应所产生的书面数据。

新文本更多地表现为一些如学生作品征集、受邀访谈记录以及自传文本等对研究问题专门的书面回应与文本记录。如一项研究围绕“学生综合素质评价”主题，借助北京市中小学生综合素质评价研究项目组，面向北京市17个区的初中学生征集“我的评价故事”，依据自愿参加原则，采用自我陈述方式，由学生描述经历的学生综合素质评价事件，主要涉及如何认识学生综合素质评价，发生或做了什么事，评价带给自己的收获和影响，有哪些感受和反思，等等。最后，形成文字稿件作为研究的原始资料素材。

而更重要的分析是对已有文本的分析，包括各种各样与研究有关的报告、文献，传媒的报道，教材，还有班级日志、班主任日志等。已有的文本通常被认为是相对"客观"的，文本的价值取向也是客观存在的。

另外，使用文本资料的另一个重要的方式是仔细审查文本而不是只将文本作为证实证据的材料。扎根理论的研究应该深入调查和研究文本，对文本的结构以及内容进行全面的梳理以说明和解释研究问题。

资料搜集是扎根理论开始的第一步，良好的资料搜集直接决定了研究的质量和走向。

二、编码

对扎根理论中的资料进行编码是扎根理论搜集之后的必经阶段，研究者需要对数据资料进行编码以便提出分析性问题。扎根理论的编码有点类似专题六已经说过的人类学研究方法的编码方法，但扎根理论的编码方式更加具体和详细。

编码展现的是研究者如何对数据资料进行选择、区别和分类，这是对数据资料进行分析的前提。

讨论

资料编码与扎根理论的关系是什么？

小资料

扎根理论的三大学派

扎根理论大体可分为三大学派，分别是以格拉斯为代表的经典扎根理论、以斯特劳斯为代表的程序化扎根理论，以及以卡麦兹为代表的建构型扎根理论，三者的差异主要体现在认识论和方法论上，集中体现在编码环节。经典扎根理论体现了实证主义的认识论，编码过程分为开放性编码（open coding）、选择性编码（selective coding）和理论性编码（theoretical coding）；程序化扎根理论体现的是解释主义的认识论，其编码过程为开放性编码（open coding）、主轴编码（axial coding）、选择性编码（selective coding）；建构型扎根理论体现了建构主义的认识论，其编码阶段主要有初始编码（initial coding）、聚焦编码（focused coding）、轴心编码（axial coding）和理论编码（theoretical coding）。

扎根理论是一套完备的构建理论的方法体系，在问题产生、样本选择、调研访谈、数据分析、形成理论等方面都存在相应的操作工具和原则，因而被形象地比喻为打造理论的工具箱。不同的扎根理论学派如同目的相同但设计各异的工具箱，不论选择了哪个工具箱都应将其中的工具逐个用到，才能够声称进行了扎根理论研究。显然，未遵循完整的扎根理论研究程序而仅仅在研究中对数据进行编码是不能被称为“扎根理论研究”的，这只能被表述为“运用了扎根理论的编码技术进行数据处理”。

“扎根精神”是扎根理论不同学派共同的学术精神，在秉持“扎根精神”的基础上交流融合是扎根理论未来的发展方向。（有删改）

总的来说，扎根理论的资料编码可以分为三个阶段：第一阶段，初始命名阶段，即以开放的心态对数据信息进行初步的命名，既能直接使用被研究者的“本土概念”，也可以用研究者自己的语言，目的在于形成初始概念，但是不发生概念的跳跃，在初始编码阶段应尽量使用能够反映行动的词语即动名词式编码来替换名词式的编码；第二阶段，主轴与选择性编码阶段，该阶段主要发掘重要范畴与高频范畴，并将其上升为核心范畴与一般范畴，建立主从关系，关键在于将代码概念化以及发展类属概念；第三阶段为理论构建阶段，主要是将这些概念类属串联起来，形成范畴间连贯且理论化的表达。

就编码的具体步骤而言可以分为：初始编码、轴心编码、聚焦或选择式编码和理论编码四个步骤。下面，我们将用“学生综合素质评价对学生发展的影响模型”为例来阐释这些步骤如何运用到实际研究中（见图 7 – 1）。

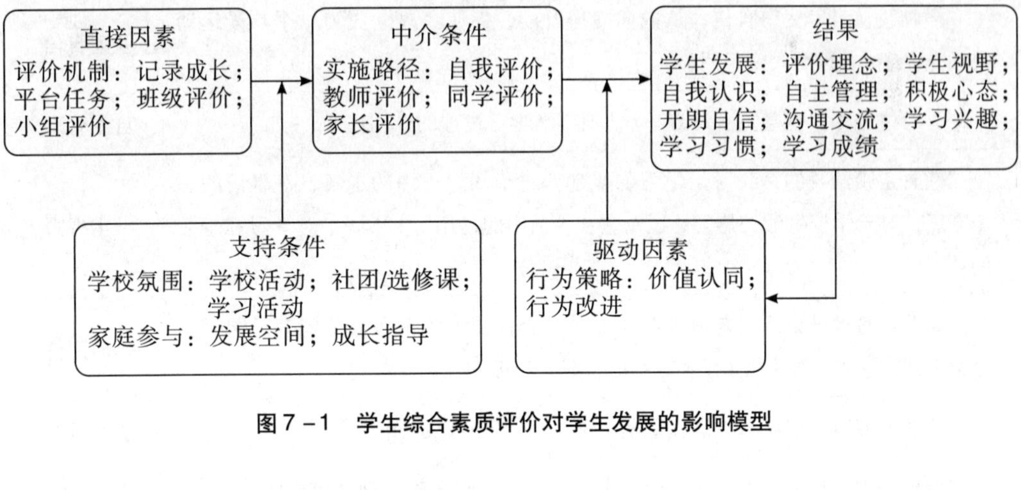

图 7 – 1　学生综合素质评价对学生发展的影响模型

（一）初始编码（initial coding）

在初始编码阶段，研究者对数据中的任何理论都保持开放性的态度，通过比较不同的数据资料，研究者可以形成对研究内容的大致印象。在初始编码阶段，研究者通常会去问这样的问题：这些资料是有关什么的研究？这些资料说明了什么？是谁的观点？可以归结为哪些理论类属？初始编码是临时的，研究者在后续研究中会根据编码的情况来判断数据的缺失状况，从而随时调整码号和编码的方式。

初始阶段的编码有许多种做法，主要包括逐词编码、逐行编码、逐句编码、逐段编码以及逐个事件编码等，应视资料的特征灵活使用上述编码方法。

表 7-1 学生评价故事的开放式编码过程（部分示例）

原始资料（初始概念）	范畴
“我做得还不够好，没有付出足够的努力是不能奢求更多回报的。同学们没有选择我，是因为有比我更优秀的人选，他们为这个班级付出的更多”（客观地评价自己）	自我认识
“这次老师给我的评价与提醒，让我又想起班主任对我说的话，要认真、仔细，还有我一直对自己的要求——要做一件事就把它做好”（教师评价的功能）	教师评价
“班级开展星级标兵、星级小组和星级班委评选”（班级设置的各类评选机制）	班级评价
“最重要的是自我的评价。自我评价像是一股无形的力量，推动着我前进，一点一滴，一小步一小步的进步”（自我评价的积极作用）	自我评价
“自己做过的公益活动，去敬老院，慰问烈士家属”（参与各种实践活动）	学校活动
“北京市综合素质评价，在我眼中不仅是一项任务，一项和我们将来中考挂钩的加分项，更是一种鼓励，一种鞭策，一种动力”（评价的教育功能）	评价理念
“激励我从自卑变得自信、从内向变得开朗，促使我逐渐成为一个热爱运动的阳光少年”（行为改变很明显）	开朗自信
“学习过程中我也会按着计划一步步走”（学习过程的计划性）	自主管理
“它真正带给我的是我对于学习的兴趣，对于知识更深的了解，对事情的一个态度，对于学校生活的热爱，以及它在生活中的运用”（拓展了对学习和生活的认识）	学生视野
“每节体育课结束后，老师都会在平台上表扬课上表现积极的同学，同时还会给个别同学加油鼓劲”（任课教师的及时、积极评价）	教师评价
“我在上课时开始认真听讲，记笔记了”（养成的学习习惯）	学习习惯
“圈子的内容包括学习方面、社会实践方面、志愿服务活动、班级团体活动、兴趣爱好”（平台填写内容较多）	平台任务
“我心中有一百个不愿意，在我心目中只要学习好就可以了，评价、实践什么的都没什么用，还浪费时间”（不太认同学校评价理念和要求）	价值认同

续上表

原始资料（初始概念）	范畴
“积极地参加更多的实践活动，接受更多同学们对我的好的建议，使我变得更加优秀”（影响学生行为变化）	行为改进
“在父母的‘怂恿’下，我只好硬着头皮来到了社区，参加我那‘可爱’的劳动实践”（家长重视和积极引导）	成长指导
“我去上了自己选的课‘皮影的制作和起源’”（参加学校开设的选修课）	选修课

（二）轴心编码（axial coding）

轴心编码是在初始编码完成后，研究者在分析现象的条件、脉络的情境下，将数据再次恢复为连贯整体的编码策略。轴心编码不只是把原始资料中几个核心的概念简单组织起来，建构一个全面性的理论分析框架，而是要认真识别、组建和发展资料中的类属群。所谓类属，笔者在前面的专题中已经有所介绍，它是高于码号的一个比较上位的意义概念，具体是指资料所呈现的一个观点或者一个主题。发展及系统化类属概念，是轴心编码的主要任务。

斯特劳斯和卡宾曾经使用一套科学术语进行轴心编码，即将不同类属按照事情发展的一般顺序联结起来：（A）因果关系—（B）现象—（C）情境—（D）中介条件—（E）行动/互动策略—（F）结果。研究者需要通过轴心编码来回答原始资料里面有关“哪里、为什么、谁、这样以及结果如何”的问题。轴心编码的关键是要形成一定的类属和亚类属（也叫副类属，是比类属低一级的概念）概念，在初始编码中，研究者需要根据数据资料去发展这些类属概念。对于初始编码来说，仅有代码是无法形成理论的，研究者需要在轴心编码中进一步综合和重整，务必使原始资料初步形成一个完整的脉络，厘清研究者是否、何时、怎么样和为什么会这样产生对研究问题的理解的。这些整体脉络的资料是相关类属概念综合的结果，研究者设想好类属之间可能存在的某种关系，并将其整合到一个脉络情境之后，需要应用原始资料中的证据、事故和事件去反复验证自己的设想。在这一过程中，研究者会反复思考代码以及类属概念在其中的准确性，并依据原始资料随时调整和修改已有的编码和类属串联的准确性。

（三）聚焦或选择式编码（focused or selective coding）

聚焦或选择式编码是初始编码和轴心编码之后的另一个编码阶段，在这个阶段，研究者需要筛选其所认为最重要的代码或者在原始资料中出现得最多的代码。聚焦编码是一个对代码的重要性进行判断的过程，研究者需要判断初始编码中的哪些代码最能分析原始数据资料、说明研究主题。

聚焦编码的关键在于比较，代码的重要性体现在其在原始资料中出现的次数，更为重要的是，研究者要从研究对象提供的资料比较中进行判断，哪些代码更为重要、更能反映研究主旨。在案例中，“学生发展”为核心类属，也是最能反映研究主旨的代码，与“支持条件”“直接因素”“中介条件”“驱动因素”共同构成了学生综合素质评价对学生发展的影响与改变模型。

表 7－2　学生评价故事三级编码示例

<table>
<tr><th>开放式编码</th><th>主轴编码</th><th>选择性编码</th></tr>
<tr><td>学校活动
社团/选修课
学习活动</td><td>学校氛围</td><td rowspan="6">核心类属：学生发展，即学生综合素质评价对学生发展的影响与改变
主要假设：
1. 支持条件：学校氛围和家庭参与。学生氛围，指的是学校为学生发展提供的各种教育、教学活动，提供了多样发展和展示的平台；家庭参与，指的是家庭提供学生实践、展示的空间，指导、培养学生多方面兴趣和能力，助力学校教育工作的开展。
2. 直接因素：评价机制。学校、班级、小组创建和实施的学生评价规则、标准和要求等；学校层面通过发布平台任务、记录学生成长的方式提出评价要求；班级评价突出个性化的班级文化和评价规则；小组评价则提出学生互评模式。
3. 中介条件：实施路径。学生综合素质评价落地的途径和方式，通过 4 类相关人员的评价来具体落实评价活动。
4. 驱动因素：行动策略。学生在面临评价时的心态和行为表现；价值认同体现为“认同—不认同”；行动改进体现为“积极主动—消极被动”</td></tr>
<tr><td>发展空间
成长指导</td><td>家庭参与</td></tr>
<tr><td>记录成长
平台任务
班级评价
小组评价</td><td>评价机制</td></tr>
<tr><td>自我评价
教师评价
同学评价
家长评价</td><td>实施路径</td></tr>
<tr><td>价值认同
行为改进</td><td>行动策略</td></tr>
<tr><td>评价理念
学生视野
自我认识
自主管理
积极心态
开朗自信
沟通交流
学习兴趣
学习习惯
学习成绩</td><td>学生发展</td></tr>
</table>

（四）理论编码（theoretical coding）

在聚焦编码之后，研究者需要在聚焦的代码上进行更加复杂的编码，这个过程就是理论编码。在理论编码的过程中，研究者需要使得类属之间的关系变得更加具体化，把原始资料中支离破碎的情节聚集在一起，使研究中要分析的故事更加具有连贯性。使用理论代码的原则是要用理论代码加强自己的分析，但要避免把一些强制性的框架加在数据资料之上。理论代码应该有助于研究者对数据资料的分析进行反思，研究者尤其要经常反思，已有的理论代码是否已经足够分析数据资料。

三、撰写备忘录

撰写备忘录，也叫撰写分析笔记，是扎根理论研究在数据分析和最终形成研究成果之间的关键环节。撰写备忘录有助于激发研究者的思维，使其以新的方式来看待原始资料和编码。

具体来说，一个优秀的备忘录应该包括以下内容：对代码和类属的定义及其形成的过程有详细的说明；能对不同代码、类属进行比较；为代码和类属的定义提供证据支持；发现和反思分析存在的问题；通过提出问题来考查代码和类属的准确性。从备忘录的类型上看主要有编码记录、理论记录和操作记录。

撰写备忘录可以对研究及研究者起到以下作用：对于资料的分析逐渐形成理论性的看法；设定分析的过程；获得数据资料分析的自信心和能力；激发研究者的灵感，在研究中进行检验；形成新的看法、概念，发现新的关系；形成研究成果的大致结构，把资料数据分析和研究成果写作联系起来。

四、理论性抽样

扎根理论主张在资料搜集和分析之后，有必要回到经验世界去重新搜集资料来填补理论上的缺口和漏洞，这就是理论性抽样的阶段。具体来说，所谓理论性抽样是指研究者根据一些已证实具有理论相关的概念来进行抽样，这种抽样伴随着研究过程而逐渐深入，目的在于加工和完善构成理论的类属，通过寻找更多与该类属及其属性有关的数据来使类属饱和，直至没有新的属性出现。比如说研究小学教师专业发展，在和几位教师访谈后得到了一些教师专长与素质特点，而这些类属又不足以充分解释教师专业发展，或是出现了一些资料支撑不足的新类属，随后研究者就需要进一步寻找不同教龄或不同学历等教师群体继续访谈，收集更多不同的资料，或通过实物等其他途径收集资料来发展扎根生成的理论，这就是理论抽样的过程。

当有关类属的相关资料开始重复出现且类属不再出现新属性时，就可认为达到理论饱和。

理论性抽样的具体做法通常是，研究者先进入田野，搜集资料，然后对原始资料进行分析，初步总结出理论，然后以此理论作为下一步研究的抽样基础。在扎根理论的研究程序中，前面的理论是下一轮研究工作的指导，包括以什么样的方式搜集资料，都可以以研究初期形成的初步理论为指导。

五、 建构理论

在资料分析中，扎根理论的研究最终会走向建构理论的阶段。在理论建构方法上，尽管扎根理论内部存在着建构主义和客观主义这两种截然不同的理论建构方法，但总体而言，扎根理论的理论建构还是存在共识的。

在建构理论阶段，扎根理论的研究者追求的是经验的一般化，在这个一般化的过程中，研究者需要考虑哪些经验，或者哪些类属概念以及哪些一般化认识可以被赋予理论的地位；这些理论是为了什么目的；这些理论多大程度上已经概括了原始资料所蕴含的内容等问题。

融入情境，在研究的具体情境中建构理论是扎根理论研究，尤其是建构主义扎根理论研究的重要主张。建构主义的扎根理论强调要把资料数据和分析看作是和研究对象分享的经验和关系，任何理论都是在具体情境中产生的，脱离了情境、脱离了研究对象的理论是不可信的。当然，具体研究情境下产生的理论，研究者有时也需考虑它可以在多大范围内适应别的情境。但这不是重点，对于扎根理论研究而言，依据情境来构建适用于本研究情境的理论才是最关键的理论建构任务。

要注意的是，读者不同、研究的性质不同，扎根理论所归纳的理论自然也会有所不同，但总体而言，作为学术研究的一部分，理论归纳必须要用词准确、避免歧义，并具有一定的抽象性，扎根理论一般构建的都是实质的理论，其理论形式还要体现一定的应用性和实践性，要对现象的本质有清晰的概况和表述。

六、 电脑辅助分析资料

近年来，随着电脑技术尤其软件科学的飞速发展，利用电脑来分析数据资料的研究也越来越常见。

许多学者都指出，用电脑软件进行编码比传统的人工编码有更大的优势：例如电脑编码可以同时使用不止一个代码做多重搜索，还能将备忘录置于文本不同的位置；在资料分析中，软件还可以将研究中的不同代码、类属，以及各种研究关系用图表的方式直接表达，使之一目了然；在编码材料的查找中，软件的功能更是强大，相关代码能迅速归类呈现、有条不紊、线索清晰。

目前，在学界运用得较多的是 NVivo 软件，这是澳洲较为流行的一款质性资料分析软件，专门用于分析质性的语言资料。从 NVivo 等软件的功能来看，在资料分析各个方面，这些软件的确能够节省研究者大量整理资料的精力和时间，并且其机械化的操作使得数据资料归类的精准度更高。对于功能强大的质性材料分析软件，扎根理论的研究者应该要认真学习并加以利用。

小资料

扎根理论研究的评价标准

卡麦兹总结了扎根理论研究的四个标准：可信性（credibility）、原创性（originality）、共鸣（resonance）和有用性（usefulness）。

一、可信性

1. 你的研究是否已经对背景或问题足够熟悉？

2. 数据是否足以说明你的判断？思考数据中所包含的观察所达到的范围、数量和深度。

3. 你是否在观察与观察之间、类属和类属之间进行了系统的比较？

4. 类属是否涵盖了经验观察的广泛领域？

5. 在所搜集的数据和你的论点及分析之间是否有很强的逻辑联系？

6. 你的研究是否为你的观点提供了足够的证据，让读者能够形成独立的评价，并同意你的观点？

二、原创性

1. 你的类属是否新颖？它们是否提供了新的见解？

2. 你的分析是否为数据提供了新的概念呈现？

3. 这次研究工作的社会和理论意义是什么？

4. 你的扎根理论是否挑战、扩展或完善了现有的观点、概念和实践？

三、共鸣

1. 这些类属是否充分描述了被研究者的经验？

2. 你揭示的是否是远处的、不稳定的习以为常的意义？

3. 你是否在更大的集体或制度与个体生活之间进行了关联，当数据有这方面的指示的时候？

4. 对于你的研究对象或那些和他们具有同样背景的人来说，你的扎根理论是否有意义？你的分析是否为他们提供了关于他们生活和世界的更深刻的见解？

四、有用性

1. 你的分析是否提供了人们可以在日常生活中使用的解释？

2. 你的分析类属是否展示了一些一般的过程？如果展示了一些一般的过程，你是否检验了这些一般过程所默认的含义？

3. 分析是否激发了其他实质领域进一步的研究？

4. 你的研究是否有贡献？它是否有助于创造一个更好的世界？

七、写作

扎根理论研究的最后一步，研究者进入写作过程，需要将资料分析中的理论和相应内容一一呈现。在这个阶段，研究者需要通过写作来保存和呈现分析资料的过程，并将自己对研究问题的思考完整地呈现出来。

格式是研究者自行决定的，扎根理论的研究其实也很少有固定的格式，但无论采用什么样的格式，研究者都要注意要为了研究而修改格式，而不是把研究塞到某个格式中去，要让格式服务于研究、服务于想法，而不是让研究为了格式而做出妥协。但关于扎根理论研究的论文或研究报告还是有其常用的基本结构与框架。

（一）研究问题与核心概念的界定

在写作中，首先应明确研究的主要问题、问题的形成以及关键概念的界定。在扎根理论研究的论文中，所要研究的问题往往比较宽泛，且该问题也会随着资料收集与分析的进行而发生多次变化。

（二）文献综述

进行文献梳理是必要的，文献综述展示了现有知识存在的不足与偏见，也表明了研究者进行该扎根理论研究的原因，一般而言，扎根理论研究的目的在于从资料中生成与发展某种非预设的理论，所以，在扎根理论研究的文献综述中，往往不提供关键概念或理论框架，也不会提出如假说—演绎研究中的假设。

（三）研究过程

该部分涉及对研究对象、资料来源、资料处理等方面的阐释，即向读者介绍你是如何进行数据收集以及你是如何处理这些数据的。较早地陈述方法论有时会给写作带来困难，但研究者在一开始可以先将有关抽样、背景和资料收集的初步想法描述出来，而后在研究过程中再逐步完善。

（四）研究结果

在研究结果部分要提出一个针对所研究问题形成的扎根理论框架，既要有从文献中抽取的相关资料，也要从所收集资料中抽取某些真实片段来为自己的理论框架提供解释性论据。一般而言，研究者需展示资料编码的过程示例，以揭示资料与理论之间的扎根关系，同时也要对原始资料和文献进行深入的比较，最终形成自己的理论框架。

（五）讨论

讨论部分是对研究的整体反思，既包括此研究形成的扎根理论与其他相关理论的关系，也包括对研究不足之处的反省，更重要的是，这部分应该着重讨论研究结论对当下教育实践的价值与启发，以及对未来研究的展望。

对于扎根理论的研究而言，写作阶段，研究者是需要将资料分析的结果、文献研究和相应理论视角选择结合在一起的。在资料分析中，为了避免先入为主的观点，我们强调研究者对文献的掌握要稍微延迟，但在写作阶段，研究者必须要纵览文献，并结合研究主题进行深入的分析。文献回顾也是个比较的过程，研究者需要对原始资料和文献进行深入比较，并最终形成自己的理论框架。扎根理论从根本上是一个比较的研究，文献比较要贯彻整个写作阶段，研究者需要借助已有文献的观点最终形成自己的结论。

在扎根理论以上的程序中，有一个要求是贯穿扎根理论全部程序的，那就是要持续地反思研究过程。从资料搜集到资料分析再到理论的形成，扎根理论研究的每一步都在不断调整，并发展出新的概念和看法。通过以上分析，读者不难发现，扎根理论本身也是一个方法论不断发展的研究方法，关于它的很多概念仍然在成型中，作为负责任的研究者，我们对扎根理论的运用也必然要体现反思的特点：通过对研究中出现的各种问题进行持续反思来不断改进我们的研究，这种持续反思的过程是不断学习和不断进步的过程，研究者要相信持续的反思最终必然能收获有益的研究体验。

拓展阅读

教育研究中扎根理论的价值省思

基于不同的研究视角与理论基础，扎根理论在实践过程中具有不同的逻辑结构与发展方向，已经开始呈现出多样化的特征。目前，经典扎根理论、程序化扎根理论、建构主义扎根理论在演化过程中已发展得较为成熟，后现代主义扎根理论更是呼之欲出。不同流派的扎根理论应用范围在拓展，方法技术在改进，为教育研究者提供新的研究思路与多样的分析策略。可是，在具体的教育研究实践中，研究者却存在对扎根理论应用桎梏的问题。

1. 扎根理论并无固定的操作程序与思路。

程序化扎根理论更偏向于既验证研究者假设的理论又生成理论，并且为保持资料和分析的客观性严格地设置了一套规范的操作程序。因此，程序化扎根理论使目前大多数教育研究都将其一以贯之。研究者在搜集资料、选取样本、编码技术上所使用的框架基本一致，特别是编码技术，无一不是“开发性编码—主轴编码—选择性编码”的固定套路，难免陷入模式化的窠臼。时至今日，不同扎根理论流派的方法和思想在不断地融合，特别是在后现代主义“去中心化”“去结构化”的影响下，扎根理论对编码技术的要求不再局限于非“三级编码”不可的金科玉律上，而更强调研究的开放性与互动性，更强调为研究本身而服务的初衷，不然就会导致方法背后的“铁律”限制了事实的解释进路。因此，对程序化扎根理论的“偏执”将难以汲取各种流派的方法之长。

2. 扎根理论并非适用于所有的教育领域研究。

回顾以往的文献，可以发现鲜有教育研究者会阐述为何在此研究中使用扎根理论的问题，一些教育研究存在“为了扎根理论而扎根理论”的嫌疑，比如在一些“……生存现状调查”“……影响因素探析”等相关的教育主题研究中，扎根理论是否在该研究中是最适切的研究方法、是否该研究一定要建构一个理论模型，这都是值得商榷的问题。一言以蔽之，是犯了方法决定问题的大忌。一个新的理论体系甚至是理论观点和概念的创设并不是一件易事，特别是对于基层的中小学教师和刚入门的教育研究者，如果在选择研究方法时，教育研究者没有根据个人情况、研究基础、研究问题等因素灵活地选择与慎重思考，而是一味地追新求异，必然会走进方法的圈套，研究过程将阻力重重。(有删改)

扎根理论研究典例：小学教师专长的构成研究

一、问题的提出

为澄清有关教学专长构成的争议，本研究拟采用常人方法学和胜任特征分析方法，以小学数学教师为对象，通过深度访谈和行为事件访谈，获得第一手资料，在文本转录的基础上，以扎根理论发现教学专长的概念，并初步形成关于教学专长构成的解释。

二、研究方法

（一）对象的选取

从某市的三所重点小学选取25名数学教师，同时考虑其性别、教龄、学历、任教年级等特点，以确保样本的代表性。

（二）访谈程序及内容

访谈小组由1名教师和3名学生组成。访谈采用深度访谈和行为事件访谈两种方式，转录访谈资料的基本要求是一字一句地转录访谈信息，访谈全文本转录字数最多的为16 082字，最少的为2 311字，转录访谈文本共约20万字。

具体访谈内容有以下几个方面：

1. 请教师谈三件成功或出色的事件，主要描述当时的情境、事情起因、涉及人员以及如何处理。要求教师重点描述这些事件中，他（她）当时的判断、采取的措施、效果及对自我的评价。

2. 请教师谈三件失败或遗憾的事件，主要描述事件的起因、涉及人员、遇到的困难、个人所做努力以及效果等。要求教师重点描述当时的判断、采取的措施、效果以及未能克服的困难和障碍。

3. 请教师谈其如何理解专家型教师，请其从自己的经历或身边优秀教师的经验，来谈成为专家型教师应该具备一些什么样的素质和条件，请其详细说明每种特点的具体事例。

（三）访谈结果的处理

资料的分析由第一作者及两位参与访谈和转录全过程的教育管理专业研究生一起完成。

全部访谈资料均采用扎根理论方法进行分析。资料的分析经过了开放式译码和主轴译码两个过程，在开放式译码中直接从文本中发现并提出概念，也就是教师的教学专长的具体特征或素质类型，并用原文中的描述对这些素质和特征进行界定，列举文中提到的典型行为事件，统计在全部被访谈者中提到这些素质的次数。

三、研究过程与结果

（一）简单译码结果

基于对关键事件访谈和常人方法学的深度访谈的文本分析形成了两套简单的译码索引。关键事件访谈的简单译码获得了37个特征类别，常人方法学的深度访谈则得到了36个类别。进一步比较每一个具体类别的名称与内容可以看出，两种方法形成的两套译码类别基本相同，只是对个别特征的表述有所不同。例如，关键事件访谈中的“知识的展现”“激发学生兴趣”“培养目标多样”“真诚”“思维开阔”“归纳”等特征，在常人方法学中分别被表述为“知识的理解”“关注学生兴趣”“培养学生思维”“品质高尚”“视野开阔”“思路清楚”等，这些表述虽然不同，但其含义却是基本相同的。关键事件访谈中还得到了“成功体验”“教学激情”“情绪管理”等常人方法学研究中未得到的特征。

（二）主轴译码结果（见图7－2）

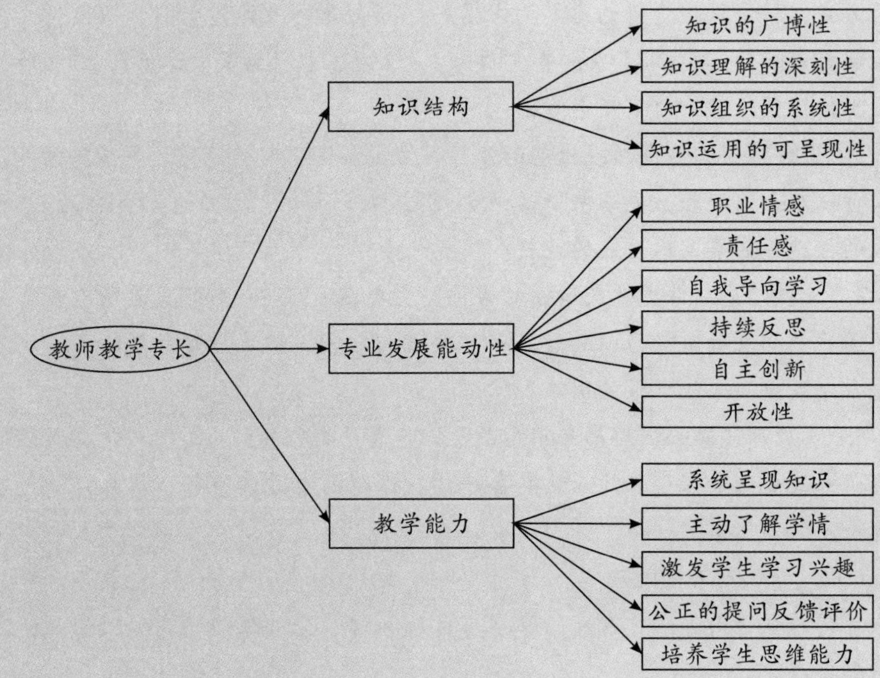

图7－2　小学教师教学专长主轴译码结果

四、结论与讨论

在常人方法学、胜任特征分析及扎根理论研究的基础上，本研究发现：小学教师教学专长是教师基于个体知识、专业经验、对实践的反思和在反思基础上的创新活动而形成的有效解决教育教学问题的个人特征总和，它包含知识结构、教学能力、专业发展能动性等三种构成要素。因此，专业发展实践中不应只关注教师的知识和教学技能的培训与培养，也不应该只重视教学设计与教学方式和方法的磨炼，而应该更多地关注激发教师的专业发展能动性。为此，我们需要开展进一步的研究，来探讨教师专业发展能动性的激发机制。（有删减）

扫码可查看“研究工具推荐：NVivo 入门与功能介绍”

思考与练习

一、简答题

1. 简述扎根理论的概念及其特点。

2. 扎根理论资料的来源有哪些？

3. 如何对扎根理论资料进行编码？

4. 简述扎根理论研究的一般操作程序。

二、实践操作题

1. 从自己通过各种途径收集的文本资料中，选择几页资料，根据本专题“扎根理论”的资料分析要求对其进行编码分析。

2. 请选择自己感兴趣的课题（如小学教师听评课影响因素研究、小学生错别字产生的原因、小学生少先队员对少先队组织的认同研究、小学生作文教学研究等）尝试开展扎根理论研究与写作。

推荐书目

[1] 卡麦兹. 建构扎根理论：质性研究实践指南 [M]. 边国英，译. 重庆：重庆大学出版社，2009.

[2] 邓津，林肯. 定性研究：经验资料收集与分析的方法 [M]. 风笑天，等译. 重庆：重庆大学出版社，2007.

[3] 陈向明. 质的研究方法与社会科学研究 [M]. 北京：教育科学出版社，2007.

[4] 霍尔顿，沃尔什. 经典扎根理论：定性和定量数据的应用 [M]. 王进杰，朱明明，译. 北京：北京大学出版社，2021.

参考文献

[1] 陈向明. 质的研究方法与社会科学研究 [M]. 北京：教育科学出版社，2000.

[2] 邓津，林肯. 定性研究：经验资料收集与分析的方法 [M]. 风笑天，等译. 重庆：重庆大学出版社，2007.

[3] STRAUSS A，CORBIN J. 质性研究概论 [M]. 徐宗国，译. 台北：巨流图书公司：1997.

[4] 卡麦兹. 建构扎根理论：质性研究实践指南 [M]. 边国英，译. 重庆：重庆大学出版社，2009.

[5] 克里斯韦尔. 质的研究及其设计方法与选择 [M]. 余东升，译. 青岛：中国海洋大学出版社，2009.

[6] 周海银. 扎根理论：学校课程管理研究的生长点 [J]. 全球教育展望，2007 (3)：50-53.

[7] 费小冬. 扎根理论研究方法论：要素、研究程序和评判标准 [J]. 公共行政评论，2008 (6)：23-42，197.

[8] 蔡永红，申晓月，王莉. 小学教师教学专长的构成研究 [J]. 教育学报，2015，11 (1)：36-45.

[9] 冯生尧，谢瑶妮. 扎根理论：一种新颖的质化研究方法 [J]. 现代教育论丛，2001 (6)：51-53.

[10] 邢利红. 学生综合素质评价对学生发展的影响及模型分析：基于扎根理论的研究 [J]. 上海教育科研，2020 (3)：16-19，11.

[11] 贾旭东，衡量. 扎根理论的“丛林”、过往与进路 [J]. 科研管理，2020，41 (5)：151-163.

[12] 贾旭东，衡量. 基于“扎根精神”的中国本土管理理论构建范式初探 [J]. 管理学报，2016，13 (3)：336-346.

[13] 朱德全，曹渡帆. 教育研究中扎根理论的价值本真与方法祛魅 [J]. 清华大学教育研究，2021，42 (1)：67-76.

专题八
研究成果的撰写

学习目标与要求

1. 了解研究报告的基本格式。
2. 掌握研究报告的撰写要求。
3. 能够对不同类型研究报告进行评价分析。

第一节
研究报告的基本格式

一、研究报告的总体框架

研究报告是对整个研究过程的总结，集中体现了研究的结论和成果。依据所采取的专门研究方法，研究报告可以分为实验研究报告、调查研究报告、案例研究报告和人类学研究报告等几种主要类型。综合运用不同研究方法撰写的学术论文（含毕业论文和学位论文）也属于研究报告。

研究报告的撰写应该符合教育科学研究报告在内容方面和基本格式方面的要求。从内容上看，研究报告应该坚持科学、客观和严谨的原则，从对数据和资料的分析中得出结论，不能凭个人的主观臆想或情感倾向发表观点。从格式上看，研究报告的总体框架包括题目、署名、摘要、关键词、正文、注释和参考文献几个必要的部分，有需要时还要有附录；而正文部分又可分为前言、文献综述、研究方法、研究结果、讨论、结论等多个部分（如图 8 –1 所示）。

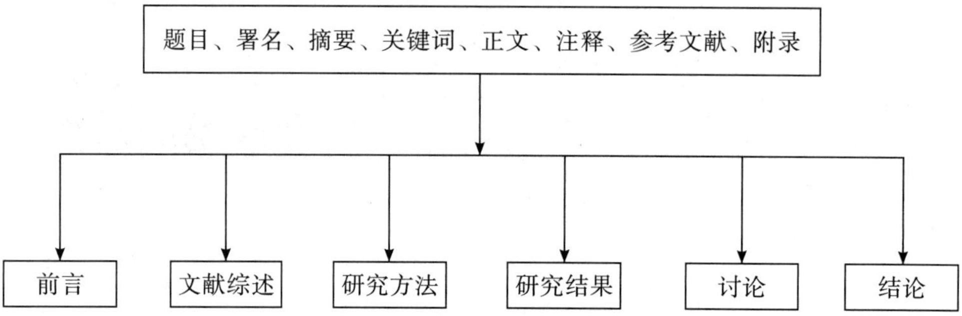

图 8－1　研究报告结构框架

其中，研究报告的主体部分因研究报告的类型不同而有所不同，在实际撰写研究报告时，可以在规定的范围内灵活运用图 8－1 所示的结构。例如，对于在学术期刊发表的论文，文献综述和前言常常可以合并；对于实验研究报告和调查研究报告来说，研究报告的主体一般包括前言、方法、结果、讨论、结论五个部分；对于人类学研究报告，结果和讨论部分则可以互相穿插、融为一体。

二、研究报告的基本格式

研究报告通常包括题目、署名、摘要、关键词、正文、注释、参考文献和附录等几个部分。

（一）题目

题目是研究报告的“眼睛”，好的标题可以起到“点睛”的作用。一个好的题目可以让读者了解它的研究主题、研究对象、研究方法以及创新之处，从而使读者决定要不要继续读下去。题目的表达应该注意以下几个方面。

（1）题目要将研究对象和范围界定清楚，研究对象要明确具体，研究范围要大小适当。题目可以直接表达有关研究对象的信息，如在“青少年不良行为的现况研究”这一题目中，就明确地界定了“青少年”是本篇文章的研究对象，或者说是被试群体。题目不能过于笼统，也不能贪大求全。如果选择的题目过于宽泛，不仅会加大自己的研究工作量，而且很容易阐述不清，分析不透。

（2）题目要说明研究中的变量或变量之间的关系。如果是相关研究，应指出是哪几个变量之间的相关，如“父母教养方式与小学高年级学生语文自主学习能力的相关研究”，从题目可以看出这篇论文就是要分析“父母教养方式”与“语文自主学习能力”两个变量之间的关系。如果是因果研究，就要说明研究中的自变量和因变量分别是什么，如“小学儿童词汇知识与阅读理解的关系”这一题目中，词汇知识是自变量，阅读理解是因变量。

(3) 论文题目可以包含研究方法的信息。在“中小学教师职业倦怠与人格特质研究——以温州为例”这个题目中，可以看出该研究使用的研究方法为个案研究法。

(4) 题目的语义应明确、精炼。题目既要清晰地表述研究问题、研究对象、研究方法等内容，又要做到言简意赅，具体的字数要以研究项目的需要为准。一般情况下，题目不再加副标题，在特殊情况下，为了补充正标题中没有提及的重要信息，也可以使用副标题。

(5) 题目的拟定要有利于提高被检索和被引用的机会。论文题目应该包含最关键的词汇，即专业词汇，且要避免使用缩略词，应拼写出完整的术语，以方便同行检索。

（二）署名

署名一般在标题的下方，写上作者的真实姓名，并签署作者的工作单位。署名也是文献检索的一种方法，与标题和关键词相比，检索效率相对要低。署名表示作者对本研究报告负责，同时享有本篇文章的专利，并获得相应的荣誉。

（三）摘要

如果说题目是研究报告的“眼睛”，那么摘要就是整篇文章的缩影。摘要的位置在题目之后、正文之前，是文献检索的标志。一篇好的摘要能够用最精炼、最准确的语言，概括出文章的全部内容。通过阅读摘要，读者就可以在短时间内快速了解到这篇研究报告的研究目的、方法、结果和价值等多方面的信息。从读者的角度出发，摘要最好做到以下几点：

(1) 摘要的篇幅要求简短、精炼。摘要篇幅通常有限，期刊论文的中文摘要篇幅为100~300字；用于研究项目结题的研究报告（含毕业论文）的摘要可以根据不同的需要适当增加篇幅。

(2) 摘要的内容结构应该完整。摘要应包括研究报告的研究对象、核心概念、主要观点、主要结论、主要研究方法和简要的研究过程，能够突出论文中最主要的内容。摘要的内容应该尽量与正文保持一致，如果有必要可以在行文上适当增加个别的关联词，切忌脱离正文重新撰写摘要，出现正文中没有的内容。

(3) 摘要的表达方式应该是直接表述。摘要切忌介绍性和评价性表达方式。直接表述的表达方式是：“研究报告的主要结论是×××、×××和×××。”而介绍性和评价性的表达方式是：“研究报告得出了一系列结论。”介绍性和评价性的表达方式不能使读者直接了解正文的内容，所以，不适宜用于摘要的写作。也不能把摘要写成导言，用于介绍研究报告的选题依据和研究意义。

(4) 摘要的写作格式要规范。用于学术期刊发表的研究报告一般不分段落也不设序号；用于研究项目结题的研究报告（含毕业论文与学位论文）的摘要可以根据需要划分段落，加设序号。摘要中不要缩写专业词汇，一定要拼写出术语的完整名称。摘要部分不能出现文献的引用。摘要中只能列举必要的数据，不能出现大量数据和图表。

（四）关键词

关键词也叫主题词，是用来表达文章主题内容的词或词组。选取恰当的关键词，可以提高该研究报告的检索概率和被引用机会，关系到该研究成果的利用率。选用关键词时要注意：

（1）关键词的数量：一般来说，关键词选取 3 ~5 个为宜。

（2）关键词的位置：在摘要的下方，以显著的字符另起一行，每个关键词之间用空格或分号隔开。一般按在正文中重要程度的高低从前往后排列。

（3）关键词的标准：关键词应该是反映研究报告核心概念的专业名词或词组，能够体现研究报告的专业性和特殊性，在研究报告中出现频率较高。

（五）正文

正文是研究报告的主体，它由前言、文献综述、研究方法、研究结果、讨论、结论几个部分组成。各种研究报告的正文部分的撰写要求，将分别在下面几节做出说明。

（六）注释和参考文献

注释和参考文献是教育研究报告不可缺少的一部分。在撰写研究报告时，如果直接引用或者参考了他人的观点或资料，必须非常清晰准确地标明出处，这既是对他人劳动成果的尊重，也能反映出作者治学态度严谨，遵守保护知识产权的相关法规。此外，注释和参考文献还可以启发读者对相关的研究课题展开更广泛的阅读和深入的研究。

> **思考**
>
> 期刊、出版图书和学位论文的文献著录规则具体是怎么规定的呢？

研究报告中注释的用途主要有两种：一是用于标明直接引用的他人观点和材料的出处，具体的格式要求可参照参考文献的格式要求；二是用于对文中的某个问题进行补充说明，具体的格式要求可根据内容需要来确定。注释的标注位置有两种：页末注和文末注。页末注是在文章的当前页下端，与正文之间画一条横线，在横线下方注释，字体一般比正文小。文末注是在整篇文章写完之后添加的注释。一般的研究报告尤其是学位论文都是采用页末注，因为这样既可以让读者很方便地在当前页查找具体的文献来源，也可以在空出文末的位置添加参考文献。如果把注释和参考文献都放在文末则显得比较累赘。

一般来说，参考文献包括一部分注释在内，所以比注释的范围更大。如果是直接引用或参考他人的观点和资料，就必须使用注释，所有用于说明文献来源的页末注释，同时需要列入文末的参考文献之中；如果是没有直接引用，但能够提供背景知识或能方便读者进一步阅读的观点和资料，也应该把相关观点和资料的来源列入参考文献。

《信息与文献　参考文献著录规则》是中华人民共和国国家标准化管理委员会发布的一项用于学术文章文后参考文献著录的国家标准。最新版于2015年发布，编号GB/T 7714—2015。期刊、出版图书、学位论文的文后参考文献著录规则要严格参照《信息与文献　参考文献著录规则》（GB/T 7714—2015）的规定。

（七）附录

附录是正文的补充部分，有需要时才列在研究报告的后面。附录有两个方面的作用：一是为读者提供更详细的信息，有助于读者了解研究过程，分析和评论研究结果。二是为其他研究者进行重复研究提供依据。

常见的附录包括数字证明、测验量表、调查问卷、测试卷、访谈记录、计算机程序、测量工具和仪器设备等。附录一般编排在参考文献的后面，可以有多个附录。如果附录超过一种以上，要给附录加上编号，如附录一、附录二。每个附录必须注明标题，比如，附录一：关于×××的调查问卷；附录二：本研究使用的仪器设备一览表。

做好了以上各个环节的工作，一份研究报告才算基本完成。随后还要进行反复推敲和修改。只有对研究报告的内容和格式反复进行审阅和修改，研究报告才能达到比较规范的程度。

拓展阅读

《信息与文献　参考文献著录规则》（GB/T 7714—2015）（节选）

附录A：顺序编码制参考文献表著录格式示例

A.1　普通图书

[1] 张伯伟. 全唐五代诗格会考［M］. 南京：江苏古籍出版社，2002：288.

[2] 师伏堂日记：第4册［M］. 北京：北京图书馆出版社，2009：155.

[3] 胡承正，周详，缪灵．理论物理概论：上［M］．武汉：武汉大学出版社，2010：112.

[4] 美国妇产科医师学会．新生儿脑病和脑性瘫痪发病机制与病理生理［M］．段涛，杨慧霞，译．北京：人民卫生出版社，2010：38－39.

[5] 康熙字典：巳集上：水部［M］．同文书局影印本．北京：中华书局，1962：50.

[6] 汪昂．增订本草备要：四卷［M］．刻本．京都：老二酉堂，1881（清光绪七年）.

[7] 蒋有绪，郭泉水，马娟，等．中国森林群落分类及其群落学特征［M］．北京：科学出版社，1998.

[8] CRAWFPRD W，GORMAN M. Future libraries：dreams，madness，& reality［M］. Chicago：American Library Association，1995.

A.2 论文集、会议录

[1] 中国职工教育研究会．职工教育研究论文集［G］．北京：人民教育出版社，1985.

[2] 中国社会科学院台湾史研究中心．台湾光复六十五周年暨抗战史实学术研讨会论文集［C］．北京：九州出版社，2012.

[3] BABU B V，NAGAR A K，DEEP K，et al. Proceedings of the Second International Conference on Soft Computing for Problem Solving，December 28－30，2012［C］. New Delhi：Springer，2014.

A.3 报告

[1] 中华人民共和国国务院新闻办公室．国防白皮书：中国武装力量的多样化运用［R/OL］．（2013－04－16）［2014－06－11］. http://www. nod. gov. cn/affair/2013－04/16/content_4442839. htm.

[2] 汤万金，杨跃翔，刘文，等．人体安全重要技术标准研制最终报告：7178999X－2006BAK04A10/10. 2013［R/OL］．（2013－09－30）［2014－06－24］. http://www. nstrs. org. cn/xiangxiBG. aspx?id＝41707.

[3] U.S. Department of Transportation Federal Highway Administration. Guidelines for handling excavated acid-producing material：PB 91－194001［R］. Springfield：U.S. Department of Commerce National Information Service，1990.

[4] Wrold Health Orgainzation. Factors regulationg the immune response：report of WHO Scientific Group［R］. Geneva：WHO，1970.

A.4 学位论文

[1] 吴云芳. 面向中文信息处理的现代汉语并列结构研究 [D/OL]. 北京：北京大学，2003 [2013-10-14]. http://thesis. lib. pku. edu. cn/dlib/List. asp?lang=gb&type=Reader&DocGroupID=4&DocID=6328.

[2] CALMS R B. Infrared spectroscopic studies on solid oxygen [D]. Berkeley: Univ. of California, 1965.

A.5 专利文献

[1] 张凯军. 轨道火车及高速轨道火车紧急安全制动辅助装置：201220158825.2 [P]. 2012-04-05.

[2] 河北绿洲生态环境科技有限公司. 一种荒漠化地区生态植被综合培育种植方法：01129210.5 [P/OL]. 2001-10-24[2002-05-28]. http://211.152.9.47/sipoasp/zlijs/hyis-yx-new. asp?recid=01129210.5&leixin=0.

[3] KOSEKI A, MOMOSE H, KAWAHITO M, et al. Compiler: US828402 [P/OL]. 2002-05-25[2002-05-28]. http://FF&p=1&u=nctahtml/PTO/search-bool. html&r=5&f=G&1=50&col=AND&d=PG01&sl=IBM. AS.&OS=AN/IBM/RS=AN/IBM.

A.6 标准文献

[1] 全国信息与文献标准化技术委员会. 文献著录：第4部分 非书资料：GB/T 3792.4—2009 [S]. 北京：中国标准出版社，2010：3.

[2] 全国广播电视标准化技术委员会. 广播电视音像资料编目规范：第2部分 广播资料：GY/T 202.2—2007 [S]. 北京：国家广播电影电视总局广播电视规划院，2007：1.

[3] 国家环境保护局科技标准司. 土壤环境质量标准：GB 15616—1995 [S/OL]. 北京：中国标准出版社，1996：2-3 [2013-10-14]. http://wenku. baidu. com/view/b950a34b767f5acfalc7cd49. html.

[4] Information and documentation-the Dublin core metadata element set: ISO 15836: 2009 [S/OL]. [2013-03-24]. http://www. iso. org/iso/home/store/catalogue_tc/catalogue_ detail. htm?csnumber=52142.

A.7 专著中析出的文献

[1] 卷39乞致任第一 [M] //苏魏公文集：下册. 北京：中华书局，1988：590.

[2] 白书农. 植物开花研究 [M] //李承森. 植物科学进展. 北京：高等教育出版社，1998：146-163.

[3] 汪学军. 中国农业转基因生物研发进展与安全管理 [C] //国家环境保护

总局生物安全管理办公室. 中国国家生物安全框架实施国际合作项目研讨会论文集. 北京：中国环境科学出版社，2002：22－25.

[4] 国家标准局信息分类编码研究所. 世界各国和地区名称代码：GB/T 2659—1986 [S] //全国文献工作标准化委员会. 文献工作国家标准汇编：3. 北京：中国标准出版社，1988：59－92.

[5] 楼梦麟，杨燕. 汶川地震基岩地震动特征分析 [M/OL] //同济大学土木工程防灾国家重点实验室. 汶川地震震害研究. 上海：同济大学出版社，2011：011－012 [2013－05－09]. http://apabi. lib. pku. edu. cn/usp/pku/pub. mvc?pid = book. detail&metaid = m. 20120406 － YPT － 889 －0010.

[6] BUSECK P R，NORD G L，Jr，VEBLEN D R. Subsolidus phenomena in pyroxenes [M] //Pyroxense. Washington，D. C.：Mineralogical Society of America，c1980：117－211.

[7] FOURNEY M E. Advances in holographic photoelasticity [C] //Symposium on Applications of Holography in Mechanics，August 23－25，1971，University of Southern California，Los Angeles，California. New York：ASME，c1971：17－38.

A.8 期刊中析出的文献

[1] 杨洪升. 四库馆私家抄校书考略 [J]. 文献，2013 (1)：56－75.

[2] 于潇，刘义，柴跃廷，等. 互联网药品可信交易环境中主体资质审核备案模式 [J]. 清华大学学报 (自然科学版)，2012，52 (11)：1518－1523.

[3] 陈建军. 从数字地球到智慧地球 [J/OL]. 国图资源导刊，2010，7 (10)：93 [2013－03－20]. http://d. g. wanfangdata. com. cn/Periodical_hunandz201010038. aspx. DOI:10. 3969/j. issn. 1672－5603. 2010. 10. 038.

[4] DES MARAIS D J，STRAUSS H，SUMMONS R E，et al. Carbon isotope evidence for the stepwise oxidation of the Proterozoic environment [J]. Nature，1992，359：605－609.

[5] WALLS S C，BARICHIVICH W J，BROWN M E. Drought，deluge and declines：the impact of precipitation extremes on amphibians in a changing climate [J/OL]. Biology，2013，2 (1)：399 － 418 [2013 － 11 － 04]. http://www. mdpi. com/2079－7737/2/1/399. DOI:10. 3390/biology2010399.

A.9 报纸中析出的文献

[1] 丁文详. 数字革命与竞争国际化 [N]. 中国青年报，2000－11－20 (15).

[2] 傅刚，赵承，李佳路. 大风沙过后的思考 [N/OL]. 北京青年报，2000－01－12 [2005－09－28]. http://www. bjyouth. com. cn/Bqb/20000412/GB/4216%5ED0412B1401. htm.

A.10　电子资源（不包括电子专著、电子连续出版物、电子学位论文、电子专利）

[1] 李强. 化解医患矛盾需釜底抽薪［EB/OL］.（2012-05-03）[2013-03-25]. http://wenku.baidu.com/view/47e4f206b52acfc789ebc92f.html.

[2] Commonwealth Libraries Bureau of Library Development. Pennsylvania Department of Education Office. Pennsylvania library laws［EB/OL］.［2013-03-24］. http://www.racc.edu/yocum/pdf/PALibrary Laws.pdf.

附录B：文献类型和文献载体标识代码

B.1　文献类型和标识代码

表 B.1　文献类型和标识代码

参考文献类型	文献类型标识代码
普通图书	M
会议录	C
汇编	G
报纸	N
期刊	J
学位论文	D
报告	R
标准	S
专利	P
数据库	DB
计算机程序	CP
电子公告	EB
档案	A
舆图	CM
数据集	DS
其他	Z

B.2　电子资源载体和标识代码

表 B.2　电子资源载体和标识代码

电子资源的载体类型	载体类型标识代码
磁带（magnetic tape）	MT
磁盘（disk）	DK
光盘（CD-ROM）	CD
联机网络（online）	OL

第二节
实验研究报告的撰写

一、实验研究报告的基本结构

实验研究报告是以书面的形式表述实验研究过程和实验成果的研究总结报告。实验研究报告的基本框架结构包括题目、署名、摘要、关键词、前言、研究方法、结果、讨论与结论、注释、参考文献和附录等部分。

思考

研究报告有哪些类型？不同类型的研究报告应该如何撰写呢？

（一）题目

题目是实验研究报告主题的浓缩，好的题目能够使读者对于该实验所研究的问题一目了然。所以，题目的设计应该准确、清楚地展现出研究的主要问题。

实验研究报告的题目常常采用研究课题的名称，指明研究中的主要变量，如题目“带有动态视觉任务的体育活动对7～8岁儿童视力的影响研究”就分别提到了研究的自变量（体育活动）和因变量（儿童视力）。又如题目“农村小学六年级学生学习动机现状及干预研究”就反映了研究的主要变量（学生学习动机）。

题目的下方会有署名，需要写上研究者的真实姓名，并标明研究者的单位及其邮政编码。

温馨提示

文献综述的篇幅不宜过长，不要堆积材料。遇到有争议的问题时，应客观地叙述某一观点的研究结果，而不应夹杂任何个人观点。

（二）前言

前言是实验研究报告正文的开头部分，这部分的写作要求逻辑清晰、简明扼要，能够自然而然地引出论题。前言也可以称为“问题的提出与研究的假设”或“研究的目的与意义”。前言部分主要包括以下几个方面的内容：

1. 问题的提出

一般在前言的开头部分，研究者就会用一段文字提出所要研究的问题。在问题的提出过程中，要注意阐明两个方面的内容：首先，要说明所研究问题的性质与重要性，需要具体表述所研究的是什么样的问题，该研究有什么意义和价值。其次，要说明与所属领域的先前研究相比，本研究的方向在哪里，有哪些新的进展和突破。

2. 研究背景

研究背景部分就是要撰写文献综述，主要对与本研究有关的古今中外的文献进行综述。在综述的过程中找出本研究与先前研究的关系，重点说明本研究的立足点在哪里。

3. 研究目的与假设

研究目的与假设这部分的目的是使读者了解实验研究要解决的问题，以及研究的基本假设。

（三）研究方法

研究方法是实验研究报告的重要组成部分，主要有三个方面的作用：便于他人用同样的方法进行验证或重复研究；有利于读者评价研究的客观性、科学性和结果的可靠性；有利于研究成果的应用和推广。

对研究方法的介绍，主要包括实验对象、实验设计、研究工具、实验程序四个方面的内容。

1. 实验对象

研究对象也就是被试。在一项研究中，对被试的筛选和说明是十分重要的，对被试的性质、条件、数量、取样情况、匹配情况、中途丢失情况等内容都需进行特别的说明，以证明研究的严密性与科学性。

2. 实验设计

在这部分要交代实验设计的类型、实验的自变量与因变量、实验组与控制组的基本情况、自变量的水平和应变量的测量指标等方面的内容。

3. 研究工具

研究工具也就是实验所用到的材料和仪器，具体包括仪器设备、实验材料、测量工具、计算机软件的版本型号等信息。对于那些众所周知的实验材料不必详述，只需列出名称即可，而对于大家不太熟悉的或者是研究者自行设计的工具，比如说作者自编的或修订的量表和问卷，在此应详加说明，必要时还应把它们纳入附录部分。

4. 实验程序

这部分说明实验的具体步骤，目的是使读者了解实验的整个进展过程。首先，要说明包括指导语、被试选择和分组、数据收集过程在内的研究过程的每一个步骤；其次，详细介绍被试接受的实验处理情况，和对照做比较；最后，简单介绍实验中常见的方法，详细介绍特殊的研究方法。

（四）结果

实验结果是实验报告的核心内容，其主要任务是通过对研究中所搜集的资料、数据的整理与分析，把数据的统计过程与结果以文字、表格或插图的形式呈现给读者。撰写实验结果要注意两个原则：一是真实性的原则，无论实验研究结果是否支持假说或者在多大程度上支持假说，都要报告出研究结果的全部内容；二是客观性的原则，对实验研究结果进行客观呈现，而无须做过多解释和评论。

（五）讨论与结论

讨论是对实验研究结果进行评价的部分，基本内容包括以下几方面：

1. 说明研究结果与研究假设的匹配程度

研究结果是否证明了研究假设，这是首先需要关注的问题。如果研究假设和研究结果是一致的，就要从理论上加深对研究结果的认识，为研究结果提供理论依据，显示研究的意义和价值。如果研究假设与研究结果不一致，则要进一步分析原因。

2. 对研究结果进行比较

将研究结果与前人的研究结果进行比较，分析相同点以及本研究的创新之处。

3. 对研究结果进行评估

在对研究结果进行评估的基础上，进一步说明研究结果的可靠程度和适用范围。

4. 指出研究结果的应用价值和进一步研究的方向

根据研究所得出的结论，向有关方面提出应用、推广研究成果的建议，对研究中尚未解决的问题不要加以回避，应指明进一步研究的方向。

（六）参考文献和附录

把实验研究中用到的主要参考文献列在研究报告之后，注意各种类别的参考文献的基本格式。

在附录部分附上研究工具或原始材料，一方面为读者提供可供分析的原始资料，另一方面为其他研究人员的重复性研究提供依据。

二、撰写实验研究报告要注意的问题

实验研究报告的撰写过程中应注意以下几个问题：

（一）撰写实验研究报告要实事求是

实验研究报告采用的材料要真实有效，对于研究结果与研究假设之间关系的分析，也应实事求是，不能弄虚作假。不管实验假设是否得到结果的验证，都应秉着求真务实的科学态度，做出客观的陈述。即使实验假设不成立，没有达到预想的效果，也要做如实的描述和总结。

（二）撰写实验研究报告要有的放矢

实验研究报告要抓住研究中的主要问题。在撰写实验研究报告时，要以主要研究问题为线索，反映最能切中问题本质的过程和成果，不需把实验过程中的所有细小事情都罗列出来，避免冗余烦琐。

思考

研究问题的时候，除了做实验研究，还有其他常用的研究方法吗？

（三）撰写实验研究报告要有理有据

实验研究报告要重视对统计数据的分析，必须有翔实的数据来支撑研究结论。提供的数据不是指单纯罗列的数字，而是要注意通过数据开展质的分析和描述典型的现象。

扫码可查看实验研究报告示例

第三节

调查研究报告的撰写

一、调查研究报告的基本结构

调查研究报告就是在对教育现象和教育问题进行深入调查研究的基础上，对教育调查研究成果的书面总结。

调查研究报告的基本结构一般包括题目、署名、摘要、关键词、前言、方法、结果、讨论、结论、参考文献和附录等几个部分。

（一）题目

调查研究报告的题目应该反映研究对象、研究问题和研究类型等方面的信息。按有无副标题可以将调查报告的题目分为两种：一种是单行题目，另一种是双行题目。单行题目是指文章只有一个题目；双行题目则是指文章标题由正标题和副标题两部分组成，正标题揭示研究报告的主旨和意义，副标题补充研究对象、研究问题等方面的信息，如标题“小学低年级班级文化建设现状及对策——基于西安市三所小学的调查研究”。调查研究报告的题目按其性质可以分为两种：一是公文式题目，由事由和文种两部分组成，直接交代调查对象和问题，如“云南农村小学语文教师对统编教材适用适应现状与改进建议研究”。这种题目简洁明了，但是缺乏吸引力。二是疑问式标题，这类题目比较鲜明醒目，能吸引读者，如“城乡小学生离经典名著有多远——小学生课外阅读调查研究之二”“放学后难题解决了吗——基于南京市弹性离校政策实施状况的调查分析”，这类题目常用于揭露问题的调查报告。

（二）前言

调查报告前言的写作包括问题的提出、调查的理论背景、调查目的和意义几个部分。

在问题的提出部分，要交代调查的是什么问题，调查的缘由在哪里，主要调查的内容是什么；在理论背景部分，要阐述国内外对这个问题的研究概况是怎样的，解决了哪些问题，还留下了哪些疑问，以此来说明此次调查的方向和立足点问题；在调查目的和意义部分，需重点说明通过此次调查需要解决哪些问题，调查结果对于指导理论与实践有何价值。

（三）方法

调查方法部分包括三个方面的内容，分别是调查对象、调查工具、调查过程。

1. 调查对象

首先，要交代调查对象的总体；其次，应介绍调查对象的取样情况，包括样本的容量是多少，具体的取样方法是怎样的。

2. 调查工具

这一部分要介绍调查工具的类型，测量工具的具体内容、维度分析、信度和效度检验等方面的内容。

3. 调查过程

调查过程的撰写，也就是交代调查的具体步骤。运用了什么调查方法？是如何从调查对象那里获取资料的？对调查资料做了哪些处理？运用了什么处理方法？诸如此类的问题都要详细地说明。

（四）结果

调查结果是在对调查获得的数据进行分析、处理的基础上获得的。这一部分的写作要注意两个方面：一是要客观地呈现调查结果，二是要对调查结果进行概括和阐述，切忌流水账式的叙述。

（五）讨论

讨论是对调查结果的解释与推论，主要包括两个方面：一方面，对调查结果做出原因分析和推论，回答研究所要解决的问题，发现本研究结果的理论价值和实践意义；另一方面，通过对调查结果或问题的原因分析，对实践工作提出建设性的意见和建议。

（六）结论

调查报告的结论应该在对调查报告开展讨论的基础上，进一步加以总结，深化主题，概括出全文的主要观点，增强调查报告的感染力和说服力。

二、撰写调查研究报告应注意的问题

（一）写作格式要规范标准

撰写调查研究报告要严格遵守调研报告的写作规范标准，落实每一个部分的写作任务，才能完成一个结构完整的调研报告。调研结果是调研报告的核心部分，需要详细叙述、重点突出。

（二）材料运用要充分全面

撰写调查研究报告应充分利用调查资料，使调查报告更具感染力和说服力。在材料的选择方面，既有作为典型事例的材料，也有能够普遍反映问题的综合材料；既有统计资料，也有访谈、观察的相关资料，灵活使用各种资料；在材料的呈现方式上，结合使用文字、数据、图表等多种形式，发挥各种材料的优势。

（三）分析结论要客观中立

调查研究报告的分析结论要依据调研过程所呈现的事实，坚持客观中立的立场，实事求是地分析和总结，不能粗心大意，更不能故意忽略重要的调研事实或数据，杜撰调研结论。

（四）文字表达要精炼朴实

调查研究报告的优势在于用精炼朴实的文字叙述完整的事实过程，通俗易懂的文字有助于读者对文章的把握。撰写调查研究报告不需要华丽的辞藻和作者感情的宣泄，更不需要生僻的术语。

扫码可查看完整的调查报告示例

第四节
行动研究报告的撰写

行动研究作为一种实践性的研究范式，主要指的是中小学教师在教育情境中，通过联合校外专家学者来合作开展教育教学研究，并以此来改进自己的教育实践。教育行动研究主张让教师成为研究者，让教师在真实的教育情境与教育行动中开展研究。

行动研究的创始人、美国心理学家库尔特·勒温（Kurt Lewin）认为，行动研究是将研究者与实践者的优势相结合以解决社会实际问题的一种方法，没有不实践的研究，也没有不研究的实践。他强调实践活动与研究活动的结合。提出“教师即研究者”的领袖人物、英国教育家约翰·埃利奥特（J. Elliott）指出，行动研究在社会情境中进行，为改善社会情境中的实践质量服务，行动研究的基本目的是改进实践而不是构建理论，因为理论的建构总是在行动之后。英国学者凯米斯（S. Kemmis）指出“行动研究是社会（包括教育）情境的参与者，为提高对所从事的社会或教育实践的理性认识，为加深对实践活动及其依赖的背景的理解所进行的反思研究”。

一、行动研究的基本程序

凯米斯在勒温的“螺旋循环”的基础上，提出“计划—行动—观察—反思—再计划……”的研究模型，认为行动研究是一个螺旋式上升的发展过程，每一个螺旋发展圈都包括“计划—行动—观察—反思”，这也是目前教育行动研究中最常用的研究模式。具体而言，行动研究一般有以下基本程序。

（一）发现问题

行动研究的问题，通常来源于教育情境和实践。例如，小学语文教师在教学中发现小学生普遍存在“习作难”的问题，这时教师就要思考哪些措施有助于解决该问题以及应采取怎样的行动研究来改善这一现状。

（二）分析问题

在这个阶段教师应思考“为什么会出现这个问题?”“为什么要研究这个问题?”“是不是有人研究了这个问题?”“别人用了什么样的方法去研究这个问题?”“别人得出了什么样的结论?”“我通过研究，期待得出什么样的结果?”例如针对小学语文教学中普遍存在的“习作难”问题，教师通过阅读相关研究发现已有研究将思维导图应用于习作教学，但是学生在独立绘制思维导图过程中，依然存在思维导图绘制质量低、习作构思水平低等问题，这时，教师就可以尝试把问题思维导图与协作学习结合，提出协作思维导图促进小学生习作的学习策略，并在习作课上开展行动研究。

（三）提出与实施改进策略

实施改进策略是行动研究的关键，教师在行动研究中应在行动的过程中同时进行观察、反思和调整，如果需要调整改进策略，可以进行调整，即使在上一个步骤已经提出了改善策略，但是随着行动的展开，对问题的不断深入，研究者可以不断对实施中的计划进行修改和调整。行动研究的目的在于解决实际的教育问题，而不是为了执行和验证事先提出的改进策略。

拓展阅读

行动研究中的“分枝（支）问题（spin-off problems）”

行动研究与一般意义上的实验研究的不同之处在于：一般的实验研究可能显示为一个主题以及一轮研究，但行动研究往往需要多轮研究。行动研究更重视在具体的研究情境中调整研究的计划，因此，行动研究常常显示为两轮以上的循环研究。而在行动研究的过程中，最初的研究问题可能会分化出与之相关的另外问题，英国学者麦克尼芙（J. McNiff）称之为“分枝（支）问题”，“分枝（支）问题”的出现就意味着新一轮的“螺旋循环”已经开始了。

例如，在“协作思维导图策略促进小学生习作的行动研究”这个案例中，第一轮行动研究的主要目的是通过阅读课文让学生学会思维导图的绘制技巧，使用思维导图初步体验习作构思的外化过程，但通过对思维导图作品与课堂教学情况的观察，发现以下问题：学生乐于使用思维导图工具进行协作习作，但习作关键词提取能力较差；学生绘制思维导图样式单一、习作主题模仿严重；在小组协作过程中，习作能力较差的学生存在感较低。

针对第一轮行动研究中发现的问题，教师在教学实施过程中增加了思维导图的呈现样式，让学生分享有创意的思维导图并进行细化关键词提取的练习，重点关注增加的“组内交流、畅谈习作构想”和“组间协作、反思再构导图”两个策略。

第二轮行动研究的整体情况（包括思维导图绘制情况、学生协作情况等）好于第一轮，但又发现了其他相关问题：①学生过多关注思维导图的绘制，而对思维导图对习作构思的帮助关注不够；②在组间协作环节，学生注意力容易分散；③学生评改热度低，只关注拼写错误与语病。

第三轮行动研究的目标调整为让学生在协作过程中绘制思维导图并完成习作。针对第二轮行动研究中发现的问题，教师在教学实施过程中淡化了对思维导图创作性的展示，在协作使用思维导图进行习作构思的过程中制定比赛制度，重点关注"借助思维导图，修改习作标注"策略，其他严格按照前两轮的策略进行，由学生自己分析"下水文"，绘制思维导图。在这一轮行动研究中，学生绘制的思维导图作品比前两轮更加清晰、有条理。学生能够根据构思进行有效写作，作文的段落布局比较有序，逻辑上也比较合理。在小组协作过程中，教师有效运用提问技巧，提高学生的课堂参与度和有效发言次数。同时，学生活跃度的不断提高对教师的课堂管理能力提出了更高的要求，解决了第二轮行动研究中存在的问题。

这些在行动研究中不断涌现的新问题就是"分枝（支）问题"，它们既为下一轮的行动研究的策略改进提供了方向，同时，也提醒研究者及时根据研究的实际调整行动研究的主题。

（四）评测改善效果

评测改善效果的过程需要详细的信息收集与客观的分析处理，可以使用逻辑归纳进行分析，可对实施前后情境进行对比，也可对实验组和对比组进行比较。例如，在"使用××教学方式提升学生××能力的行动研究"中，可以将对照班、实验班前后测的得分进行配对样本 t 检验，若在行动研究的一段时间内对照班儿童的得分无显著变化，这意味着传统的教学方式在促进对照班学生某项能力的发展上效果不明显；若实验班的学生在行动研究的前后测查中有显著性差异，则表示经过多轮的行动研究干预，实验班学生的该项能力获得了明显提升，也意味着这种新教学方式行动的有效性。

（五）反思与评价

反思指参与者有意识地对行动研究的实施过程，以及相关理论或者假设进行持续的自我调节思考的过程。反思可以让参与者发现和清晰地表征所遇到的问题，并且积极对其进行修改。在行动研究中，反思是理论与实践之间的桥梁。反思的内容包括“参与者做了什么”“结果如何”“在此过程中，什么是重要的”“为什么要这样做”。

讨论与评价是对整个研究的认知与价值判断。这个部分研究者需对行动研究中产生的各种结果做出客观的解释。

（六）推广应用

根据研究与结果的不同，推广的方式也多种多样，如网络、电视等媒体，论文和图书，上级部门的政策与建议，表演或广告宣传等。

表8－1　行动研究的研究过程

步骤	具体过程
计划（plan）	1. 发现问题； 2. 分析问题； 3. 应用心理学或教育学知识
行动（act）	4. 具体实施改善策略
观察（observe）	5. 使用科学的研究方法，评测改善结果
反思（reflect）	6. 反思改善策略； 7. 如果改善效果不良，重新实施3~5步骤； 8. 直到改善效果良好，对研究进行探讨与评价
	9. 进行推广

小资料

合作的行动研究

在教育实践和教育研究中，教师、教育研究人员各有其优势，也各有其局限。教师在教学一线，教学经验丰富，教学体验深刻，具有教学实践层面的优势，他们是最佳的教科研资源。但其局限性在于缺少系统的教育理论，缺乏运用教科研的方法，缺乏将实践经验抽象概括上升为理论的意识和能力。教育研究人员具有丰富、系统的教育科研理论及方法，具有教育理论层面的优势，但是缺乏教育实践感受和体验，缺乏对教育教学中迫切需要解决问题的了解和把握，容易理论脱离实际。所以只有教育研究者和教育实践者加强协作才能取得理想的效果。现实中教育研究者和教育实践者两者大致有以下3种关系。

一种是分离关系：研究人员闭门研究，实践工作者埋头教学；研究者缺乏实践活动，实践者缺乏理论指导。结果是研究者拿不出对实践有指导意义的研究成果，实践者靠盲目摸索成长缓慢。

第二种是包办关系：研究者选课定计划，实践者按要求去实践；实践者按要求供资料，研究者加工出成果。结果或是实践者给研究者做嫁衣裳，或是实践者花钱买研究成果，对教育实践和实践者益处不大。

第三种是结合关系：研究者和实践者相结合，虽有分工，但相互配合，共同参与，成果共享。其中最典型的要数行动研究。在行动研究中，研究者参与行动，行动者参与研究。研究者参与行动，就是指研究者要以教学实践问题为研究对象，参与到行动者的教学和研究活动中指导教学与研究。而行动者参与研究，则是要求行动者以主人翁的姿态参与到研究过程中去，对自己或同事的教学行动进行研究。行动者不仅参与研究实施过程，还参与研究设计和研究总结工作。

二、 行动研究报告的基本结构

行动研究报告的基本结构一般包括题目、署名、摘要、关键词、研究目的、文献综述、研究设计、研究过程、研究结果与分析、结论与讨论、参考文献和附录等几个部分。其中研究目的、文献综述与教育实验研究报告的前言部分对应，研究设计和研究过程与教育实验研究报告的方法部分对应。行动研究报告与实验研究报告十分接近，这是因为科学的行动研究本就是“准实验研究”。

（一）题目

与教育实验报告类似，教育行动研究的典型题目是“……对……的影响的行动研究”，比如，“多元表征教学策略对高年级小学生模式能力发展的影响的行动研究”。类似这样的标题可以进一步浓缩为“……对……的影响”或“……的行动研究”，比如“多元表征教学策略对高年级小学生模式能力的影响”“慕课与课堂教学融合的行动研究：以高校‘现代教育技术’公共课为例”。

拓展阅读

如何选择一个好的教育行动研究选题

如果说教育行动研究的经典标题是“……对……的影响的行动研究”，那么，前一个省略号的关键作用是“可操作性”，它代表某种具体的“可操作”的某个教育变革行为与措施。这个变革行为相当于“动名词”。后一个省略号的关键要求是“可测量性”，它代表某种教育变革所引起的教育效果，而且这种效果最好是可言说、可观察的。由此可见，如果填充第一个省略号的变革措施过于宏大、庞大以至于不可操作，那么这个行动研究就可能失败。同样，如果填充第二个省略号的影响或变化过于抽象、模糊以至于不可测量、不可言说或不可观察，那么这个行动研究也可能失败。如“素质教育对学生价值观的影响的行动研究”就是一个失败的行动研究，因为“素质教育”不具体且很难操作，“学生价值观”也很难测量。按照这个思路，可以将“素质教育对学生价值观的影响的行动研究”做一个转换，比较合适的选题可以是“动手做对学生数学成绩的影响的行动研究”或“亲自探究对学生语文成绩的影响的行动研究”。

同样，“班主任的性格对学生的影响的行动研究”也是一个失败的行动研究。因为填充第一个省略号的“班主任性格”不是一个具体的“变革行为”，它是纯粹的名词而不是可操作的“动名词”。“班主任的性格”无法成为行动研究的“影响因子”。而且，填充第二个省略号的“学生”也不是一个可测量的因素，它需要进一步转换，要么是“学生对某个学科的学习兴趣”，要么是“学生的学习成绩”。可测量的不是“学生”，而是学生的学习兴趣或学习成绩。按照这个标准，可以将“班主任的性格对学生的影响的行动研究”做一个转换，比较合适的标题是“班级日志对学生行为规范的影响的行动研究”或者“班干部竞选对学生成绩的影响的行动研究”。总之，教育行动研究的选题可以是类似“……对……的影响”的事实判断，且要尽可能避免类似“应该……”的价值判断。

（二）研究目的

研究目的是指研究者寻求研究问题的最终答案或结果，即研究者观察到想要解决的问题、想要改进的教育措施等，经过研究之后预期得到的答案、改进的方法等要在研究目的中加以阐述。研究目的通常可以分为以下三种类型进行阐述。

1．解决一个教育问题

例如，研究者遇到一个问题，即班里有些小学生上课总是无法集中注意力，不停地做小动作，哗众取宠地制造各种插曲，于是该研究者想研究小学生学习注意力不集中的原因以及干预措施。对于这样一个教育问题，则可从以下几个方面来叙述研究目的：

（1）探析问题的内涵。

（2）分析问题产生的原因。

（3）提出解决问题的方法。

（4）可能为教育措施的拟定提供的参考价值。

2．改进一项教育措施

（1）探讨教育措施的内涵。

（2）分析影响实施结果的因素。

（3）提出改进的方法。

（4）可能为教育措施的改进提供的参考价值。

3．创新一项教育措施

（1）探讨新的教育需求。

（2）分析满足教育需求的方法。

（3）提出创新的策略。

（4）可能为教育措施的创新提供的参考价值。

（三）文献综述

文献综述探讨的是已有的研究是怎么解决这个问题的，已经解决到哪种程度，还有哪些问题是有待进一步研究的等问题。虽然行动研究不需要繁杂的、全面的文献综述，但对相关研究的大致描述仍然是必要的，这有助于引出该研究的研究设计或研究计划。文献综述可对应上述研究目的的三种类型分别进行阐述。

1．解决一个教育问题

（1）问题的具体表现。

（2）问题产生的可能原因。

（3）解决问题的方法。

（4）已有的相关研究采用的研究方法。

2．改进一项教育措施

（1）目前该项教育措施的实施现状以及存在的问题。

（2）影响这项教育措施实施效果的因素。

（3）已有研究中是否提出了改进这项教育措施的策略，如果有的话，应综述有哪些策略以及比较它们之间有何异同。

（4）已有的相关研究采用的研究方法。

3. 创新一项教育措施

(1) 创新措施的必要性。

(2) 创新措施的意义与内涵。

(3) 创新措施的做法。

(4) 已有的相关研究采用的研究方法。

(四) 研究设计

研究设计是行动的依据。在对已有的研究进行文献综述与探讨后，行动研究者可借鉴前人的研究思路，制订自己的研究计划或提出研究假设。在这部分内容中，可简要说明研究环境、研究对象、研究取样、研究时间、研究的方法与技术。

研究实例举隅：以行动研究法探索英语教学——信息技术环境下交际式英语会话材料的应用

1. 研究环境：安装局域网的计算机教室，学生人手一机，教师机，大屏幕投影。

2. 研究对象：小学英语学科。

3. 研究取样：选取广东省广州市番禺区沙湾镇中心小学、实验小学、涌口小学、陈涌小学、红基小学、草河小学。重点以红基小学三年一班为实验班，开展深入研究，三年二班为对照班。

4. 研究时间：2005 年 3 月—2006 年 5 月。

5. 研究的方法与技术。

(1) 课堂观察，对实验课做课堂教学记录；与实验教师进行交流谈话，探索研究问题进展；与学生座谈，了解学生的感受和想法；

(2) 针对研究问题写出听课反思，收集一线教师教学反思；

(3) 研究人员和师生从不同的角度去分析教学现象和问题，寻求共同认可的教改方案；

(4) 设计相关量表进行态度调查和水平测试，对个别学生进行个案研究。

(五) 研究过程

首先，每一轮行动研究都应详细记录研究者以及相关人员在什么时候，运用什么工具或方式，做什么事以及搜集什么资料。其次，除了报告两轮以上的行动研究的具体过程，还需要解释上一轮行动研究和下一轮行动研究之间的关系。最后，可将研究过程摘要成表格，使其简明易懂。

研究实例举隅：以行动研究法探索英语教学——信息技术环境下交际式英语会话材料的应用

研究者在对实验班英语会话材料应用研究进行的为期18个月的跟踪分析中，将具体研究分为三个阶段进行，并将各个阶段研究过程摘要成表格（如表8－2所示）。

表8－2 行动研究过程表

行动研究	第一轮（2005.3—2005.5）	第二轮（2005.5—2005.10）	第三轮（2005.10—2005.12）
计划	探索会话材料的设计	1. 会话材料的内容设计和形式设计调整； 2. 会话材料的应用频率	1. 会话材料的应用频率调整； 2. 会话材料在教学各个环节应用时机的调整
行动	1. 前期测试； 2. 听课记录； 3. 与实验教师交流教学效果； 4. 问卷学生对会话材料的各项意见	1. 听课记录，并与实验教师交流教学效果； 2. 咨询学生对调整后的会话材料设计意见及其在教学过程中应用频率意见； 3. 中测：学生口语阶段测试分析	1. 听课记录，并与实验教师交流应用时机教学效果； 2. 后测：学生口语年终测试对比分析； 3. 调查问卷调查家长对学生口语能力反馈
观察	1. 教学过程中学生对会话材料使用的反应； 2. 有无会话材料在交际式英语教学中的区别； 3. 阶段性应用会话材料的效果； 4. 会话材料中图片对学生的吸引和知识落实关系对比	1. 会话材料在教学各个环节应用分析； 2. 应用频率变化在教学时间分配上的影响； 3. 调整后的会话材料设计对学生知识掌握程度的影响	1. 学生对新授知识的掌握程度对比； 2. 学生根据一个说话主题所能表达词汇量、流畅度对比； 3. 学生对滚动性复习的反应； 4. 学生对所学知识的迁移性使用
反思	1. 会话材料在内容设计和呈现形式设计的优缺点； 2. 教师对会话材料的使用优缺点	1. 结合教学重难点调整会话材料的应用频率； 2. 结合教学各个环节以及学生对知识的掌握程度等因素，分配会话材料的应用	通过三轮行动研究，对会话材料的价值有了较为明晰的认识，设计和应用会话材料的一般方法基本明晰，达到了三轮行动研究的总体目标
改进	1. 会话材料的内容设计调整：增进层进性要求； 2. 会话材料的呈现设计调整	1. 会话材料的设计调整：增加层进性要求； 2. 会话材料的应用调整：灵活融合于课堂教学	

（六）研究结果与分析

研究结果主要包含类似“小学中低年级学生学习习惯的变化”“学习成绩的变化”等。其中，学生学习成绩的变化可以通过研究实施之前的考试成绩（即前测）和研究实施之后的考试成绩（后测）的比较来显示；而学生学习习惯的变化可通过问卷或者访谈进行调查。在对研究结果进行分析时，可以采用简单的统计分析或呈现质化的原始资料等方式。

研究实例举隅：协作思维导图策略显著提升了小学生的习作构思水平

在第一轮行动研究后，小学生的习作构思成绩后测显著高于前测（$t = 2.75$，$p < 0.01$）。在第一轮行动研究的基础上，修改完善学习策略，开始第二轮行动研究，小学生习作构思成绩后测显著高于前测（$t = 4.16$，$p < 0.001$）。与第一轮行动研究策略相比，第二轮行动研究策略更能提高小学生的习作构思成绩，说明协作思维导图策略的应用需要时间来掌握。在第二轮行动研究中，小学生逐渐采纳并应用习作构思，习作构思成绩提升效果显著。进一步修改完善学习策略，并应用于第三轮行动研究，该策略显著地提升了小学生习作构思成绩（$t = 4.26$，$p < 0.001$）。

表 8-3　小学生习作构思成绩配对样本 t 检验

				95% Confidence Interval of the Difference		t
	平均值	标准差	标准误差	下限	上限	
第一轮后测 1—前测	0.16	0.42	0.06	0.04	0.27	2.75**
第二轮后测 2—前测	0.34	0.61	0.08	0.18	0.51	4.16***
第三轮后测 3—前测	0.16	0.27	0.04	0.08	0.23	4.26***

注：** $p < 0.01$，*** $p < 0.001$。

（七）结论与讨论

这一部分应明确阐述经结果分析之后形成的主要观点，或进行带有启发性的讨论。结论是整篇论文最终的主要观点，在逻辑上是根据研究结果做出的推敲。在讨论中，可指出该研究结果是否验证了研究假设，如果出现了预料之外的结果，则需要进一步讨论是研究设计出现问题还是意外的收获；该研究结果与相关研究的研究结果是否一致，如果出现了不一致的结果，应进行进一步的解释；研究结果的局限性、应用价值、推广可能性；是否发现了有待进一步研究的问题并展望未来；等等。

研究实例举隅

1. 协作思维导图策略促进小学生习作的行动研究（结论）

小学生思维导图成绩提升的显著性水平在第一轮行动研究中达到最高，而习作构思提升的显著性水平在第二轮、第三轮达到最高。可见，在三轮行动研究过程中，思维导图成绩提升的显著性水平逐渐减弱，而习作构思提升的显著性水平逐渐增强——这说明在应用协作思维导图策略过程中小学生对技术类工具（如思维导图）掌握得很快，而对习作策略的掌握需要一定时间，但一旦掌握了，提升幅度非常显著。

2. 小学中低年级学生学习习惯养成的行动研究（讨论）

（1）结论的适用范围。本研究的开展是笔者在一所城市重点小学进行的，生源相对来说比较好，家长整体文化素质较高，本科及本科以上文化程度的家长高达91%。家长们对学生的教育比较重视，所以对教师进行学习习惯的养成教育持非常肯定和支持的态度，这有利于教师开展行动研究。本研究结论如果放到所有小学中，在学习习惯存在的主要问题上可能会有所不同。特别对于农村地区家长文化程度偏低，教育重视程度不够，在培养方法上会有一定的限制，但是梳理出的主要方法除家校合作法外还是具有比较广泛的适应性。

（2）需要继续研究的问题。本研究中发现的小学中低年级学生在学习习惯上有六个问题。文中比较具体地说明了学习姿势、倾听与发言、作业、小组合作等习惯的培养要求与方法，但是对于小学中低年级学生制订学习计划的培养方法和预习的方法没有完全解决，这是需要进一步研究的问题。

三、 撰写行动研究报告应注意的问题

教育行动研究报告的撰写要能充分反映研究过程的系统性和严谨性，要更彰显“实践性”的特色，可以实践过程为线索，每个部分的写作不一定有很严格的规范。值得注意的是，在撰写研究结果时，研究者的每个假设或计划不一定都能如己所愿，也正是这样才能引发更多的思考和反思，或许有其他不一样的新发现。研究者切忌只讲有效果的部分而隐匿无效的部分。这反映研究者研究态度的真诚性和严谨性，也体现了研究的复杂性和多种可能性。

扫码可查看完整的行动研究报告示例

思考与练习

一、简答题

1. 教育研究成果包括哪些基本类型?

2. 教育行动研究报告的撰写一般包括哪些基本内容?

3. 教育实验研究报告撰写的过程中应该注意哪些问题?

二、实践操作题

选择自己感兴趣的教育话题，在中国知网、维普、万方等官方网站搜寻相关文献，阅读并体会教育研究成果的呈现方式，尝试对其内容与结构进行评价与反思。

推荐书目

[1] 帕森斯，布朗. 反思型教师与行动研究 [M]. 郑丹丹，译. 北京：中国轻工业出版社，2005.

[2] 汪利兵，等. 教育行动研究：意义、制度与方法 [M]. 杭州：浙江大学出版社，2003.

[3] 齐梅. 教育研究方法 [M]. 北京：高等教育出版社，2015.

[4] 邵光华，张振新. 教育研究方法 [M]. 北京：高等教育出版社，2012.

参考文献

[1] 邵光华，张振新. 教育研究方法 [M]. 北京：高等教育出版社，2012.

[2] 卢家楣. 教育科学研究方法 [M]. 上海：上海教育出版社，2012.

[3] 陈向明. 教育研究方法 [M]. 北京：教育科学出版社，2013.

[4] ELLIOTT J. Action research：a framework for self-evaluation in schools [M]. Cambridge：Institute of Education，1981.

[5] 邱家全，汪德兵. 青少年不良行为的现况研究 [J]. 浙江预防医学，2014，26 (3)：249 - 252，262.

[6] 佘丽珍，邹妹玲. 父母教养方式与小学高年级学生语文自主学习能力的相关研究 [J]. 教学与管理，2016 (3)：23 - 25.

[7] 周婷娜，李宜逊，李虹，等. 汉语儿童口语流畅性与阅读理解的关系：一项三年追踪研究 [J]. 心理发展与教育，2021，37 (5)：691 - 700.

[8] 周柯，郑益乐. 小学低年级班级文化建设现状及对策：基于西安市三所小学的调查研究 [J]. 教育观察，2022，11 (14)：84 - 86.

[9] 郑惠生. 城乡小学生离经典名著有多远：小学生课外阅读调查研究之二（上）[J]. 湖北教育学院学报，2006 (11)：102 - 106.

[10] 王玉洁，宗晓华. 放学后难题解决了吗：基于南京市弹性离校政策实施状况的调查分析 [J]. 上海教育科研，2019 (6)：50 – 55.

[11] 乔爱玲，何克抗. 以行动研究法探索英语教学：信息技术环境下交际式英语会话材料的应用 [J]. 现代教育技术，2007 (2)：57 – 60.

[12] 魏雪峰，杨帆，石轩，等. 协作思维导图策略促进小学生习作的行动研究 [J]. 现代教育技术，2020，30 (6)：47 – 54.

[13] 郑正林. 行动中进行研究　研究中实施课改：析一个有特色的行动研究实例 [J]. 中国教育学刊，2004 (1)：38 – 41.

[14] LEWIN K. Action research and minority problems [J]. Journal of social issues，1946 (2)：34 – 46.

[15] KEMMIS S. Action research as a practice-based practice [J]. Educational action research. 2009，17 (3)：463 – 474.

[16] 张耀宗. 带有动态视觉任务的体育活动对 7 ~ 8 岁儿童视力的影响研究：伴有撤除处理的实验设计 [D]. 苏州：苏州大学，2020.

[17] 王琴. 农村小学六年级学生学习动机现状及干预研究：以江苏省某市 S 小学为例 [D]. 杭州：杭州师范大学，2019.

[18] 苏童. 云南农村小学语文教师对统编教材使用适应现状与改进建议研究 [D]. 昆明：云南师范大学，2021.

[19] 刘锌. 小学中低年级学生学习习惯养成的行动研究 [D]. 北京：首都师范大学，2008.